学科实践活动课程
案例研究丛书

U0659529

小学综合学科实践活动课程案例研究

北京教育科学研究院基础教育教学研究中心 编

XIAOXUEZONGHE

XUEKESHIJIANHUODONGKECHENG

ANLIYANJIU

北京师范大学出版集团
BEIJING NORMAL UNIVERSITY PUBLISHING GROUP
北京师范大学出版社

图书在版编目(CIP)数据

小学综合学科实践活动课程案例研究 / 北京教育科学研究院基础教育教学研究中心编 . —北京：北京师范大学出版社，2016.9(2021.8重印)

(学科实践活动课程案例研究丛书)

ISBN 978-7-303-21237-8

Ⅰ.①小… Ⅱ.①北… Ⅲ.①课堂教学－教学研究－小学 Ⅳ.①G622.421

中国版本图书馆 CIP 数据核字(2016)第 213017 号

营 销 中 心 电 话	010-58802181　58805532
北师大出版社高等教育分社网	http://gaojiao.bnup.com
电 子 信 箱	gaojiao@bnupg.com

出版发行：北京师范大学出版社　www.bnup.com
　　　　　北京市海淀区新街口外大街 19 号
　　　　　邮政编码：100875

印　　刷：北京虎彩文化传播有限公司
经　　销：全国新华书店
开　　本：787 mm×1092 mm　1/16
印　　张：18
字　　数：357 千字
版　　次：2016 年 9 月第 1 版
印　　次：2021 年 8 月第 4 次印刷
定　　价：58.00 元

策划编辑：路　娜	责任编辑：齐　琳　李会静
美术编辑：焦　丽	装帧设计：焦　丽
责任校对：李　菡	责任印制：马　洁

编 委 会

主 编　顾瑾玉　胡　玲　刘　玲

编 委　（排名不分先后）

　　　　张　立　郝婧坤　柏春庆　滕宝忠　王　颖

　　　　陈金荣　许　芳　庄　重　景小霞　李　伟

　　　　金　毅　柏东河　何艳萍　许士凤

目 录
CONTENTS

学校篇

弘扬传统文化，打造精品课程

——史家小学分校"京剧文化"主题实践活动

第一部分　主题设计与实施

一、活动背景

学科实践活动课程的开展离不开相应的资源和平台。而学科实践活动课程资源的开发与利用，实践平台的建构与拓展，一定不能另起炉灶，而是要为了达成学科培养的目标，为了学生综合能力的提升和发展，在学校特有的文化基础上进行。基于这样的思考，我们发现了学校目前的办学特色与实践活动课程的契合之处。

（一）学校的文化建设

史家小学分校自 2003 年建校至今，于传承中发展，不断深化"学习与生命同行"的内涵，努力为学生建设一所"图书馆式的学校"。"今天，你读书了吗？"已成为史家小学分校人最亲切的问候语。学校把"书房计划"的系列活动作为开启"书香校园"建设的切入点，把尊重每一名学生的生命独特个体发展作为史家小学分校教育者的承诺。阅读书籍给予我们智慧，传统文化涵养师生的气质。京剧作为国粹，很多剧目所表现的内容，多数取材于中国古典文学，来自元杂剧、小说、诗词、民间故事，集中表现了中国传统文化里的审美趣味和艺术原则。为了激发学生们"走近经典"，开启中国传统文化的大门，学校启动了以"魅力京剧"为主题的系列阅读活动，学生通过听、看、说、画、唱、念、做、打，在无限的时间、空间里感受京剧的魅力，不自觉地将文学与美学融合在一起，将"书本"与"活动"融合在一起，也使"阅读"走向了"悦读"。"阅读"为学生进行学科实践活动课程提供了更为广阔的发展平台。

（二）学校的资源条件

2014 年 5 月 16 日，在北京市教委的牵线下，史家小学分校加入北京市教委"高等院校参与北京市小学特色教育发展"项目中。2014 年 9 月，中央戏曲学院的 16 位教师走进史家小学分校的课堂。学校一年级、二年级每周有三节课程由戏曲学院的专业教师任教，戏曲形体、戏曲美术、戏曲唱腔三个课程并举，为学生们开启了一扇窗。京剧的小剧院、京剧教室、形体教室、京剧墙、京剧图书阅览区等外界环境的变化，在潜移默化中影响着学生们。实地观看演出、参与表演等实践机会也接踵而来。看，走进梅兰芳大剧院、中国戏曲学院、长安大戏院、湖广会馆、中国京剧院、国家话剧院、人民剧场；演，登上湖广会馆、中国戏曲学院、俄罗斯大使馆的舞台，参加"国戏杯"比赛。京剧特色课程、丰富的资源为学校落实10％的学科实践活动奠定了坚实的基础。

(三)学校的育人情怀

教育工作的重心不再是教给学生固有的知识，而是培养一个社会人。学校最有价值的、最有用的事就是唤醒和激发。"教育的本质是将孩子内在的、最好的东西发现并引导出来"，这是史家小学分校人的教育情怀。中华民族的传统文化是我们民族生存的根基，习近平主席曾讲道："古代经典应成为民族文化的基因。"经过一年多的京剧学习，学生们在一言一行中表现出了沉稳、大气。他们踱着四方步，举止文雅地从你身边走过；哼着韵味十足的韵白，谈论着经典，沉醉其中。是环境的外力和资源的内力影响，让学生们的真、善、美得到了唤醒和激发。史家小学分校的学生们在书香浸润中具有了书卷气，在传统文化的熏陶中形成了大气。可谓"腹有诗书气自华，心存美善乾坤大"，京剧文化是将学生内在的、最好的东西发现并引导出来的载体，学科实践活动课程便承载了实施与内化的重要作用。

"顺木之天，以致其性"，种树要顺应树木的天性，育人也是如此。以"京剧文化"为主题，开展学科实践活动课程达到了与学校特色的融合，与育人情怀的契合，又将学校资源最大程度的优化，达到了"水到渠成"的境界。

二、设计特色

(一)活动形式特点：以学科实践活动为切入点

在充分思考学校办学目标、分析各学科教学特点的基础上，学校逐渐形成了"以京剧文化为主题、以学科教学为阵地、以实践活动为切入口"进行学科实践活动课程探索的工作思路。

确定以"京剧文化"为活动主题之后，各学科教师在坚持本学科课程特点与目标的基础上，初步尝试和探索学科实践活动课程的建构与实施，实现实践活动与学科教学的有机整合。

将学科实践课程的自主权交给教师，满足了学科教师的自主需要。学科教师在制订各自的实践活动课程实施计划时突出其学科特点。教师在学科实践活动课程的开发、设计、实施的过程中，教育教学观念和行为会发生新的变化。学科实践课程成了一个动态发展的过程，这个过程保证了学科10％实践活动课程开足、开齐。

(二)活动过程特点：以多元开放为实施理念

史家小学分校致力于灵动、多元、开放的课程体系建设，学科实践活动是开放的、广域的，可以更好地体现实践性、多元性、开放性、自主性；在以"京剧文化"为主题开展的学科实践活动课程与学校的课程建设理念相得益彰，体现了课程实施过程的多元和开放。

以"京剧文化"为主题开展的学科实践活动课程的实施是建立在学生的京剧生活经验、京剧生活背景、京剧体验活动基础之上的，学生亲身经历和参与整个过程，实践中学习资源呈现出多元和开放。在课程实践过程中强调学生已有经验在课程中的独特地位和价值，学生结合丰富的学习资源，进行多渠道、多层面的实践学习。在活动中自主学习，学习过程呈现出多元和开放。课堂教学过程中，教师灵活选用合作学习、活动体验等方法，创设教学情境，调动已有经验，营造实践氛围，激发学生参与活动、主动实践的学习热情，呈现出多元和开放的魅力课程。

三、实施过程

以"京剧文化"为主题的学科实践活动分为准备阶段、实施阶段和展示阶段。

（一）准备阶段

1. 基于学科教材资源梳理学科京剧元素

以"京剧文化"为主题，以学科实践活动为切入口，开展学科实践活动课程的前提是要挖掘本学科中的京剧主题因素，从而为落实学科实践活动奠定基础。依托"以京剧为载体构建开放式课程体系的实践研究"课题研究，各个学科教师挖掘本学科中的"京剧元素"。经过梳理、分析与讨论，各个学科的"京剧元素"浮出水面（图 1-1-1）。

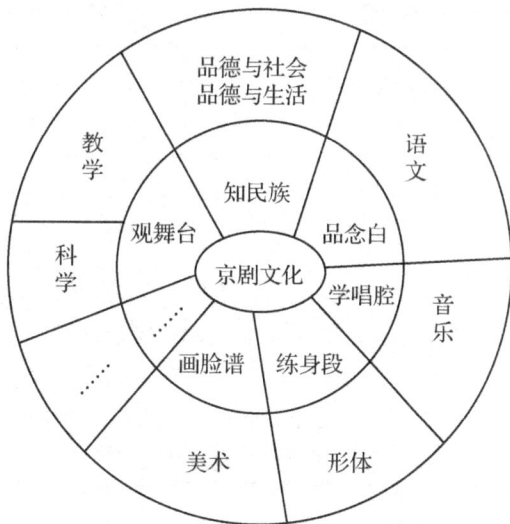

图 1-1-1　各学科中的"京剧元素"

2. 基于京剧文化资源进行主题实践活动

在各学科挖掘"京剧元素"的基础上，学校组织教师们再次深入学习《北京市实施教育部《义务教育课程设置实验方案》的课程计划（修订）》。在研讨中，教师们对于"方案"中关注课程的综合化、主题化发展，强调课程整体育人的功能和价值有了深刻理解。通过研讨，我们认为，在学科中要更加关注学生学习体验、动手实践及创新意识的培养，更注重实践育人的价值。

学校分年级组织学生走进梅兰芳故居、首都博物馆、中国戏曲学院、梨园；欣赏京剧《赤桑镇》《三家店》《大闹天宫》《三岔口》；学习京剧《穆桂英挂帅》《红灯记》《姚期》《卖水》；体验化妆、穿衣、登台演出等实践活动，在参与各类实践活动后，全校每一名学生都获得了实践探索的第一手资料，在实践活动中关注学生的体验和感悟。在此基础上，教师有目的地将学生们的见闻、情感认识、感悟思考与鲜活的资源整合，利用到各学科学习中，使学科实践活动既有生动有趣的实践活动，又有深度思考和研讨。

（二）实施阶段

1. 基于主题实践的元素，开展学科实践活动课程

基于主题实践活动元素开展的学科实践活动课程，高度关注了学科资源的应用，充分利用了身边的资源，将实践活动贯穿学科的整个学习过程，通过学科实践，加强学科核心素养的培育（图 1-1-2）。

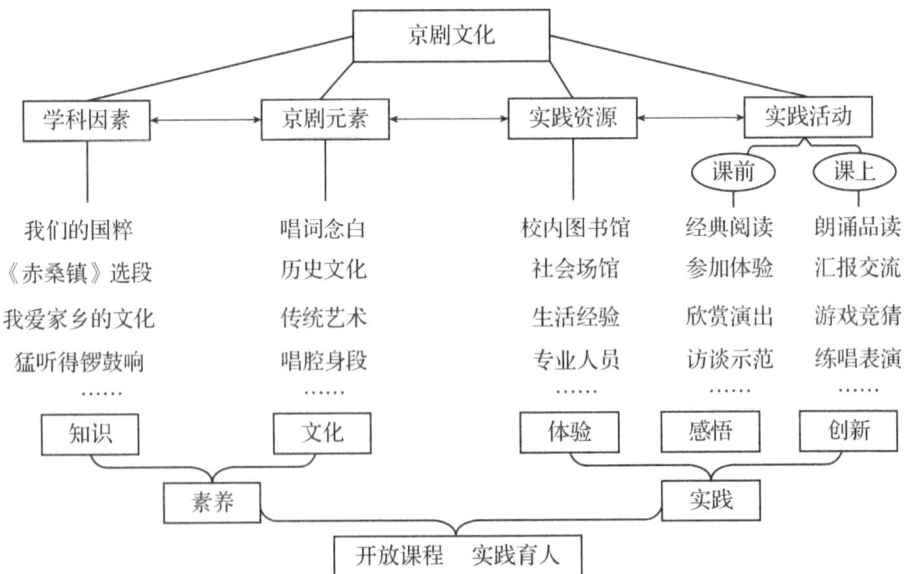

图 1-1-2

课前：

品德与社会课"我们的国粹"，在课前学生们走进了首都博物馆，从视觉上对京剧的服饰、脸谱、剧本、乐器有了更多的认识和了解；走进公园，感受京剧在生活中带

给人们的愉悦；走进梅兰芳故居，了解艺术大师的演艺经历及爱国情怀。学生在原有的京剧知识基础上，走进场馆资源，交流所看、所听、所感，加深对京剧的认识和了解。在这三次实践活动中，学生对"国粹"的含义有了更深的认识，在实践中形成了学科素养。

课上：

以品德与生活"我爱家乡的文化——京剧"一课为例，课上回望实践活动，开展课堂实践活动。

学校与中国戏曲学院共同开设的京剧校本课程，二年级学生每周都可以学习京剧，同时为他们提供了欣赏、演出的机会。品德与生活"我爱家乡的文化——京剧"一课正是在实践的基础上，通过游戏、比赛等形式，学生们在课上唱、做、演，通过实践感受京剧的魅力，进而受到传统文化的熏陶。

课后：

以语文"《赤桑镇》选段"一课为例，课后鼓励学生继续实践，开拓实践活动。

语文教师将语文课堂内外整合，通过多种形式的组合阅读，将念白引入教学中，与京剧唱词共同欣赏，拓展了学生的阅读视野，从丰富的语言文字中进一步感受人物形象，感受传统艺术的魅力。教师适时鼓励学生在课后走进图书馆，进行经典书目的阅读实践，丰厚学生的文化积淀。

学科实践活动课，通过活动再现实践，将实践、活动、学科，课前、课上、课后有机地融合在一起，打破时间、空间的"壁垒"，在"小"课堂展"大"天地。教师充分地将中国国粹元素转变成学习资源，学生的学习经历更加丰富，让学习经验的体验更加多元，学生在这样的过程中去探究和培养创造性的思维，在实践中学，在实践中提升学科素养，在实践中增强民族自豪感。

2. 基于主题研究的方式，开展多种综合实践活动

通过学科实践活动与学科教学的深度有机整合，激活了教师的研究，也激发了学生开展研究性学习的热情。

学校利用综合实践学科开展"我眼看京剧"主题系列活动。学校三至六年级的学生以"京剧"为研究内容，听讲座、看演出、学唱腔、练身段、画脸谱、做服装、调查访谈、参观等活动，形成了自己对京剧文化在不同时期的文化价值、历史使命的看法和观点，进而迁移对其他传统文化在不同时期的作用。通过"我眼看京剧"综合实践活动，让学生学习使用常见的研究方法，获取知识和直接经验，使学生不仅"乐于研究"，而且要"学会研究"。不论是大主题还是小主题的"走进京剧"综合实践活动，从搜集信息、了解京剧，到唱、演、画或撰写一篇小论文、制作一份小报，在这个过程中，学生自觉地在主题驱动下进行综合实践。

书法学科"孔庙和国子监中的十三经刻石"课程的起因是学校带领五年级学生参观孔庙和国子监，感受传统文化。在参观完十三经刻石之后，有一个班的学生对它产生了浓厚的兴趣，想要进行专项研究。学校为此设立了短期校本课程，由书法组的教师带领他们进行实践学习。

科学教师基于传统文化，以京剧作为载体，找到科学与京剧的交叉点开放课堂，围绕"京剧剧场"这个主题开展科学研究，将四年级科学"声音""电"和五年级"光"这些知识点进行整合，打破年级之间的界限，开放学习内容、学习空间、学习方式。

基于主题的研究方式的实践学习，统筹了各学段、各学科、各方参与人员和育人环境，让学生在全程育人的环境中主动动起来，将知识用起来，提高综合分析问题、解决问题的能力，发挥对学生情感、态度、价值观的持续影响力，达到《北京市实施教育部〈义务教育课程设置实验方案〉的课程计划（修订）》中提到的"让学生动起来，将知识用起来，提高综合分析问题、解决问题的能力"的目的。

（三）展示阶段

历时三个月的以京剧文化为主题学科实践活动课程，推动了学校课程建设，激发了师生的热情。校园中展示了学生们的书画作品：学生们亲手绘制的万幅精美的脸谱作品悬挂在了楼道的墙壁上；《昭君出塞》《红灯记》《穆桂英挂帅》等诸多京剧选段成了学生们的"流行歌曲"；设计制作的团扇、戏服将传统文化与现代元素融合在了一起；合作汇编的有关京剧文化实践活动的小报记录了学生们成长的足迹；自主研发的有关京剧文化的传统游戏激发了学生们创新的灵感……随之也带动了学生们对传统文化的热爱：吟诵、读诗、剪纸、对联的书写与创作……可谓"忽如一夜春风来，千树万树梨花开"。

为了让更多的学生有更多样的实践形式，更多的学科有更丰富的实践成果展示，我们把课堂搭在了民族宫大剧院。史家分校的教师和中国戏曲学院的教师共同登上"讲坛"，二百余名学生登上了舞台，千余名学生参与了实践活动。华美的舞台上，在浓郁的传统文化氛围中再次共同进行以京剧文化为主题的学科综合实践活动。美术教师在剧场进行了学生京剧文化美术作品展示，并以课堂教学的形式和在场的千余名学生共同呈现一节戏曲美术课。形体课中的京剧健身操、京剧形体课程的京剧身段汇报表演与传统舞蹈《画莲》中的舞姿让学生感叹。学生们从语文学科吟诵的《鹿鸣》与京剧《乌盆记》中的念白，品味到了不同音律的美。小到文化衫上的剪纸京剧人物设计，大到参与舞台的布景，都成了各学科开展学科实践活动课程最好的抓手。在此次实践活动中，学生们生成智慧，陶冶情操，有效分享，体现了校内课程与校外大课堂的有机融合。

以京剧文化为主题的学科实践活动课程的实施，使学生的学习形式已不再拘泥于学校内部，而是打通学校与学校、学校与家庭、学校与社会间的壁垒，形成立体、互动的社会化大课程。通过以京剧文化为主题的学科综合实践课程，让学生学会学习并体验到其中的快乐，教师在开放而创新的工作中体验到了快乐，这是我们课程推行的最大收获。我们在收获喜悦的同时也在冷静思考：如何对学科实践活动课程进行整体规划和构建？如何为综合实践活动课程提供优质的资源保障？学科实践活动课程的育人价值如何评价？一系列的问题需要我们不断地思考和实践，再思考和再实践。史家分校的教师与学生在不断的实践中，一同学习、一同思考、一同成长。

第二部分　基于主题的教学实践活动案例

案例一　品味唱词，体验念白，感受文化
——语文学科"京剧文化"主题实践活动案例

一、主题内容设计

语文课程应引导学生"认识中华文化的丰厚博大，吸收民族文化智慧，吸取人类优秀文化的营养，提高文化品位"。而京剧作为我国的国粹，承载着民族的风骨和风情，滋养着中华民族共有的精神家园。学校逐渐形成了"以京剧文化为主题，以学科教学为阵地，以实践活动为切入口"的学科实践活动课程。我们将这样源远流长的中华传统文化与语文课程紧密结合，将京剧元素引入课堂，丰富学生的阅读体验，感受传统文化的魅力。

京剧《赤桑镇》选段是北京出版社出版的教材的一篇课文，希望学生通过经历一系列的学习活动感受传统文化的魅力。京剧《赤桑镇》，改编自清代古典名著《三侠五义》，是京剧裘派的代表作。这种公正廉明、刚正执法的感人题材具有深刻的社会价值和教育意义。《赤桑镇》表现了包拯铁面无私又重情重义的形象。在准确地把握包拯刚正不阿性格的同时，更在情字上下功夫，充分展现出包拯对嫂娘的敬仰之情。课文选取的这段唱词诠释了《赤桑镇》中包拯这个典型的艺术形象。

学生在搜集资料、欣赏剧目等一系列的活动中，初步感悟了包拯这一人物形象。通过唱词，学生可以从语言文字中深入感知人物形象，感受京剧唱词简洁凝练，又富有韵律的特点。京剧的念白具有音乐性、艺术性，这一唱一念构成了京剧语言表达的独特性。借助组合阅读，将京剧念白引入课堂，帮助学生体会人物心情，感悟京剧的博大精深。课堂上还节选了小说《三侠五义》中的相关段落和京剧《铡美案》中的经典唱词，使人物形象更为丰满，学生理解更加深刻。

二、教学目标设计

通过欣赏唱段、阅读唱词、体验念白，体会京剧语言表达特点，积累语言，理解人物形象。

学生经历参观展览、搜集资料、阅读小说、观赏剧目、品味唱词、体验念白等活动，初步感受京剧的魅力。

初步感受中华传统文化的丰厚博大，受到优秀文化的熏陶，提高审美情趣和文化品位。

三、教学资源与实践条件设计

(一)校外场馆资源

首都博物馆、梅兰芳大剧院、长安大戏院等众多的场馆，举办了各种各样的京剧展览。在这些展览中，总能见到包拯的形象，为学生走近经典、感受经典拓宽了视野，使学生乐于阅读京剧中的故事，理解京剧中的人物，发现京剧中的形象，从而感受京剧这一传统艺术的魅力。

(二)校园文化资源

学校在低年级开设了戏曲形体、戏曲美术、戏曲唱腔三门课程，中年级开设了京剧校本课程，形成了以京剧文化为背景的学校特色课程。学校组织学生参观展览，观看演出，参与表演，实践体验，为学生感悟京剧语言表达的特点，理解京剧剧目中的典型形象创造了条件。学生在不断的实践活动中，受到熏陶感染，感受京剧独特的文化魅力。

(三)学生生活经验

学生对于包拯并不陌生，小说、戏曲、影视等很多作品都在传颂着这样一个清官的经典形象。学生参观了相关的京剧展览，有些学生还曾游览过开封府、包公祠，观看《赤桑镇》《铡美案》等剧目，搜集相关资料，阅读小说，初步感悟了包拯的形象。

四、教学过程设计

(一)课前观看京剧，初探人物形象

活动一：搜集、整理、阅读包拯的相关资料，初步感受人物形象。

活动二：观看《赤桑镇》《铡美案》两部剧目，初步理解戏曲中包拯的形象特点。直观体会京剧唱词与念白的独特性，初步感受京剧的魅力。

(二)课上品味语言，感受京剧魅力

1. 回忆剧目内容，感知活动主题

2. 品味京剧唱词，感悟人物形象

(1)朗读课文，感受唱词特点

(2)品味唱词，理解人物形象

第一，欣赏唱段。

第二，品味语言。

①默读课文，体会情感。

②组合阅读，理解情感。

阅读小说《三侠五义》中的第二回，理解包拯对嫂娘的感激之情。

教师小结：嫂娘将他抚养长大，教他做人，恩情难报，体会情感朗读课文。

③品读语言，感悟形象。

结合课文的语言文字，感悟包拯公正执法、不徇私情、铁面无私的形象。

教师小结：感受着他公正执法、刚直不阿的形象，读出他执法如山的坚定。

(3)诵读课文，升华人物情感

教师引导：这段唱词短短的113个字，既饱含了他对嫂娘的一片感恩之情，又让我们看到了他秉公执法的形象。他的形象或载于史书，或流传民间，历代被人们所传颂，带着你此时的情感，完整地读一读。

3. 组合拓展阅读，丰厚人物形象

(1)组合阅读《铡美案》

教师引导：读了《铡美案》唱词，包拯又给你留下了怎样的印象？

(2)丰厚人物形象

教师小结：包拯就是这样杀贪官除恶霸，皇亲国戚又如何，这是一个为民除害、不畏强权的包拯，那真是千秋共颂赤胆，百姓皆呼青天啊。

4. 体验京剧念白，拓展实践经历(关元硕老师执教)

(1)欣赏，直观感受

教师引导：包拯的形象深入人心，裘盛荣老先生善于运用唱、念、做等综合的艺术手段，来表现人物丰富复杂的思想感情。在《赤桑镇》这出剧目中，包拯在这段唱词前还有一段念白。现在我们就来听听这段念白中，包拯都说了什么？(播放视频)

(2)朗读，感知意思

课件出示，学生初步尝试朗读，借助工具书，理解念白的意思。

(3)模仿，品味韵味

教师引导：这段念白中有一些字音和我们平常说话不太一样。这是因为京剧保留了很多古音字和方言，这在京剧中叫上口字。

学生跟着视频尝试模仿。

（4）体验，体会情感

教师引导：同学们很快就念出了念白的韵味，你发现没有，念白里的字音有长、有短，语气有轻、有重。它们都在随着人物的情感变化，体会着再来跟着念一念。

（5）诵读，理解形象

教师引导：短短一段念白，既表现了包拯秉公执法的决心又有他面对嫂娘时的温情，难怪裘盛荣老先生在改编这出戏时，会为这段念白配上伴奏。体会着人物的形象，再来跟着念一念这段念白。

5.感悟语言特点，深化感悟理解

比较唱词与念白的相同和不同之处，进一步感悟京剧语言表达的特点及人物形象。

6.再次欣赏唱段，感受京剧魅力

7.引导拓展阅读，走近经典名著

包拯铁面无私、执法如山的美德被人们称颂不衰。许多小说也讲述着他的故事，同学们可以找来读一读。

（三）课后观展阅读，走近经典人物

活动一：走进首都博物馆，参观京剧主题展览，进一步感受京剧文化的丰厚博大。

活动二：走进梅兰芳大剧院，欣赏京剧表演，继续感受京剧舞台艺术的魅力。

活动三：阅读小说《三侠五义》，走近经典名著，深化理解人物形象。

五、教学效果分析

（一）学习过程体现资源意识

语文课程实践活动的资源包括课堂教学资源和课外学习资源。例如，教科书、工具书、电视、网络、戏剧表演、图书馆、博物馆等。实践活动使得教学方式更加开放，能创造性使用教材，加强了资源意识，由教科书"生发"出丰富的语文教育资源，并从中发现教学资源。资源的充分利用，开放的教学方式，给教师带来了更广阔的教学视角，进一步确立了正确的教材观、教学观、教育观。

（二）活动方式彰显自主多元

学生的学习是以实践为基础的，学习与实践是相辅相成、相互依存、互为统一的有机整体。学生通过参观、体验、欣赏、搜集、阅读等实践活动，理解到包拯铁面无私、刚正不阿、重情重义的人物形象。借助组合阅读，发现和感受京剧唱词与念白的语言特点，积累语言，提升学生听、说、读、写的能力。

（三）学习成果凸显语文本色

实践活动的成果凸显了母语学习的特点。语文学科特点决定了语文课程的实践机会无处不有，无时不在。学生理解唱词、体会人物、欣赏唱段、体验念白、积累语言、组合阅读等一系列的语文实践活动，无不是围绕着语言文字展开，无不凸显着语文学习的特点，无不体现了学生听、说、读、写的语文学习能力。学生积累语言，积淀文化，弘扬和培育民族精神，热爱祖国语言文字，从而升华民族体验，真正提高语文素养。

案例二　品味国粹艺术，传承家乡文化
——品德与生活学科"京剧文化"主题实践活动案例

一、主题内容设计

京剧是北京传统艺术中的优秀代表，更是我国的国粹。《义务教育品德与生活课程标准（2011年版）》中明确指出："要引导学生了解家乡的名胜古迹、主要物产等有关知识，感受家乡的发展变化。"

2015年7月，北京市教育委员会出台了《北京市实施教育部〈义务教育课程设置实验方案〉的课程计划（修订）》（以下简称"课程计划"）。课程计划指出：要认真落实文件精神，中小学各学科平均应有不低于10％的课时用于开展校内外综合实践活动课程。

首都师范大学出版社出版的《品德与生活》二年级下册教材有关于京剧的主题活动，恰巧学校与中国戏曲学院共同开设了京剧校本课程。在此基础上，学生通过"我爱家乡的文化——京剧"一课的学习活动，在潜移默化的教育中，使学生获得熏陶和感染；在各种资源的整合中，开展主题式学科实践活动；在实践活动中培养学生的实践能力和创新精神。

二、教学目标设计

进一步了解北京的传统艺术京剧，在活动中初步培养学生观察、体验、表达和合作的能力。

通过交流、体验和展示等活动，使学生对京剧这种北京传统艺术更加了解和喜爱，激发热爱家乡的情感。

感受国粹的魅力，产生欣赏北京传统文化和热爱家乡的情感，激发学生作为北京人的骄傲感和自豪感。

三、教学资源与实践条件设计

(一)儿童资源

学生从进入史家小学分校起就学习京剧校本课程，了解了一些简单的京剧知识，

学会了一些唱腔、身段等。在一年多的时间里，学生结合"高参小"①项目经常会到湖广会馆、人民剧院、长安大剧院、梅兰芳大戏院等专业场馆欣赏京剧演出，与京剧演员交流互动，走上舞台汇报表演等。他们对京剧并不陌生，在初步了解的基础上，很多学生开始喜爱这门传统艺术。

(二)校内资源

2014年5月，学校加入北京市教委关于"高等院校参与北京市小学特色教育发展"项目之中。同年9月，学校一、二年级每周有三节课程由戏曲学院的专业教师任教，开设了戏曲形体、戏曲美术、戏曲唱腔三个课程和课后330的京剧社团。在一年多的时间里，学校先后召开了多个市、区京剧课程的专题研讨会、成果汇报演出，在校园中营造出浓郁的京剧文化氛围，为学生们打开了了解传统文化的一扇窗。

(三)校外资源

在北京的湖广会馆、人民剧院、梅兰芳故居、首都博物馆等，可以实地参观学习、搜集学习资料；可以欣赏京剧演出《三家店》《大闹天宫》《三岔口》等，感受京剧的艺术魅力；可以走到台前幕后亲身体验京剧化妆、穿衣、身段表演等，近距离了解京剧；可以参加比赛、汇报演出，通过自己精彩的表演让更多的人了解和喜爱京剧……

四、教学过程设计

(一)课前通过校本课程学习初步了解京剧

活动一：课外到湖广会馆、人民剧院和梅兰芳大剧院等专业场馆欣赏和体验京剧。

活动二：课内学习简单的京剧知识、唱腔、身段等。

(二)课上通过游戏体验活动更加喜爱京剧

1. 激情引趣，导入主题

(1)联系生活，谈话导入

我们北京有许多深受大家喜爱的传统艺术，你们都知道哪些？

(2)欣赏一些北京的传统艺术

教师小结：京剧、相声、京韵大鼓等这些北京的传统艺术，代表我们的家乡文化。

设计意图：联系学生原有的生活和学习经历，运用生动的影音资料，导入新课，揭示本课主题。

2. 猜一猜，梳理知识

(1)看图片，猜行当

教师引导：京剧课上大家知道了京剧的行当有生、旦、净、丑。京剧中的扮相、

---

① 注：北京高校、社会力量参与小学体育美育发展工作，简称"高参小"。

服饰，给京剧表演增添了色彩，让我们感受到京剧独特的美。

（2）听唱腔，猜剧目

教师引导：京剧优美的唱腔，也会给人留下深刻的印象。

（3）看表演，猜身段

利用金箍棒、马鞭、扇子、手绢等道具，学生选择自己熟悉的身段表演出来让大家猜。

教学中，涉及的相关场馆和学生活动，如下：

①到湖广会馆观看京剧《大闹天宫》。

②到人民剧院向京剧演员学习身段、唱腔；体验化妆，勾画猴脸；了解基本的京剧伴奏乐器。

③到梅兰芳大剧院、长安大戏院参加京剧汇报演出。

（4）看剧照，猜人物

教师小结：京剧是我们北京特有的传统艺术，你们小小年纪就能对京剧有这么多了解，真了不起！

设计意图：以学生以往的学科实践活动和日常学习活动为基础，通过"猜一猜"的游戏活动，使学生们更加喜爱国粹京剧，初步对传统京剧和家乡北京产生喜爱之情。

3. 比一比，升华情感

（1）教师引导：自愿结合小组，先组内练一练，再各组比一比

（2）根据对学情的了解，提前摆放分组表演的小桌签

①《提篮小卖》选段。

②《红灯记》选段。

③《卖水》选段。

④《穆桂英挂帅》选段。

⑤《三家店》选段。

⑥《智取威虎山》选段。

（3）播放《北京新闻》片段：本校学生学习京剧的相关视频报道

教师小结：走到大街小巷、绿地、公园，时常能够看到、听到有人在吊嗓子、唱京剧。作为北京人，能有这么多机会听京剧、学京剧、演京剧，真是值得骄傲和自豪！

设计意图：根据学生的实际情况，通过"比一比"的游戏，引导学生体验、感受京剧的艺术魅力，为自己是北京人感到骄傲与自豪。

4. 全课总结，深化提升

教师小结：京剧是我们非常喜爱的传统艺术，它和相声、京韵大鼓等，都代表着我们的家乡文化。希望大家今后能对京剧有更多的了解和学习，把北京的传统艺术、

把我们的国粹传承下去，发扬光大。

设计意图：通过对整节课的回顾，进一步激发学生对京剧、对北京的热爱之情和作为北京人的自豪感。

(三)课后通过继续坚持学习传承京剧艺术

活动一：课外继续走进湖广会馆、人民剧院和梅兰芳大剧院等专业场馆欣赏和体验京剧。

活动二：课外坚持京剧知识、唱腔、身段等的学习，不断提高。

活动三：参加京剧的汇报演出和"国戏杯"、市区艺术节比赛，用自己的实际行动传承和发扬北京的传统艺术。

五、教学效果分析

(一)开发利用多种课程资源

本次主题式学科实践活动以教科书资源为基础，认真研读学习相关教学参考资料，准确把握课程的性质；与来自儿童的资源相联系，充分利用学生的兴趣、经验、发现，设计教学活动；将学校、家庭、社区的资源深入挖掘，有效结合校内外的相关活动、文化氛围，激发学生情感。

(二)充分尊重学生实际水平

以京剧为主题的学科实践活动根据学生的年龄特点和接受水平，通过"我爱家乡的文化——京剧"一课的课堂教学，学生在小组合作、自主体验等学习活动中，在教师的引导、帮助下，对原有京剧知识进行了更加系统的梳理和整合，感受到京剧艺术的独特魅力，更加喜爱京剧，提升了对北京传统艺术的认知，产生热爱自己家乡的情感。课后，学生还将有条件继续进行京剧课程的学习和实践活动，更加深入、系统地了解这门传统艺术，并以实际行动传承与发扬。

(三)勇于尝试实现教学相长

通过此次主题式学科实践活动，教师经历了与学生共同学习成长的过程。不仅对教材内容有了更加深入的研究，而且在如何落实学科实践活动上进行了初步的探索，总结了得失，找到了方向。这也将成为教师今后在品德与生活学科教学中，继续努力落实《北京市实施教育部〈义务教育课程设置实验方案〉的课程计划（修订）》精神，以更加尊重学生的态度和更加开放的视角来提升德育课程实效性的一个良好开端和有益尝试。

案例三　体验国粹，感受京剧，弘扬文化

——品德与社会学科"京剧文化"主题实践活动案例

一、主题内容设计

品德与社会要让学生知道我国是具有几千年历史的文明古国，感受中华民族对世界文明的重大贡献，萌发民族自豪感和自信心。课程设计与实施注重联系学生的生活实际，引导学生在实践中发现和提出问题，在亲身参与丰富多样的社会活动中，逐步形成探究意识和创新精神。

人民教育出版社出版的《品德与社会》五年级下册第三单元就以"独具魅力的中华文化"为单元主题，让学生在学习中能够感受到中国文化的精髓，从而萌生民族自豪感。"我们的国粹——京剧"是第三单元的内容，通过介绍京剧历史、脸谱、说唱京剧等内容，引导学生了解京剧，感受京剧的价值和艺术魅力，在这个过程中增强民族自豪感。教学中，我们结合场馆资源的所看、所学，学生交流分享自己的收获，加深了对京剧的认识，进而加深了对中华文学的认同与热爱。

史家小学分校是北京市"高参小"项目基地学校，学生从低年级就开始接受京剧，学生对于京剧有一定的了解，但是他们对京剧在我国的地位及在世界上的影响，没有深刻的认识。在首都博物馆的京剧文物展厅里有大量的关于京剧服饰、脸谱、乐器以及剧本等内容的介绍，恰恰是学生在学校接触不到的历史背景和资料补充，可以使学生在视觉上对京剧有更直接地认识与了解。梅兰芳纪念馆中对梅兰芳大师的演绎经历有细致的介绍，学生可以在参观中体会大师的爱国情怀。

二、教学目标设计

通过参观学习，小组汇报，交流对京剧的了解。

学生通过搜集、整理、汇报等多种形式，体验京剧艺术的独有魅力。

初步感受京剧的独特魅力，产生喜爱京剧的情感，对中华文化产生亲近感和认同感，懂得珍视祖国宝贵的传统文化。

三、教学资源与实践条件设计

（一）校外场馆资源

首都博物馆京剧展厅中有关于京剧的服饰、脸谱、乐器的展示，这些展品可以帮助学生从视觉上对京剧有更多认识和了解。景山公园中，京剧爱好者的表演可以让学生从生活中了解京剧，与他们交谈，感受京剧作为国粹对人们生活的影响。梅兰芳纪

念馆中呈现了艺术大师的演绎经历和爱国情怀。

(二)校园文化资源

学校在低年级开设了戏曲美术、戏曲形体和戏曲唱腔三门课程；在中年级还开设京剧校本课程。京剧元素在学校无处不在。

(三)学生生活经验

学生在京剧校本课上，对京剧有了一定的了解，在课上欣赏大量经典的唱段，对京剧的悠久历史和文化形成有初步的认识。班里还有同学参加了学校的京剧社团，对京剧的唱法和表演都有了更系统深入的了解和学习。

四、教学过程设计

(一)课前参观，体验京剧的独特魅力

活动一：参观首都博物馆京剧文物展厅，初步感受京剧的独特魅力。

活动二：参观梅兰芳故居，感受大师在京剧艺术上的成就以及爱国情怀。

活动三：走进景山公园，和京剧爱好者一起聊京剧、唱京剧，了解京剧乐器的独特之处。

(二)课上交流分享，感受京剧的独特魅力

1. 交流了解，感知京剧的多元艺术

学生从京剧校本课、音乐课以及美术课上对京剧历史、地位等方面进行了解。在参观首都博物馆京剧文物展厅后，他们还认为京剧的剧本可以根据最近发生的故事改编。

2. 小组汇报，交流成果

(1)服饰组汇报

①欣赏京剧服饰，体会做工的精细。

通过欣赏图片，学生从做工精细和服饰的种类交流分享，体会京剧戏服在制作中的精细。

②分享演出感受，激发喜爱之情。

校内京剧社团的学生与大家分享他们在演出时的感受。

③体验京剧服饰，感受穿戴讲究。

社团学生带来京剧演出服请同学上台体验，并教同学如何穿戴京剧服饰，使同学们感受到京剧服饰穿戴时的特殊讲究。

④观赏服饰图案，了解民族特色。

请学生观赏京剧服饰上的众多图案，初步了解服饰中的各种图案都是带有强烈民族特色的。

教师小结：无论是从服装样式，还是色彩搭配，抑或是一个个精美绝伦的图案，都能让我们感叹京剧艺术的独特魅力。

（2）脸谱组汇报

①了解脸谱作用，体会人物性格。

脸谱在净和丑两个行当中的作用不同，人们从他们的脸谱上就可以知道不同人物的性格。

②欣赏脸谱画法，品味图案之美。

根据美术课上学到的画法，感受京剧脸谱以及其图案的美丽和夸张，体会独特的美的享受。

③展示脸谱元素，感受中国特色。

从身边寻找有关京剧脸谱的元素，并谈谈自己的感受。

④观赏社团照片，了解京剧魅力。

出示京剧社团中学生表演时的照片。京剧中扮演的人物不同，脸谱的颜色和画法也就不一样。以前他们只是觉得脸谱画起来很好看、好玩，但是没有想到有这么多讲究，再次感受到了京剧魅力的独特之处。

教师小结：京剧可以与现代艺术融合，不愧为我们国家的国粹。

（3）名家组汇报

①观看影片，走近梅兰芳大师。

在首都博物馆中，学生看到一个视频，关于一个小孩为了能看到梅兰芳表演，偷偷跑去后台观看，结果被人发现后毒打一顿的影片。这激发了学生们想要深入了解梅兰芳大师的兴趣。

②了解梅派艺术，激发爱国情怀。

感受名家梅兰芳大师对京剧的贡献——创作了独家手势，建立自己的流派和对国家的情怀。

③观看社团表演，感受京剧魅力。

观看学校京剧社团学生的表演录像。

④分享表演体验，认识京剧道具。

亲身体验，由班级中京剧社团的学生用马鞭道具教同学策马奔腾的动作。先请学生上台表演自己认为的策马奔跑的画面，再由社团学生系统教动作，感受京剧中道具的以简易繁的特点。

教师小结：让京剧艺术走向世界，让我们传承和发展中国戏曲文化，使中国京剧成为一颗繁茂的常青大树，永远屹立于世界民族艺术之林。

3. 教师总结，回味经典国粹

相信这颗中国传统文化的种子，已经悄悄播撒在每个人的心中，它终会生根发芽，开出绚丽的艺术之花。

（三）课后观展，感受艺术魅力

活动一：走进社会资源单位，继续感受京剧的艺术魅力。

活动二：继续寻找身边的京剧元素，感受国粹就在我们身边，弘扬我国民族精神。

五、教学效果分析

（一）利用校内外资源，搭建学习平台

在班级中的几名京剧社团学生，在本节课中充分利用他们在社团中学到的知识，给其他同学创设、搭建平台，从演出服装的穿戴，到参观后台化妆，再到教授简单的京剧表演动作，一招一式都有模有样。学生不仅从书本上感受京剧是国粹，更在体验中感受它作为国粹的独特魅力。一节课虽然上完，但是学生们搜集、记录和分享国粹京剧意识却扎根于他们心中。

（二）学习过程体现自主意识

学生通过参观、体验、交流、分享等学习方式，赋予他们充分的民主，学生对于服饰、脸谱、乐器以及表演形式的交流，加深对京剧的了解。从生活中寻找京剧的影子，感受京剧的国粹魅力已经深入我们的生活，激发学生欣赏美，感受美，创造美。

（三）利用课程资源，教材活用

通过前期的参观体验，使学生有直观的了解与感受，对京剧有一定的认识。这比教师照本宣科地告诉学生京剧是国粹更有说服力和感染力，也易于学生接受和理解。

案例四　体验刻石　感受经典
——书法学科"京剧文化"主题实践活动案例

一、主题内容设计

《义务教育语文课程标准（2011年版）》中关于书法部分要求："认识中华文化的丰厚博大，吸收民族文化智慧。"本课是对人民教育出版社出版的五年级书法教材《走进汉字世界》的教学内容进行学科拓展。

本课是在学生实地参观完十三经碑林，对碑林中石碑的研究进行汇报交流与动手实践体验的过程，是建立在学生课前通过多种形式进行资料搜集、分组探究的基础上，最后通过撰写结题报告开展的汇报交流活动。活动中既有对孔庙中十三经进一步探究主题的总结，又有信息交流的内容。通过汇报交流，体现出学生们能够主动进行探究活动，学生各方面综合能力得到体现，在活动中学生养成边实践边反思的习惯，培养了合作探究的能力。通过深入地研究学习，各个专题小组对刻石有了自己的感悟。在这堂课上，通过师生的互动学习，学生对十三经有更深刻的认识，并且学生将模拟体验书写刻石的过程。

二、教学目标设计

了解有关十三经刻石的内容，感受儒家思想文化的博大精深，体会十三经的影响力。

模拟体验古人书写、刻石的方法，并实际操作。

通过对十三经的深入学习，体会刻石文化，体验古代刻石过程的不易，进而珍惜文物。

三、教学资源与实践条件设计

(一)校外场馆资源

北京孔庙和国子监博物馆，在北京东城区国子监街，是中国元、明、清三朝祭祀孔子的场所。博物馆内的十三经刻石是儒家经典刻碑中最完整的一部，也是世界上最大、最重的一部书。本课程突破学校围墙的界限，把学习的内容设定为这189块石碑并对其进行深入研究。

(二)学生实践经验

学生经过一段时间的学习，他们通过自己的研究，写出了研究日记、整理出了翔实的资料，拍了大量的照片，设计了调查问卷，做出了科学的统计图，还制作了关于十三经刻石的小报。

从实践的过程中可以看出：我们平时对于观察范字并不陌生，但是在学校里很少有机会能够进行实地考察，所以真实的科学考察对于学生来说是模糊的，没有形成完整的体验。从我们自己的学习感受来看，从没有头绪地进入碑林，到理性深入地观察、体验，在真实的感受中学习、认识所研究的文字，对学生感知经验的获取，参与程度的提升都是有益的。

四、教学过程设计

(一)课前参观，实地感知

学生曾两次进入十三经刻石实地考察，学习碑文内容，欣赏蒋衡的书法艺术风格，并在十三经刻石周边对游客做随机采访，进行问卷调查，对调查研究进行科学分析。参观之后，师生借助网络、图书馆查阅大量资料，写出研究日记，撰写研究报告，编写十三经刻石的小报。

本课程共安排5课时。第1课时，全班参观孔庙和国子监博物馆，旨在使学生初步认识和感受。第2、3课时，指导其中对十三经刻石感兴趣的24名学生，组成学习小组，在自主探究中学习。第4课时，即本节课，学生们分享交流，并就学生感兴趣的问题进行研究，模拟体验古代书法家的墨迹作品刻到石碑上的过程，以此扩大学生的实践经验，深化学生的认识。第5课时，师生共同体验，从石碑上的刻字变成拓片的拓印方法。

活动一：(博物馆内实践活动)实地参观，身临其境的学习体验。

活动二：(博物馆外实践活动)运用小组问卷调查法，通过精心设计题目，针对不同人群发放问卷，统计信息，并得出结论。

(二)课上模拟体验，实际操作

1. 回顾资源，分享交流

(1)学生汇报

汇报的内容是学生在前期做的调查采访，分析调查研究结果，将搜集到的相关资料、课题报告、平时的课题日记、小结照片，进行汇报。

(2)教师提升讲授十三经文化

感受经典离我们不远，并感受十三经是儒家文化的经典。十三经刻石是历史儒家经典刻碑中最完整的一部，也是世界上最大、最重的一部书。

2. 师生共研，刻石方法

(1)出示书籍

(2)研讨步骤

①讲解研究过程，师生共同学习理解。

②双钩上石：将墨迹上的字先用透明纸以墨摹勒，然后在以砾色依字勾勒其背，再拓印上石。

(3)推测过程

①先把透明纸盖在字上，用毛笔蘸墨双钩轮廓边。

②翻过透明纸，在纸的背面，用红色勾边。

③把透明纸红色的一面放在石膏上，捶拓纸面。

3. 刻石体验，亲身感受

学生四人为一个小组，每一位同学刻一个字，组成论语中的四字词语，连成一句话，体会其中含义。

4. 反馈评价，相互欣赏

①四人组成的论语四字词，如"三思而行""小大由之"。

②师生共同体会其中的含义，并且学生间互相欣赏彼此刻的字，谈自己的刻石体验。

5. 拓展延伸，走近石碑

初步介绍我国各地的著名石碑，重点介绍陕西西安碑林博物馆。陕西西安碑林博物馆，始建于宋朝，至今 1000 多年了。经历代的维修及增建，规模不断扩大，藏石日益增多，现收藏自汉代至今的碑石、墓志 4000 余件，数量为全国最多，被称为"我国最大的书法艺术宝库"。

（三）课后走近刻石

活动一：我们还将把这个系列的课题做完，讲解下一课的内容——从石碑到拓片的过程。

活动二：经过几次对十三经的参观学习，学生对十三经有了深厚的感情，也积累了丰富的知识。孔庙和国子监博物馆的宣传部希望我们的学生能成为十三经的小小讲解员。

五、教学效果分析

（一）学生收获

1. 学生获得亲身参与研究的体验

学生们通过参与十三经刻石的研究学习活动，获得亲身体验。传统的书法教学总是看书上的碑帖，当我们站在碑林中间，真实感受碑帖的博大与精深，仿佛置身于书法的宝库之中，所有人都被中华文化的魅力所折服。

2. 学生提升发现问题和解决问题的能力

学生们通常围绕十三经刻石的内涵、历史价值与书法艺术价值这个中心问题展开。在学习的过程中，学生们自主地发现和提出问题，设计解决问题的方案，搜集和分析资料，调查研究，得出结论并进行成果交流活动，学习和掌握一些科学的研究方法。

3. 学生初步具有搜集、分析和利用信息的能力

在书法学科综合实践活动中，学生们学会利用多种有效的手段，通过多种有效途径获取信息，学会整理与归纳信息，并恰当地利用信息，以培养搜集、分析和利用信息的能力。

（二）教师收获

这次最大的收获，是重新认识了什么是新型的课堂，什么是学生的课堂。学生参观体验完后对十三经的理解，对古人的尊重，对石碑的热爱，也让我们深深地感动学生的学习能力。在课堂上以学生为主，让学生真实地体验，让他们从心里热爱十三经，热爱古典文化，尊重古代先贤留给我们的精华，时时处处表现学生的主动性。

不断地努力，思索，是值得的。在这课堂上，我们与学生默契地交流，学生对艺术浓烈的兴趣感染着我们，我们真的感到，作为师者的幸福与骄傲。

案例五　多种实践形式，体验京剧文化
——综合实践活动领域"京剧文化"主题实践活动案例

一、主题内容设计

京剧是我国的国粹。史家小学分校参与"高参小"项目，成为中央戏曲学院基地校。京剧走进学校，给师生们带来了潜移默化的影响，也激发了学生的研究欲望。

师生经过商讨，确立了以"我眼中的京剧"为主题的长周期综合实践研究活动，预计两个月完成。全班同学针对自己的兴趣，分别提出"京剧带给校园的影响""人们对京剧的态度""京剧的历史""京剧的身形""京剧的名角""京剧的装扮"六个子课题进行研究。有的小组了解京剧的历史，除了网上搜集资料，同时又走进首都博物馆参观，掌握相关信息；有的小组针对京剧给校园带来的变化，锁定重点人物，制订访谈计划，进行采访；有的小组悄悄跟着学校京剧社的小演员们，走进化妆间，把整个化妆的全过程记录下来；还有的小组制订调查问卷，搜集统计信息，了解身边人对京剧的看法和了解程度……

二、教学目标设计

通过实地参观、访谈、搜集资料等方式，初步了解京剧的历史、唱腔、身形、扮相、名家，体会京剧作为国粹的独特魅力。

通过调查、搜集、整理资料，会进行简单的数据处理，并对结果做出整理与分析。

通过小组研究，体验合作能力。在实践活动中，提高学生的审美情趣和文化品位，初步感受中华传统文化的深厚底蕴。

三、教学资源与实践条件设计

(一)校外场馆资源

全班同学共同走进梨园剧场和梅兰芳大剧院欣赏京剧，现场感受京剧文化的特色。除此之外，根据研究主题，学生们还走进了首都博物馆、梅兰芳故居。

(二)校园文化资源

自从学校成了中国戏曲学院的基地校后，低年级开设了戏曲形体、戏曲美术、戏曲唱腔三门课程。就连教室，放学后，也会成为京剧兴趣班的所在地。学生们亲眼看见过学弟学妹们一招一式辛苦地练习；聆听过咿咿呀呀颇具腔调的唱腔；更是欣赏过彩妆扮相后夺目的演出⋯⋯在这样浓烈的熏陶中，我们体味着京剧带来的独特韵味。

（三）学生生活经验

学生们在电视里常常可以看到京剧表演。商场的柜台里也会有一些含有京剧元素的商品。或者说，京剧元素，生活中常有，却似蜻蜓点水，并未曾在头脑中留下深刻记忆。

学生参与研究性学习已经有数年时间。从关注问题的视角到课题确定，从方法选择到计划实施，再到实践中不断地调整，都有一定经验。这对于学生展开京剧的研究非常有帮助。

四、教学过程设计

（一）课前搜集资料，开展主题研究

活动一：制订研究计划，选择研究方法，确立研究主题。

活动二：搜集、整理、阅读资料，了解"京剧的历史""京剧的身形""京剧的名角""京剧的装扮"部分信息。

活动三：确定访谈对象，拟定访谈提纲。

活动四：初步设计问卷，进行试调查；调整问卷，再次调查。

活动五：走进教室，亲自学习体验京剧的"唱腔"和"身形"。

（二）课上汇报交流，整理中期成果

1. 回忆研究背景，感知活动主题

2. 小组汇报成果，交流分享借鉴

（1）"京剧带给史家小学分校的影响"组汇报

①汇报开题报告。

②确定被访者及访谈提纲。

③汇报访谈过程。

第一，访谈高校长。我们发现学校门口多了一块"中国戏曲学院基地校"的牌子，看到同学们的京剧演出，这是怎么回事呢？您认为这件事会带给我们学生什么影响？

第二，访谈京剧老师——刘国富。刘老师，您是体育老师，为什么教京剧呢？您现在教几年级？教些什么呢？您是怎么喜欢上京剧的呢？您现在能给我们唱几句吗？我们还想采访京剧社团的同学，您能推荐几个同学吗？

第三，访谈学生——崔奕译。你喜欢京剧吗？为什么？你觉得京剧好学吗？

④预期活动。

采访更多人：不教京剧的老师、没学京剧的高年级学生、不是京剧社团的低年级学生、家长⋯⋯他们认为京剧对我们学校有影响吗？

⑤学生互评。

⑥教师评价。

这个小组的选题从学校生活出发，非常好；所选用的访谈法完全由学生自己确定访谈对象，设计问题；在访谈后注意及时总结方法以及注意事项，这种善于总结反思的态度值得推广。

（2）"人们对京剧看法的调查"组汇报

①汇报开题报告。

②研究步骤。搜集资料，初步了解人们对京剧的看法；设计调查问卷，修改调整；试调查，汇总问卷出现的问题；再次修改问题。

③分析原因，发现问题。

④下一步研究的内容：运用访谈的方法了解人们对京剧的看法。

⑤同学互评。

⑥教师评价。

这个小组对于问卷题目设计的态度比较严谨（试调查后反复修改），同时关注被调查人的情况，依据调查问卷出现的实际问题，调整研究方法。

3. 交流、借鉴、研究亮点

①通过刚才的交流，你有什么收获？对你们组对京剧的研究有什么启发？

②分组讨论。

③交流汇报。

（三）课后继续研究，准备终期结题

活动一：借鉴汇报组研究中的优点，调整自己组的研究。

活动二：继续完善研究过程，整理相关信息。

活动三：汇总资料、数据，进行结题报告。

五、教学效果分析

（一）从生活中选择主题——关注选题

综合实践活动课是一门倡导学生以主动参与、探究发现、交流合作等方式开展学习，培养学生的创新精神和实践能力的课程。过去的一年里，学校发生的变化引发了同学们的关注：学校门口挂上了"中国戏曲学院基地校"的牌子，这是怎么回事？……带着这一系列问题，学生展开了研究。随着思考的越发深入，大家的研究欲望也是越发强烈。在确立了研究课题后，大家纷纷展开了行动：翻阅书籍，查找资料；走进博物馆，寻找京剧的历史变迁；约见相关人员，进行访谈；走向街头，了解人们对京剧的看法；走进一年级同学的课堂，一起学京剧。这一切，没有教材，完全凭借着学生积极的研究兴趣和探索求实的研究态度。

"教育即生活，生活即教育。"恰恰是校园里一个细微的变化，为学生营造一个开放的学习空间，创造了良好的学习契机。相信这段研究的经历，日后会让学生对自我、自然、社会、科技、文化引起更多的关注，并在这个过程当中形成积极的人生态度。具体的亲身经历和体验要比机械的教条效果要好得多。

(二)在实践中不断调整——关注生成

在此次研究活动中，有一组学生准备了解人们对京剧的态度，因而选择了问卷调查法。经过前测，学生准备设计"喜欢"和"不喜欢"两种态度的问卷。但是，在试调查中发现，有的人喜欢京剧，却又因为不了解京剧而无法详细回答出相关问题；而选择不喜欢的人也不是一点也不喜欢。导致调查中出现了大量"无效试卷"，无法进行统计。面对"僵局"，他们进行了及时反思：发现对于京剧，每一个人的态度和他对京剧的了解程度有很大的关系。而如果想真正、客观、全面地了解一个人对京剧的看法，最好是一对一地了解。这样，后期他们准备采用访谈的方法，了解大家对京剧的看法。看起来，研究的方法虽然改变了，但是研究的目的却更加明确了。

(三)从指导中发现问题——关注受挫

作为一名指导教师，第一次经历了研究活动中因方法的选择不当而无法继续研究的情况。面对众多的无效问卷，学生一筹莫展。难道还是问题的设计出现了毛病？可是，题目已经是经过多次修改，反复推敲的。此时，如果一味地坚持计划，学生的研究就会遇到更多的不顺利。在学生观看京剧时，我们有意识到工作人员处，和他们聊京剧。通过细致询问，我们发现，每个人对京剧喜欢的原因，并非通过几个简单的选择题就能说清楚，只有深入沟通才能了解。由此看来，对于人们对京剧的态度用访谈的方法更加适合。适时地调整，才能更好地引导学生得到有效的结论。这里，教师的"先行"，是多么重要啊！

案例六　体验唱、做表演，感受京剧韵味
——音乐学科"京剧文化"主题实践活动案例

一、主题内容设计

《义务教育音乐课程标准(2011年版)》指出：应引导学生通过学习中国民族音乐，了解和热爱祖国的音乐文化，培养学生的爱国主义情怀。而京剧作为我国的"世界非物质文化遗产"之一，其综合的艺术表现形式更应通过学校的课程活动使学生们加以深入地了解与学习，从而感受国粹艺术的魅力，受到优秀传统文化的滋养。

京剧唱段"猛听得金鼓响"是北京市综合实践地方课程中的一个教学内容。教材中

安排这样的教学内容，旨在让学生在学习唱段以及简单的身段表演活动中，感受京剧在人物塑造方面的综合艺术手法，进一步体会传统文化的艺术魅力。

学生通过搜集资料、参观展览、剧目欣赏、练习演唱等一系列的实践活动，初步感受了穆桂英这一人物的特点，以及这段唱腔的基本旋律。在课堂活动中，进一步体会京剧的韵味和身段表演，从唱词和演唱技巧上提升对京剧唱腔的认知；从身段表演和"水袖"的运用上体味京剧艺术的综合表现形式，从而使学生在音乐实践活动中将歌与舞相结合、感受与鉴赏相结合，自信地表达对作品的认知。

二、教学目标设计

通过搜集资料、参观展览、剧目欣赏、练习演唱等一系列的实践活动，初步感受穆桂英这一人物的特点以及这段唱腔的基本旋律。

结合唱腔与简单的身段体验京剧艺术的综合表现形式，进一步感受京剧的魅力。

感受京剧艺术的博大精深，受到优秀传统文化的熏陶。

三、教学资源与实践条件设计

(一)校外场馆资源

在首都博物馆、梅兰芳大剧院、长安大戏院、梅兰芳故居等众多场馆中，经常有京剧剧目的演出和相关的展览，为学生走近京剧、感受国粹艺术拓宽了渠道，使学生通过这些地域资源了解京剧文化，进一步欣赏、了解京剧舞台艺术。

(二)校园文化资源

学校作为中国戏曲学院"高参小"项目的基地校之一，一年级和二年级开设了戏曲唱腔、戏曲形体和戏曲美术课程；四年级开设京剧校本课程，每周固定有京剧社团活动；学校还经常组织各年级的师生参观展览、观看演出，参与文化节、艺术节的比赛和演出。

(三)学生生活经验

穆桂英这一人物形象取材于古典文学《杨家将演义》。学生通过相关的京剧展览、剧目欣赏、小说阅读等渠道对穆桂英的人物形象已有了初步的了解。

四、教学过程设计

(一)课前查找资料，初步了解京剧艺术的表现形式

活动一：搜集穆桂英的相关资料，感受人物形象。

活动二：观看京剧《穆桂英挂帅》《杨家将》两部剧目，初步理解人物形象。直观感受京剧舞台上穆桂英的形象及表演特点。

（二）课上体验唱、做结合，感受京剧韵味

1. 回忆唱词、唱腔，引导学生提高唱词的发音准确性

教师引导：京剧的唱腔突出"依字行腔"，讲究京剧味儿；我们唱的时候注意对"尖团字"的处理要准确。

利用"学校京剧社团专业教师指导学生的视频"引导学生提高唱词的发音准确性。

引导学生唱出"京剧味儿"。具体指导以下字的行腔："猛听得、画角声震、想当年、桃花马、番王小丑、我一剑能挡"，使学生在活动中不断反复体会京剧唱腔的"字儿、劲儿、味儿"。

2. 体验京剧身段表演

学生通过观赏剧目片段体会京剧中表演的程式化动作，以及与唱腔紧密结合的特点。

教师结合唱词边示范、边讲解身段，学生体验模仿。

学生结合生活中的肢体语言对唱词与身段的配合加深理解。

学生自主练习，熟练动作，体会身段表演的一般规律。

教师示范围绕重点唱词指导学生的身段学习。

3. 尝试水袖，体会美

教师引导：我们初步掌握了唱腔和一些简单的身段，但还不能满足于舞台的需要。通过视频我们看到在京剧舞台上演员要穿上京剧特有的服装进行表演。京剧的服装统称为行头，且行的行头多数带有水袖，为舞台表演增添了美感。下面请社团的同学为大家介绍一下京剧中水袖的穿法。

社团的同学为大家介绍京剧中水袖的穿法，其他学生跟着学，了解京剧文化，进一步激发学生尝试的兴趣。

4. 尝试身段与水袖结合，感受京剧的美

教师引导：水袖功是京剧演员必修的功课，需要长期的磨炼才可以将水袖控制自如，从而在舞台上把美的形象展现在观众面前。

学生初步尝试，体会水袖功的难度，理解京剧演员的不容易。

尝试将自主学习的收获展示出来。

5. 鼓励学生走出课堂，多方位参与京剧的学习

谈话引导：京剧演员中一直以来都有"台上一分钟，台下十年功"之说，作为我们学生来讲，要想把这段唱得越来越有韵味儿，把所学的身段与唱腔结合得更好，我们也要有"表演一分钟，课下多用功"的学习态度。那么，课下学习我们可以采用哪些方式方法呢？

学生根据经验回答出：课下经常练习唱腔、练习身段；经常观看京剧剧目；可以

通过电视观看，也可以到剧院观看；阅读京剧方面的书籍等很多方面。

五、教学效果分析

(一)学习过程体现音乐实践性

音乐课程的学科特点不仅体现在唱词、旋律的熟练记忆上，而且对于音准与节奏的把握也是对学生的基本训练要求。而京剧唱腔又不同于一般的歌曲，它需要教师在唱腔教学中引入"尖团字"和"京剧味儿"的概念，这就是京剧艺术所说的——有声必歌。而"有动必舞"也在这节课上得到了充分的体现，学生们通过了解、体验舞台表演所必备的身段，引发了学习兴趣；又通过在课上对水袖的实践感受到了京剧服饰的美。因此课堂活动从始至终都在"歌与舞"的实践中。

(二)实践活动呈现自主多元性

音乐课的学科特点决定了学生是通过大量的实践来获取知识与技能。在实践中呈现出自主性与多元性，学生通过课前的参观、欣赏剧目、阅读书籍、复习唱腔等活动为本课的进一步学习奠定了基础。课上通过观看相关视频、复习唱腔、学习身段、自主练习与展示等多元化的活动达到了本课的学习目标。

(三)校外资源充实于教学活动

作为中国戏曲学院"高参小"项目的基地校之一，校本京剧课程的开设具有得天独厚的优势。这一"请(专业教师)进来，(学生)走出去"的资源利用，使学生们能够直观地看到身边的教师和同学在学习中的真实场景。而每一个学生又都有过去剧院观看京剧演出的经历，这样在课堂上充分利用这一客观存在也使得教学更能产生共鸣。多形态的教学资源为开放式的教学提供了支撑，也为教师打开了视野。同时也敦促教师进一步思考：树立资源意识，服务于教育。

第三部分　研究与分析

史家小学分校开展的"京剧文化"为主题的学科实践活动课程，准确把握了综合实践活动的特点，充分发挥了课程的育人价值。该校的综合实践活动课程特点鲜明，效果突出。

一、基于学校特色确定主题

史家小学分校基于学校特色和发展的基础提炼出"京剧文化"主题，然后再把"京剧文化"细化到课程和学科中去，思考并践行了"学科实践课程如何更好地达成学校的育人目标"这一议题。

通过学生实践将本校的"京剧文化"渗透到各个学科，在传统文化的继承与发扬中打造符合本校特色的精品文化。"京剧文化"主题作为联系各个学科的纽带，把主题中所涵盖内容的丰富性以及主题切入的适当性结合起来，与学校的各个课程进行关联。因此在这样的过程中，通过"京剧文化"主题整合学科资源，使学生的综合素质获得整体提升。

二、突出了学科活动的育人价值

在学科实践活动中我们将所有的校内外资源整合为学生的资源，所有的教师都是学生的教师。这种学科社会实践活动，所整合的资源成了优质、方便、就近的大学园，更有利于社会多层面、全方位进行育人。

学校将学科实践课程的自主权交给教师，满足了学科教师的自主需要，从而激发了教师的工作热情。学科教师在制订各自的实践活动课程实施计划时突出了其学科特点，教师在学科实践活动课程的开发、设计、实施的过程中，教育教学观念和行为会发生新的变化。学科实践课程成了一个动态发展的过程，这个过程保证了学科10％实践活动课程开足、开齐。

基于史家小学分校的实践，建议学校要基于学生的核心素养从学科培养的基本主旨开始展开研究，还要加强跨学科研究为落实学科实践活动课程提供更高品质、有内涵的研究和引领。要立足于学科本体，立足学科的基础上再去关联其他，然后再进行应用整合。在跨学科的整体推进中，学科的综合和整合显得更加重要。

（设计者：屈平　关元硕　孙尚　刘洋　刘鹤雯
应旭华　刘国富　李拥军　练成英）

做最好的我

——朝阳区劲松第四小学主题式学科实践活动

第一部分　主题设计与实施

教育要充分尊重儿童的成长需求和发展的核心素养，让每个个体充盈生长。尊重儿童成长需求是课程改革的原动力。儿童是独立的社会人，要懂得保护和尊重儿童的童年价值，尊重儿童纯洁美好、独立平等的自然本性，为他们提供适合身心发展的教育。培养学生核心素养是课程改革的着力点。基础教育课程更应该着眼于学生今后的发展需求，今天我们提供给学生什么样的课程促其成长，明天学生就带着什么样的能力在社会生存。

一、课程背景

（一）基本情况分析

北京市朝阳区劲松第四小学始建于 1983 年，紧邻东二环，位于朝阳区劲松南路西口，和丰台区、东城区相邻。目前学校一校四址，共有 69 个教学班，168 名教职工，2000 余名学生。学校以艺术教育为特色，助推学生在全面发展的基础上学有特长。多年来，学校努力实施素质教育，相继开展了"做最好的我"特色教育研究以及"试学精讲精练""学生自主学习能力培养""分享式教学"等教育教学专题研究课题，促进了学校内涵发展。学校本着尊重学生独特个性，针对学生个性需求，引导他们向着适合自己的方向最大化发展的目标，先后成立了科技社团、舞蹈社团、管乐社团、合唱社团、美术社团、书法社团、体育社团等近 40 个社团，学生 100％参与。作为朝阳区小学规范化的第一批学校，学校在规范化发展的进程中，不断丰富自身内涵发展，逐步梳理出"做最好的我"办学特色，使学校具有鲜明的发展个性。

（二）学校办学理念、育人目标及办学特色

学校以"促进学生个性健康发展"为办学理念，并在此基础上提炼出学校的校训"做最好的我"，并将其具体为"做文明的我""做智慧的我""做健康的我""做尚美的我""做国际的我"五个方面（图 1-2-1），落实学校"全面发展，学有特长"的育人目标。

"五我"的具体内涵是：

做文明的我——遵守公德、明礼诚信。内涵：具备传统美德，文明有礼，尊敬师长，遵守规范。

做智慧的我——乐学善思、实践创新。内涵：具有良好的学习兴趣和习惯，热爱学习，主动自主参与学习活动，在学习过程中具有一定的创新精神。

做健康的我——身心健康、珍爱生命。内涵：具有健康阳光的生活态度，积极进取的意志品质，养成良好的锻炼习惯，形成科学的锻炼方法。

做尚美的我——热爱艺术、情趣高雅。内涵：乐于参与艺术课程，情趣高雅，具有欣赏美、感受美、创造美的能力。

做国际的我——心有祖国、眼望世界。内涵：热爱祖国，传承中华传统文化，具有国际视野和人文情怀。

图1-2-1　劲松第四小学"五我"育人目标结构图

基于学校现实背景，基于办学特色和育人目标，基于学生发展需求，学校构建了"做最好的我"课程体系。突出"整体育人"的基本理念，加强学科间的联系与整合，突破学科课程边界，设置跨学科综合学习、主题化学习及实践活动学习，并建设起新型的跨学科实践活动课程，鼓励开设围绕主题的跨学科综合实践活动，以实现全科育人、全程育人、全员育人和实践育人。

二、设计特色

(一)课程目标

通过课程建设，落实学校"促进学生个性健康发展"的办学理念，尊重学生成长的需求，建设适合学生健康成长的新课程常态。

系统构建学校五维一体的多元课程体系，落实"全面发展，学有特长"的育人目标。围绕学校核心价值观"做最好的我"，具体从"做文明的我""做智慧的我""做健康的我""做尚美的我""做国际的我"五个方面，提升学生文明素养、思维品质、健康素养、审美素养、国际视野，落实学生核心价值观的养成。

通过课程建设，变革"教"与"学"的方式，打破学科壁垒，穿越学科边界，实践课程融通、整合，关注学生学习体验、动手实践和创新意识的培养。

通过课程建设，统筹各学段、各学科、各环节、各人员、各资源，主阵地实施，常态化推进，提升干部教师课程领导力、课程开发与实施的能力。

(二) 课程结构

学校依托国家、地方、校本三级课程内容对课程安排实施统筹设计，整体推进，围绕着校训"做最好的我"，学校从"做文明的我""做智慧的我""做健康的我""做尚美的我""做国际的我"五个方面，构建具有学校特色，全面育人的课程，促进学生充分发展的同时，赋予课程以生命力。

学校课程分为三个层次，基础课程、拓展课程、个性课程，满足不同学生的需求，落实学校全面发展，学有特长的育人目标(图 1-2-2)。

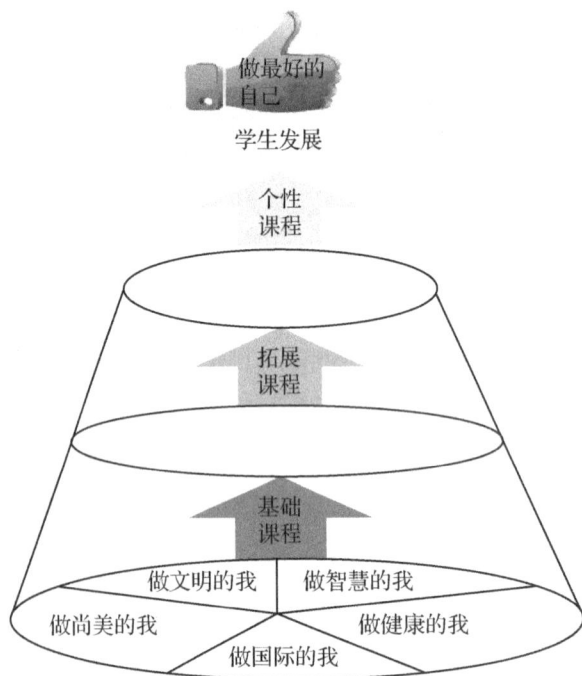

图 1-2-2　课程设置模型图

基础课程目标：使学生获得扎实的多元基础知识，促进学生全面、生动、健康的成长。

基础课程内容：品德与生活、品德与社会、语文、数学、科学、综合实践活动、体育与健康、音乐、美术、英语。

拓展课程目标：以"做最好的我"为特色，融合相关课程资源，对基础课程进行拓展、延伸，丰富学生学科知识和实践能力。

拓展课程内容：学科实践活动、书法课程、艺术课程、京城漫步、绘我中华、说话学问、四海漫游、神秘的心灵密码、滚轴少年、健康游戏我参与、精武少年、篮球飞人、安全自救、田径小将、唱响童年、跳舞的笔尖、笔墨陶情、叠层纸塑、世界电影博览、阅读与欣赏、环境与可持续发展教育（ESD）。

个性课程目标：借助学校高端资源及社团引领，为学生提供个性发展需求的课程，实现学生个性发挥、特长发展。

个性课程内容：把爱传递——志愿者服务；做智慧的我——雏鹰科技、阳光足球；艺润童心——金帆舞蹈、金帆管乐、朝花合唱、金帆书画；谦谦君子——传统文化。

表 1-2-1 为学校小学课程结构表。

表 1-2-1　劲松第四小学课程结构表

课程领域	课程目标	基础课程	拓展课程		个性课程
			必修课程	选修课程	
做文明的我	培养学生具有优秀的传统美德，文明有礼，遵守规范的素养	品德与生活 品德与社会		1. 京城漫步 2. 绘我中华 3. 说话学问 4. 四海漫游	把爱传递——志愿者服务
做智慧的我	培养学生具有良好的学习兴趣和习惯，热爱学习，能主动自主参与学习活动，在学习过程中具有一定的创新精神	语文 数学 科学 综合实践活动	1. 各学科10％的学科实践活动 2. 多学科研究性实践活动	1."做最好的我"德育课程 2. 中华优秀传统文化 3. 书法课程 4. 艺术	1. 数码与信息 2. 科学探秘 3. 十字绣 4. 动漫乐园	做智慧的我——雏鹰科技

课程领域	课程目标	基础课程	拓展课程		个性课程
			必修课程	选修课程	
做健康的我	塑造学生具有健康阳光的生活态度，积极进取的意志品质，养成良好的锻炼习惯，掌握科学的锻炼方法	体育与健康 音乐 美术 英语		1. 神秘的心灵密码 2. 滚轴少年 3. 健康游戏我参与 4. 精武少年 5. 篮球飞人 6. 安全自救 7. 田径小将	阳光足球
做尚美的我	引导学生乐于参与艺术课程，情趣高雅，具有欣赏美、感受美、创造美的能力			1. 唱响童年 2. 跳舞的笔尖 3. 笔墨陶情 4. 叠层纸塑	艺润童心——金帆舞蹈、金帆管乐、朝花合唱、金帆书画
做国际的我	培养学生热爱祖国，传承中华优秀传统文化，具有国际视野和人文情怀			1. 世界电影博览 2. 阅读与欣赏 3. 环境与可持续发展教育(ESD)	谦谦君子——传统文化

三、实施过程

(一)加强组织与领导

学校党政领导对课程建设工作非常重视，亲任课程领导小组组长，保证三级课程在我校的顺利实施。

学校课程建设领导小组：

组长：陈金荣(校长)、李德云(书记)。

职责：作为学校课程建设的第一责任人，组长负责学校课程建设的目标、方向及实施过程中的有效保障。

副组长：许芳(本部校区主管)、李萍(北校区主管)、张立梅(东校区主管)、庄重(教学主管)、姬艳辉(本部校区德育干部)。

职责：配合组长完成各校区课程计划的实施，协调校区间、校区内各种关系及相关课程资源的开发与利用。

组员：张静（南校区教学干部）、陈立华（德育主管）、孔磊（本部校区教学干部）、孙薇（南校区德育干部）、董玉华（本部校区教学干部）、吕艳茹（北校区德育干部）、王晓亮（北校区教学干部）、陈蓓（东校区德育干部）、刘雅玲（北校区教学干部）、王妍（东校区教学干部）。

职责：配合组长、副组长落实课程计划在本校区的实施，及时发现问题向校区主管反馈。

（二）完善学校课程设置

学校在课程设置中，着力凸显各学科的实践性。依据文件精神，将品德与生活（社会）、语文、数学、外语等学科 10％的学时时间明确提出用于学科实践活动，拓展学科的外延，着力培养学生综合运用学科所学进行实践的能力。

同时注重跨学科的实践活动，为了促进教师打破学科壁垒，穿越学科边界，学校对综合实践活动课程统筹时间、整合资源、集体研究、系统安排，每周两学时联排用于多学科研究性实践活动，培养学生积极体验、主动探究、动手实践的学习能力。

在课程设置中，发展学校的艺术特色。为落实教育部《中小学生艺术素质测评办法》等三个文件以及《国务院办公厅关于全面加强和改进学校美育工作的意见》，发展学校艺术教育特色。学校在音乐、美术课程的基础上，开设综合艺术课，突出培养学生良好的艺术感受力、欣赏力、表现力和良好的审美素养。

在课程设置中，大力弘扬中华优秀传统文化。为落实教育部《完善中华优秀传统文化教育指导纲要》和《中小学书法教育指导纲要》的精神，开设书法和中华优秀传统文化。书法课，1～2年级为硬笔书法，3～6年级为软笔书法，着力培养学生写好汉字，感受中国书法艺术的魅力；中华优秀传统文化选用优秀的教材，着力培养学生良好的国学素养和文化功底。

表 1-2-2 为学校课程设置表。

表 1-2-2　课程设置表

科目 ＼ 年级		一	二	三	四	五	六	六年学时总计	
品德	品德与生活（学时/周）	1	1					350（其中 35 学时用于学科实践活动）	
	品德与社会（学时/周）			2	2	2	2		
科学（学时/周）				2	2	2	2	280	
语文	语文（学时/周）	5	5	5	5	5	5	1050	1260(其中 126学时用于学科实践活动)
	书法（学时/周）	1	1	1	1	1	1	210	
数学（学时/周）		3	3	4	4	4	5	805(其中 80.5 学时用于学科实践活动)	
外语（学时/周）		2	2	3	3	3	3	560(其中 56 学时用于学科实践活动)	
体育（学时/周）		4	4	3	3	3	3	700	
艺术	音乐（学时/周）	1.5	1.5	1.5	1.5	1.5	0.75	288.75	770
	美术（学时/周）	1.5	1.5	1.5	1.5	1.5	0.75	288.75	
	艺术（学时/周）	1	1	1	1	1	0.5	192.5	
综合实践活动	多学科研究性实践活动（学时/周）	2	2	2	2	2	2	420	630
	劳动技术、信息技术（学时/周）	1	1	1	1	1	1	210	
地方与校本课程	市级地方课程（中华优秀传统文化）（学时/周）	1	1	1	1	1	1	210	665
	校本课程（学时/周）	1	1	1	1	1	2	245	
	周自主安排学时用于班队会等（学时/周）	0.75	0.75	0.75	0.75	0.75	0.75	157.5	210
	专题教育综合课程（学时/周）	0.25	0.25	0.25	0.25	0.25	0.25	52.5	
周课时总量		26	26	30	30	30	30	6020	

（三）构建学科实践活动体系

学校在充分调研与继承的基础上，在课程设置上对综合实践活动进行了重新的设计，每周二下午半天作为学生学科实践活动，并且按照文件要求每学期设计了15次活动，10次校内活动采取了校级统筹、年级实施的推进策略；5次校外活动，按照市、区、学校三级1：2：2的比例实施。市区分别遴选了中国国家博物馆、翱翔营地、行知园、垂杨柳教辅中心作为资源单位，每个年级每学期安排两次学校的校外实践活动并指定地点。校内外实践活动的设置使学生每周都能开展丰富的综合性学科实践活动（图1-2-3）。

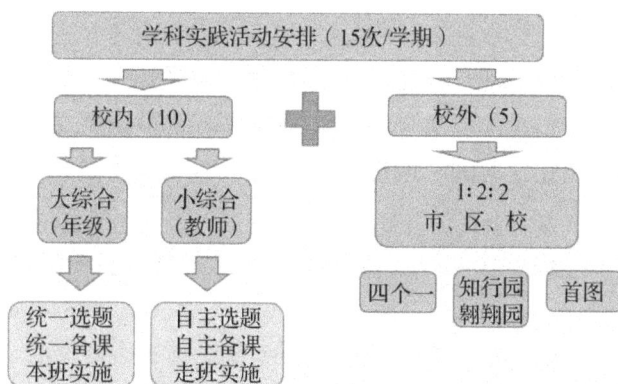

图1-2-3　学科实践活动体系图

（四）打造特色学科实践活动方式

学校在"做最好的我"特色教育下，落实文件精神，全面研究三级课程的建设，统筹资源，系统规划，实施了"宏观－中观－微观"的跨学科主题式实践活动（图1-2-4）。

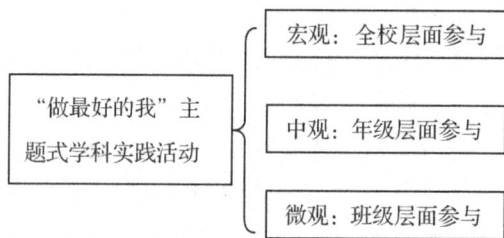

图1-2-4　特色学科实践活动方式图

1. 宏观层面

依据资源特点及学科联系点，开展校外实践活动；结合学校育人目标和特色开展校内综合主题活动。

优势：拓展课程的空间，充分利用校外课程资源；结合学校育人目标设计实践活动；课程实施方式多样化。

实施方式：

校内：结合学校科技节、艺术节、多元文化节、运动会等内容开展相关实践活动。

校外：依据《劲松第四小学学生社会实践导学手册》，社会大课堂基地开展校内外相结合的实践活动。

2. 中观层面

围绕教学内容，寻找多学科交叉点，突破学科课程边界，共同设置学习主题，共同开展实践活动学习。

优势：课程设置充分体现关联性、互补性、优化性的特点。

实施方式：

年级组各学科教师共同参与设计，结合学科内容寻找知识、能力及教学目标的聚焦点，统一选题，统一备课，汇集全组教师的智慧，由本班班主任、副班主任在各自班级进行课程实施的大综合主题学习活动。

3. 微观层面

由各自班级的正副班主任结合成教师指导小组，结合自身学科背景，自主选题、自主备课、自主实施。

优势：由于两位教师的组合随机，因此学科整合具有个性化的特点，主题小而精。

实施方式：采取在本年级走班上课的实施方式。

(五)注重培训与研究

在落实新课程设置计划，实施特色学科实践活动的过程中，学校将积极聘请市区课程专家到校开展系列讲座，同时组织干部教师积极参与朝阳区教育分院、朝阳区教研中心组织的专题培训与研修；利用多种形式学习其他区县课程建设的先进经验；引导我校干部教师在课程价值定位、课程规划设计、课程开发、课程实施、课程评价导向、课程管理决策、课程整体推进、课程特色创新、教与学方式的转变等方面能力得到全面提升，为课程改革的有效实施与推进打下坚实的理论基础。此外，结合学校一校多址办学的实际情况，积极利用学校网络教研平台开展校区间、年级间的教研活动，保障课程计划及改革项目的实施。同时，继续建立健全劲松第四小学校本教研机制，引导教师在不同时间节点，开展微教研、周教研、月教研、学期教研活动，通过校本教研活动发挥骨干教师的示范引领作用，促进学校教师课程改革的深入研究。

(六)重视管理与评价

课程在学校的深度推进，需要与学校的办学特色融合，需要用评价的方式给予保障。

1. 学生评价

通过学校"五我之星"的评比，即"文明星""智慧星""健康星""尚美星""国际星"对学生进行五大课程领域所取得的成绩进行评估，尊重和促进学生差异化发展，培养学生全面发展，学有特长。

课程采取学生自评、同伴互评、家长评价、教师评价等多元评价方式。评价的内涵包括学生的文明素养、思维素养、艺术素养、健康素养、国际素养五个维度，体现"做最好的我"课程目标，在学生发展上的落实程度，用以评价的元素包括学生的学习态度（积极准备、主动参与、乐于表达等），学习过程（合作互助、沟通交流等），学习成果（实践创作、作品鉴定、竞赛评比、汇报演出等）。

2. 教师评价

对教师的评价也成为教师积极参与课程实践的重要导向性内容。教师专业发展主要评价视角有领导评价、专家评价、学生评价、家长评价、同行评价、自我评价等。学校同时建立起相应的激励机制，如评估考核制度、奖励制度、监督制度等，并掌握激励和强化的运用，制定公正合理的管理机制，真正满足教师的生活需求，成就需求，情感需求，引导教师由被动发展转变为主动发展，鼓励教师不断提升。

3. 课程评价

结合课程改革和育人要求，重新设计课堂评价表，对课程背景、学生需求、课程目标、实施方式、课程成果进行评价，以评价引导教师转换教学方式，促进学生全面发展。

第二部分　基于主题的教学实践活动案例

案例一　践行社会主义核心价值观　做最好的我
——"我最闪亮"多元文化节

一、主题内容设计

劲松第四小学以"促进学生个性健康的发展"为办学理念，坚持培养"全面发展学有特长"的学生。在学校"做最好的我"校训的激励下，一棵棵小苗长成劲松。多元文化是一种个性化教育，艺术教育也是促进学生个性发展的教育，把二者结合在一起设计教育活动，更符合学生的年龄特点。此外，艺术教育是素质教育不可分割的重要组成部分，它具有特殊的教育功能，使"人的全面发展"更为显性、更为真实：一方面教育必须由审美、艺术等教育来共同承担任务；另一方面艺术教育本身就是将素质培养作为教育的目标，充分体现出培养全面发展的人的要求。因此，在二期课程改革的背景下，以艺术教育为手段，以多元文化为载体，探索更为适宜的艺术教育活动，促进学生身心和谐发展，培养出当代所需的健康、快乐儿童显得格外重要。

二、教学目标设计

让每个孩子都能找到自己的亮点，以点带面，使每个孩子的个性得到飞扬，潜能得到充分的发挥，让孩子在多元文化节中获得更多的精神。

结合新课程改革，感悟幼儿教育的新观念，从而对家校如何联动教育孩子有所启发。

通过开展"庆六一多元文化节"活动，落实学校"全面发展学有特长"的办学理念，打造"国学经典课程"的独特魅力，通过向家长、社会展示学生的"六一"活动，进一步塑造学校的良好形象，提升学校的品牌效应和办学整体水平。

多途径、多方式地拓展小学生的多元视野，创设多元视野背景下习得有关启蒙知识、基本素质的平台，逐步培养具有多元思想的学生。

开展以探究性学习为主要形式的"多元文化教育"，让学生在自主探究、合作学习、实践体验中增强学习能力，培养团队精神。

以多内容、多形式的实践活动，展示多元文化教育的阶段性成果。

三、教学资源与实践条件设计

劲松第四小学实施"做最好的我"特色教育，使学校整体办学特色鲜明，办学成效显著。作为素质教育示范校、地区的品牌学校，如何发挥自身优势，探索落实素质教育的有效途径，让一批又一批的学生享受优质教育，是我们思考与实践的核心。学校围绕校训"做最好的我"，按照基础性课程、拓展性课程、个性课程，整体进行学校课程建设，力求为学生的发展提供多方位、多层次的课程资源。新课程计划更加关注学生生命的价值和意义，希望学生在校的每一天都有收获，能够更加应对未来复杂的生存环境，充分展现课程的综合性。

以班为单位做好参加活动的准备，抓住学科特色，形式多样，丰富多彩。

四个校区，5天14场。各校区为学生、家长搭台演出，营造和谐的氛围。

各班调动家长的积极性，推选一至两名家长志愿者，配合班级维护当天的活动秩序。

四、教学过程设计

学校以传统文化、艺术教育为特色，助推学生在全面发展的基础上学有特长。因此在课程设置中，每周利用一节语文开设书法课，一、二年级硬笔书法，三至六年级以软笔为主；在地方与校本课程中，学校利用市级地方课程开设中华优秀传统文化课。同时学校还整合美术、音乐课，隔周分别从其中一门中拿出一课时开设综合性艺术课程(图1-2-5)。

图 1-2-5　艺术类（校本、书法、美术、劳动、音乐等课程）

　　学校面向全体学生全面推进传统文化教学，3～6年级使用北京市《中华优秀传统文化》教材，1～2年级使用原有国学教材。学校已经引进了传统文化教材并结合朝阳区的地方教材《中华传统文化》教材，每周开设一节传统文化课。1～2年级学习《三字经》《弟子规》《千字文》；3～4 年级学习《声律启蒙》《论语》；5～6 年级学习《孟子》《诗经》。中高年级有余力的适当选读《唐诗宋词》《古文观止》《二十四史》等。学校还引入国学教学资源支撑教师开展国学教学活动。

逐步探索"诵读激趣—资源感悟—内化导行"的教学方式，强化诵读了解，淡化感知理解，随着学生不断成长，和他们的人生感悟结合不断理解。同时，让校本课程成为国学课堂的有力补充，利用校本课程组织学生开展国学教育诵读、阅读活动，在读中悟，做中学。

"身心健康珍爱生命——做健康的我"，是校训中一个"我"的指标。在校园生活中，身体健康、心理健康是学生的首要任务，本次多元文化节当中，学生们精彩纷呈的体育表演，让我们不仅领略了体育的刚性，更让我们看到了它的柔美。在蛇板、啦啦操、现代舞、悠悠球等的表演中，学生们不仅强身健体还愉悦了心情(图 1-2-6)。

图 1-2-6　体育类(蛇板、啦啦操、现代舞、悠悠球等)

富强、民主、文明、和谐——国家之魂魄；自由、平等、公正、法治——社会之根本；爱国、敬业、诚信、友善——公民之美德。这12个词在一年级的"小豆包"中不仅能够熟背，还能将他们编成儿歌在校园内广为流传(图 1-2-7)。

图 1-2-7　爱国主义教育类(校本、品德与社会)

此次多元文化节为保证100％学生参与，其中一部分就是静态作品展(图 1-2-8)。静态作品中除了书法、绘画作品，还有很多学生的创意作品，如标志创意拼插、废旧物品再创作、班级主题自画像……从更多的方面体现了学生们"全面发展，学有特长"。

图 1-2-8　静态作品类(美术、信息技术、劳动、科学等)

五、教学效果分析

此次学校多元文化节展示周活动，就是想让全体学生展示自己的才华。心有多大，舞台就有多大，学生是校园真正的主人。

2015年5月25日至29日，北京市朝阳区劲松第四小学四个校区共举办12场"践行社会主义核心价值观，做最好的我——我最闪亮多元文化节"的展示活动，以此庆祝六一国际儿童节。

劲松第四小学自2005年开展"做最好的我"特色教育以来，一直鼓励学生做文明的我、做智慧的我、做健康的我、做尚美的我、做国际的我。在学校开展的多项活动中，每个月都会进行班级"五我之星"的展示。在班级展示中，学生们充分展示自我，发挥潜能。此次为期一周的多元文化节展示就是在班级展示的基础上遴选的优秀作品或是节目，让学生们在更大的舞台上展现自我。生活中，学生把自主能力发挥在方方面面，多元文化节展示周活动给了学生发挥自主能力的空间，学生们自编、自导、自演，发挥自己的想象力，使生活丰富多彩。

"今天的小舞台，明天的大社会；今天的小学生，未来的好公民。"学校要给每一个学生自主平等的机会，激发学生展现自我的兴趣，树立自立、自信、自强的信心，为将来学生更好地适应社会，成为一名合格的公民奠定基础。

学生感受

谢谢陪我上台的妈妈，谢谢给我机会、鼓励我上台的韩老师，谢谢学校为我们举办的活动。

一开始我没有报名参加节目，我怕在台上演不好被大家嘲笑。韩老师找了我好几次，我都不敢。后来妈妈说陪我一起参加亲子合唱，韩老师也鼓励我，我想反正有妈妈在，上去试试吧。没想到，唱完之后，也没有那么害怕，原来我也可以在大家面前展示自己。通过这次的演出，我变得更勇敢了。但今天我表现得还不够好。希望下次我能像其他小朋友那样，表演得更出色。

一年级（2）班 梁景云

家长感受

这次学校举办的庆"六一"活动真的让我们家长有了耳目一新的感觉。学校主打多元文化的理念，鼓励全员参与，调动起了学生参的热情。就拿我家的孩子来说吧，她的节目是舞蹈，准备演出的那些日子里她们都是自发的组织排练，相互纠正动作，集体商量准备什么服装，看着孩子那样主动、那样投入，我内心真的很高兴，因为这次的"六一"很有意义，它唤起了孩子的热情，在此也感谢学校对孩子的精心培养。

五年级（5）班　马雨桐家长

案例二　"探寻汉字的秘密"主题教学实践活动案例

一、主题内容设计

新课程提倡自主、合作、探究的学习方式，以学生为本，还课堂给学生。多学科整合的教学形式就是在现代化教学下发展产生的新型课堂教学形式，这种教学形式在教学实施、教学设计等各个环节上都有了新的变化，激起了学生浓厚的学习兴趣。

新学期开始，随着课程改革深入，课程设置将会发生很大变化，给学校和教师留出了充足的自主空间，需要不同学科教师们在一起，打破学科壁垒，围绕教学内容，寻找教学内容交叉点，共同设置学习主题，开展学科综合实践活动课程。

"探寻汉字的秘密"就是基于五年级语文综合性学习"遨游汉字王国"和品德与社会"古老的中国汉字"教学内容，综合了语文、品德与社会、书法、信息技术、研究性学习五大学科的跨学科整合的综合实践活动学习主题，旨在使学生通过亲身实践，综合培养人文、科学素养，培育和践行社会主义核心价值观，提高综合运用知识解决问题的能力、交流与合作的能力、创新意识与实践能力。

二、教学目标

通过了解汉字谐音的特点，体会汉字文化的丰富有趣。初步了解汉字的起源，引发学生对汉字的兴趣。

初步了解汉字的演变，学习欣赏汉字书法艺术，培养学生对祖国语言文字的自豪感；提高对祖国语言文字的认识，养成防止和纠正写错别字的习惯。

提出自己想要研究的问题，策划并开展简单的小组活动，学写活动计划，学写简单的调查报告。

认识 24 个生字。

三、教学资源与实践条件设计

（一）教学资源

1. 校内资源

学校每周安排专门的书法教师，讲授书法课程，在课上学生们认真学习书法知识，练习书法。

2. 校外资源

我校积极与国家博物馆联系，教师和学生一起参加国家博物馆的实践体验课程，如古代文字、舞墨弄砚等课程，让学生更加直观地了解汉字的起源与发展，感受祖国文字之美，激发学生学习祖国语言文字的热情。

（二）实践条件设计

打破各学科之间的界限，有机地整合语文、品德与社会、书法、信息技术、研究性学习等学科，各学科教师不仅共同钻研学科教材、教参，重新整理教材、熟悉教材内容，对自己专业也是一种提升，更是对学生的一种负责。

学校不仅安排了专门的书法课程、专任教师，还有专用的学习汉字、书法教室，学生们在安静的环境中学习关于汉字、书法的知识，提高了学生学习祖国语言文字的兴趣。

四、各学科根据总教学目标，分析、落实各个学科的教学目标

（一）"探寻汉字的秘密"总目标分析（图1-2-9）

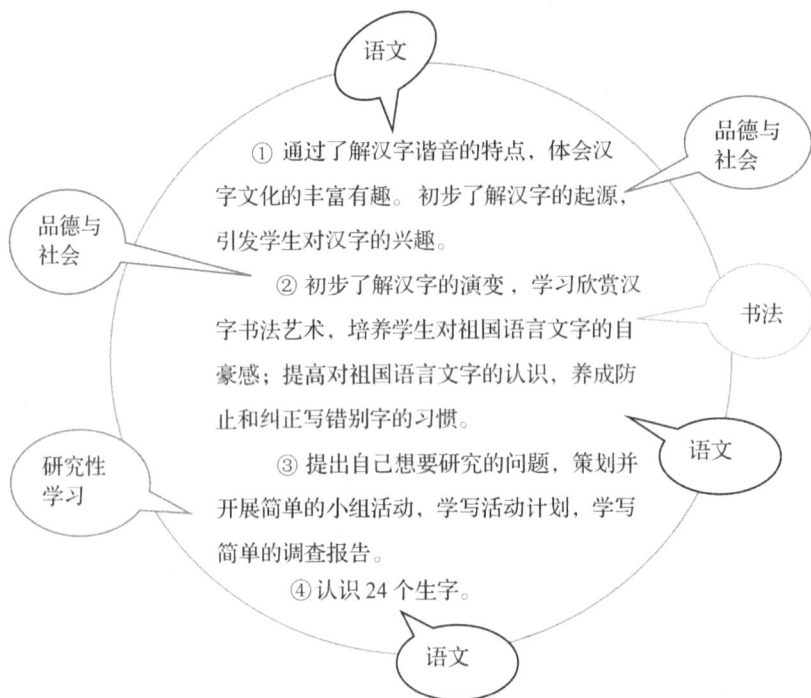

图1-2-9 "探寻汉字的秘密"总目标分析

(二)确定各学科目标(表 1-2-3)

表 1-2-3 各学科目标

序号	学科	目标
1	语文	认识 24 个生字 了解汉字谐音的特点,体会汉字文化的丰富有趣 提高对祖国语言文字的认识,养成防止和纠正写错别字的习惯
2	研究性学习	提出自己想要研究的问题,策划并开展简单的小组活动,学写活动计划,学写简单的调查报告
3	品德与社会	初步了解汉字的起源和演变,培养学生对祖国语言文字的自豪感
4	书法	学习欣赏汉字书法艺术,培养学生对祖国语言文字的自豪感
5	信息技术	搜集相关资料,确定主题

说明:最初通过对总目标的分析并没有将信息技术学科整合进来,但是随着进一步的研究发现,学生需要在信息技术教师的指导下搜集信息,完成信息的搜集、整理工作。因此将信息技术学科整合进来是非常必要的。

五、各个学科整合教学,实施教学过程设计

第一阶段:学生学习、探究"探寻汉字的秘密"这门课程,通过搜集相关的资料了解汉字的起源与演变,欣赏汉字书法艺术,总体了解汉字文化,提高对祖国语言文字的认识,培养学生对祖国语言文字的自豪感。这个阶段涉及的学科主要有:品德与社会、语文、书法等。

课时一:品德与社会——汉字的起源与演变。

教师组织学生到国家博物馆,运用场馆资源完成相关学习。

第一,发布任务。

①教师介绍场馆资源。

②发布学习任务单。

③学生自主结合小组,选择学习任务。

第二,场馆学习。

①分组按照导学单的提示完成学习任务。

②教师引导学生分享交流。

第三,总结提升。

课时二:语文——了解成语、对联。

第一,了解成语。

①学生讲成语故事，谈体会。

②游戏"成语接龙"。

③把成语填完整。例如，（　）苗（　）长　（　）到渠成　（　）井（　）天

④课外阅读指导，找成语故事读一读，积累几个你喜欢的成语。

第二，了解春联。

①情境激趣，再现生活，触发情感。例如，新春佳节到了，家家户户张贴着大红春联。

②了解春联是一种文化，每一幅春联都有其独特的含义。

③交流自己最喜欢的一副春联。

④学写春联。

通过这节课的学习，让学生更加了解我们祖国语言文字的无穷魅力，激发学生学习祖国语言文字的兴趣。提高对祖国语言文字的认识，养成防止和纠正写错别字的习惯。

课时三：书法——写毛笔字，欣赏书法艺术。

①学生欣赏隶书、草书、行书、楷书等书法作品，激发学生学习汉字、写汉字的兴趣。

②学写毛笔字，培养学生对祖国语言文字的自豪感。

第二阶段：根据自己的兴趣与特点开展小组活动，确定自己的研究方向，制订自己的研究计划，学写研究计划。这个阶段涉及的主要学科有：信息技术、语文、研究性学习等。

课时四：信息技术——搜集相关资料，确定主题。

学生根据自己的兴趣、特长，结合成各种小组。例如，春联小组、成语小组等，确定自己研究的主题，在信息技术课上搜集小组需要的各种资料。

①根据学生的兴趣、特点结成小组，确定研究主题。

②搜集小组需要的资料。

课时五、课时八：研究性学习——学写、完善研究计划、调查报告。

①提出自己想要研究的问题，策划并开展简单的小组活动，学写活动计划、调查报告。

②教师指导学生，完善自己的计划、调查报告。

课时六、课时七：语文——开展综合性、拓展性学习。

①学生在这节课上根据自己的活动计划，有目的地、有计划地深入学习汉字的文化，打开自己的视野。

②在教师的指导和帮助下深入学习：汉字谐音的特点；什么是谚语以及它的特点；中国古诗词的语言之美等。自己试着学习一些诗歌等知识，体会汉字文化的丰富有趣。

第三阶段：学生通过将近一学期的深入学习、探讨、研究，不仅探寻到了汉字的特点，体会到祖国语言文字的丰富文化内涵，而且在自己的学习实践中学会了写活动计划、调查报告。

课时九至课时十三，让学生在课上完善并展示自己的研究、学习成果。例如，自己写的书法作品春联展示，介绍成语的特点即形成原因，成语接龙的展示，自己搜集谚语并且说出它的形成特点的展示等。

表 1-2-4 是"探寻汉字的秘密"主题教学进度安排表。

表 1-2-4 "探寻汉字的秘密"主题教学进度安排表

时间	学科	内容
课时一	品德与社会	汉字的起源与演变
课时二	语文	对汉字文化的总体了解（成语、对联）
课时三	书法	欣赏汉字书法艺术
课时四	信息技术	搜集相关资料，确定主题
课时五	研究性学习	提出自己想要研究的问题，策划并开展简单的小组活动，学写活动计划
课时六	语文（综合实践活动）	开展拓展性学习
课时七	语文（综合实践活动）	开展拓展性学习
课时八	研究性学习	学写简单的调查报告
课时九	语文	完成调查报告
课时十	语文	准备汇报交流
课时十一	语文	准备汇报交流
课时十二	语文	汇报交流
课时十三	语文	汇报交流

六、教学效果分析

课程整合打破了传统的分科课程的知识领域，把语文、品德与社会、研究性学习、书法、信息技术等课程之间的知识有机地整合、联系在一起，不仅节约了教学资源，避免了教学内容的重复，而且提高了课堂时效性，使各个学科之间形成一个更加广泛的共同领域的课程。有效地整合了教学内容，避免了学科教学内容的简单重复，从而更加有效地完成教学目标。

学生的学习兴趣、学习动机更加强烈，他们结成各自的学习实践小组，根据自己的学习需要彼此之间更加团结合作，学习科学文化知识，探讨学习方法，从而让学习更加积极主动，更加富有时效性。

学生自主解决问题能力增强，使学习更加具有深度和广度。

案例三　神秘的微笑——《蒙娜丽莎》主题教学实践活动案例

一、主题内容设计

作品《蒙娜丽莎》是意大利著名画家达·芬奇在文艺复兴时期的一个代表作品，此画是世界著名艺术殿堂——罗浮宫三宝之一，是人类文化宝库中的一颗璀璨的明珠。那么，如何能让学生对这样的艺术作品具有欣赏能力呢？在人民教育出版社出版的六年级《语文》上册教材的第八组课文中安排了品味艺术的主题。目的是带领学生走进艺术的百花园，感受艺术的魅力，受到美的熏陶。因此，我们在本单元中选取"蒙娜丽莎之约"作为教学内容，通过语文和美术的整合进行跨学科的实践活动，使学生能够从语言文字和美术不同的角度来对艺术进行赏析，能够从更多的角度了解艺术，提升学生的审美能力。

二、教学目标设计

有感情地朗读课文，通过生动的语言感受蒙娜丽莎的美丽。

对照画面，了解课文中具体描写画像的部分，学习作者把看到的和想象到的自然融合在一起的写法。

了解画家达·芬奇的相关信息，学习画家创作此幅作品时所运用的美术知识，以及绘画表现中的创新手法。

通过资料的补充，进一步感受世界名画的魅力，受到美的熏陶。

三、教学资源与实践活动设计

学生查阅达·芬奇的资料，了解作者生活的时代背景。

准备《蒙娜丽莎》整体图片和局部放大图片。

组织学生事先相互交换传阅，对名画有初步的认识。

四、教学过程设计

(一)激发兴趣,导入新课

在世界著名的艺术殿堂罗浮宫中有三件宝,其中一件就是《蒙娜丽莎》(板书:蒙娜丽莎),它是意大利文艺复兴巨匠著名画家达·芬奇的代表作。几百年来,这幅画一直让人们百看不厌,也一直为世人所津津乐道。今天,就让我们跟随作者在大洋彼岸探访蒙娜丽莎吧!

(二)了解背景,走近作者

读一读这份资料,说说你知道了什么?

出示:

达·芬奇(1452—1519)意大利文艺复兴时期的一位画家,也是整个欧洲文艺复兴时期最杰出的代表人物之一。他是一位思想深邃、学识渊博、多才多艺的艺术大师、科学巨匠、文艺理论家、大哲学家、诗人、音乐家、工程师和发明家。他在几乎每个领域都做出了巨大的贡献。《蒙娜丽莎》和《最后的晚餐》这两件誉满全球的作品,使达·芬奇的名字永垂青史。

(三)欣赏名画,感受魅力

作品《蒙娜丽莎》为什么能成为世界名画,它的魅力在哪里呢?请你马上读一读课文,从文中寻找答案吧。

初读课文后,处理学生读不准的字。

初步谈一谈蒙娜丽莎的魅力体现在哪里。

再读1~4自然段,想一想这是一次怎样的约会?(令人期待的、来之不易的、意想不到的……)

当我真正看到蒙娜丽莎的画作时,会有怎样的感受呢?

出示学习要求:

①默读5~7自然段,用"_____"画出描写作者看到画的语句。

②用"～～～～"画出描写作者赏画时的想象和感受的句子。

③在画好的句子旁批注自己的感受。

伙伴间交流自己的问题,进行补充。

自古以来,蒙娜丽莎的微笑一直是个谜,她的微笑到底神秘在哪儿?

①引导学生观察肖像画的面部表情(第6自然段)。

②引导关注:"舒畅温柔""略含哀伤""十分亲切""几分矜持"。

预设:这些词语意思不同,怎么能够集中在一个人的脸上呢?(耐人寻味、难以捉摸)

小结：紧抿的双唇，微挑的嘴角，耐人寻味的神秘微笑，达·芬奇用他天才的想象力和神奇的画笔，让蒙娜丽莎的微笑成为永恒美的象征。

③观察画作，感受作者创作技法的高超。

④指导朗读，从语言中感受蒙娜丽莎微笑的神秘。

⑤补充资料：人们一直对蒙娜丽莎神秘的微笑莫衷一是。不同的观者或在不同的时间去看，感受似乎都不同。有时觉得她笑得舒畅温柔，有时又显得严肃，有时像是略含哀伤，有时甚至显出讥嘲和揶揄。在一幅画中，光线的变化不能像在雕塑中产生那样大的差别。但在蒙娜丽莎的脸上，微暗的阴影时隐时现，为她的双眼与嘴唇披上了一层面纱。而人的笑容主要表现在眼角和嘴角上，达·芬奇却偏把这些部位画得若隐若现，没有明确的界线，因此才会有这令人捉摸不定的"神秘的微笑"。

⑥看了这则资料，你有什么想法？（再次体会达·芬奇的精湛技艺和作者丰富的想象）

⑦指名朗读：把蒙娜丽莎这神秘的微笑传达给我们。

达·芬奇精湛的技艺除了体现在蒙娜丽莎神秘的微笑上，还体现在哪儿？（学习第5、7自然段）（师生配合朗读）

预设：读到这儿，你一定会在心里默默地称奇，你还从哪儿感受到了这幅画的魅力？（第7自然段）

重点指导：观察蒙娜丽莎的身姿、服饰与她身后的背景，特别是她的右手，刻画得极其清晰、细腻，她身后的背景充满着幻觉般的神秘感。

回顾欣赏名画的方法：整体—部分—细节。

(四)激情朗读，拓展延伸

从作者的具体描述中感受到蒙娜丽莎的神奇魅力，因此作者在最后抒发了这样的感受……（出示第8自然段）

现在你能说一说为什么"蒙娜丽莎"是全人类文化宝库中一颗璀璨的明珠吗？

激情朗读：第8自然段。

再次出示作者资料，感受"旷世奇才"。

课文中还有一幅画，也是达·芬奇的作品，叫《最后的晚餐》，它是世界最著名的宗教画，请仔细观察作品中的人物，想想他们当时在干什么？

关于这幅画还有一个非常有趣的故事，请同学们课后去查找有关资料，然后再欣赏这幅作品，看看你是否有了更新的感受。

(五)制作资料卡

我们一起来制作一张资料卡片（表1-2-5），把从课文中搜集到的信息保存下来。

表 1-2-5　资料卡

```
                              资料卡

   画名_____
   大小_____    作者_____
   画面内容
   _____
   _____
   历史价值
   _____
   _____
   我的感受
   _____
   _____
```

案例四　"绳结探秘"主题教学实践活动案例

一、主题内容设计

绳结在生活中随处可见,人类使用绳结的历史也十分久远。随着数学的不断发展,绳结不仅没有退出数学历史的舞台,反而在数学的研究中出现了单独研究绳结中的数学问题。本节课就是通过一个绳结问题,引出绳结的历史。学生在交流所了解的结绳记数历史中,激发学习、探究数学史的兴趣,经历绳结在数学研究的发展,最后通过实践活动,体验解决一个绳结问题,感受这种看得见摸得着的数学问题。在综合实践活动中,有一种重要的学习方式就是设计与制作。教师指导学生设计与制作中国结,掌握设计与制作的基本原则,学生通过小组合作、动手实践,制作出不同的中国结物品。在"绳结探秘"活动中,既将数学知识与传统美学相结合,又把数学问题的思考融入实践活动之中,在一节课中体会多个学科的融合,让学生在各个方面都得到发展。

二、教学目标

通过打结和脱困的活动,了解生活中丰富多彩的几何现象,锻炼学生空间想象能力。

锻炼动手能力,感受数学在生活中的乐趣。

了解计数工具的发展,激发对数学史的兴趣。

通过对五彩绳手链、发卡、各种挂饰等物品的设计活动，初步掌握设计的步骤和方法。

经历物品的设计过程，归纳总结出设计的原则：实用、美观、新颖。

通过对各种物品的设计，加深对中国结的认识，感受并传承中国传统文化。

教学重点：了解计数工具的发展，体会数学中的绳结问题；初步掌握设计中国结的步骤和方法。

教学难点：解决简单绳结问题；设计出实用、美观、新颖的物品。

三、教学资源与实践条件

在五年级劳动技术中有一个编织的单元，其中有编中国结的内容设计，此外，我校有网络机房，可供学生查阅资料，本次活动的学生为五年级，他们具有一定的动手操作能力，喜欢动手实践，在之前学过编织小螃蟹等内容，有的学生会编简单的中国结，而且经过了两年的综合实践活动，具有较好的小组合作能力，能够按照评价标准对他们进行较为公平的评价。

教师准备：教学课件，长度约1米的绳子2根。

学生准备：长度约1米的绳子1根。

四、教学过程设计

环节一：了解计数工具的发展。

在此环节，教师先和学生做个小活动，课件出示活动要求：有一条绳子，请用你的右手拿着绳子的一端，左手拿着绳子的另一端，两只手都不准放开绳子，把这根绳子打个结。活动要求出示后，学生尝试独立打结，然后进行汇报。在这个过程中可能没有学生发现如何进行打结，教师进行方法展示：让学生一只手拿着绳子的一端，另一只手拿着绳子的另一端，自己先将胳膊相互缠绕交叉后，双手各拿绳子的一端，然后将交叉的两条胳膊展开，就可以在绳子上打一个结。接着，教师进行小结并出示活动主题"绳结探秘"。通过给绳打结这个小活动，引导学生思考，动手尝试，激发学生的学习兴趣。接下来，教师讲解结是人类古老的技术工具，如果有的学生了解有关绳结的事情，可以让学生与大家交流一下。随后，课件出示故事引导学生思考并交流阅读完故事之后的感受。通过这个故事表达出古代的人们也意识到了绳结计数并不方便，所以人们采用新的工具来计数、算数，从而引出算筹。通过教师的提问，学生交流对算筹的了解。教师根据学生回答的情况进行小结，随着时间的推移，人们又发明了更加方便的计数、算数工具，课件展示算盘。教师继续引导学生交流对算盘的了解。最后教师进行拓展延伸，学生了解到数学家在思考拓扑学问题时，认识到绳结具有数学意义，从而把绳结作为拓扑学的一部分加以研究。通过学生阅读小故事和交流讨论的活动，使学生了解计数工具的发展，进而认识到结绳具有的数学意义。

环节二：活动体会绳结问题。

在这一环节，教师先出示一张图片（图 1-2-10）及活动要求：我们如果在不解开手腕上的绳结，不破坏、不剪断绳子的情况下，怎样帮助他们脱困？接着学生两人一组，尝试解决问题。如果有解开的小组，让学生进行展示，教师补充其中蕴含的数学问题。如果没有学生解开，教师展示解决方法：（请一个学生配合展示，打好绳结）教师先抓住绕在自己手上的绳子的中间部分，然后将绳子穿过另一个人右手腕的绳圈，穿越的方向是从手腕的内侧顺着手肘的方向到手掌端，随后将绳子回绕过手掌而伸出到手的外侧。通过解绳脱困的活动，学生了解到生

图 1-2-10 绳结游戏

活中丰富多彩的几何现象，锻炼学生空间想象能力和动手能力，感受数学在生活中的乐趣。

最后教师引导学生思考对绳结有哪些新的认识并进行汇报交流，教师进行总结。

环节三：欣赏特殊的结绳方式——中国结。

在这一环节，首先回顾之前的活动，教师进行语言描述：中国结是一种特殊的结绳方式，话锋一转，顺利导入本课内容，教师先播放制作的课件，带领学生走进"中国结大观园"，向学生展示五花八门各色各样的中国结，使学生充分感受到具有中国传统文化特点的"中国结"的美，激发学生动手尝试的兴趣，调动学生的积极性。

环节四：交流讨论，选择编织方式。

在这一环节，先出示课件，欣赏平结、十字结简单编织方法编织的中国结，接着小组讨论，自由选择编织中国结的方式，在这一过程中，为学生提供两种简单的中国结编织方法，让学生根据自己的兴趣进行选择，给学生自主选择的机会，符合综合实践活动的理念。方式选择好之后，组织讨论好的小组来领取材料，其中包括有编织步骤的图纸和笔记本电脑（其中有编织方法的视频）。在这一环节中，教师为学生提供了两种学习的方式，因为考虑到学生有了一定的识图能力，所以给学生提供图纸，使学生对整个作品编织过程有一个先行的认识，此外还提供了视频，如果学生遇到困难，利用视频直观演示编织过程和注意点，帮助学生解决问题。

环节五：设计和制作中国结。

在这个环节，教师先出示图片，引导学生思考可以利用刚才学过的方法设计什么物品。因为构思设计不是凭空想象的，这一步骤是引导学生提取获得的有关信息，借鉴他人的宝贵经验，丰富想象。

接下来各小组讨论设计思路并进行汇报,在这个过程中可能有的小组想设计一个带有小珠子的手链,有的小组想利用这种方法给发卡做装饰(实用、美观),有的小组想到利用多种颜色的绳子做成五彩绳手链,还有的小组想到设计一个鞭炮似的小挂饰(美观、新颖)(图 1-2-11)。听完各小组的汇报,教师引导学生思考为什么这么设计,要表现作品的什么特点,学生思考并进行交流,总结出设计的原则:实用、美观、新颖。这也是对各小组作品评价的一个依据。接着各小组进行具体设计,画设计图,在画之前,教师出示提示:画设计图时,先用铅笔画出大致轮廓,再用彩笔等上色。

图 1-2-11　中国结在生活中的应用

学生设计完之后进行设计图展示并介绍自己小组的设计有哪些特点,教师引导学生根据总结出来的设计原则进行评价。在评价这一环节,教师要注意引导学生善于发现别人的优点,不能只是发现别人的不足。各小组根据学生提出的建议简单修改,然后根据设计图进行制作。编织完成之后,进行各小组最终作品的展示,并进行评价。在这一环节进一步引导学生注重小组的合作,回顾自己制作的过程,遇到了什么困难,又是如何解决的,及时进行反思。通过对五彩绳手链、发卡、各种挂饰等物品的设计活动,使学生初步掌握设计的步骤和方法,加深对中国结的认识。

最后教师引导学生回顾并思考整个活动的收获与体会,根据学生说的内容教师进行补充,最后总结。这一环节进一步引导学生注重小组的合作,回顾自己制作的过程,遇到了什么困难,又是如何解决的,及时进行反思。

五、教学效果分析

本节课所研究的绳结问题是看得见摸得着的几何问题。学生的空间想象能力是有限的。对于无法通过单纯的思考完成的问题,学生会选择通过动手实践的方法来解决,所以学生对于能动手操作的活动很感兴趣。在活动中,充分发挥自己的智慧,小组内学生互相交流,不断激发新的想法,激发学生的想象力,拓展思维。通过实践活动,学生体会数学与其他学科之间、数学与生活之间的联系,充分发挥自己的空间想象能力进行思考。通过小组合作增强发现和提出问题的能力、分析和解决问题的能力,提升学生的空间想象力。在汇报展示的过程中，学生依然有新的想法产生，对于他人的方法，能够更快地指出不可行的原因。学生在这种独立思考、小组交流、互动与对话，互相启发、互相补充、互相修正，不断深入问题中，提高创新思维与质疑能力。

案例五 "实用主义"主题教学实践活动案例

一、主题内容设计

本课内容是人民教育出版社出版的《数学》四年级上册第 21 页"你知道吗?"的知识拓展——算筹(图 1-2-12)，与北京师范大学出版社出版的《中华优秀传统文化》四年级上册第三单元，数学奥妙中"实用主义"相结合的一节实践课。利用传统文化教材中的经典原文点出数学在传统文化中的重要地位和实用性的特点。拓展园地向学生介绍了两部经典著作:《日积月累》《汉字寻根》，向学生展示文学中数字的魅力。

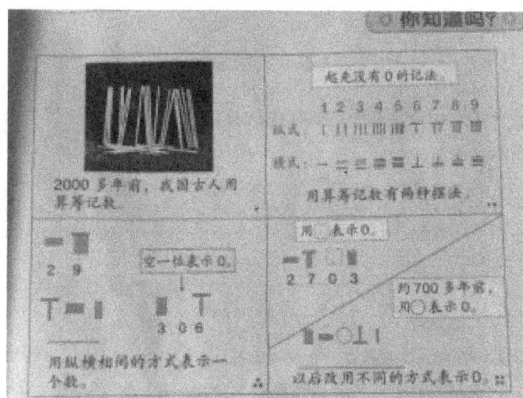

图 1-2-12　数学书中的算筹

二、教学目标设计

通过对经典原文的反复品读，感受中国数学文化的实用性。

通过资料的补充，感受中国数学语言的精妙之处，激发对传统文化中数学文化的热爱。

通过多种操作活动与对经典著作的了解，对传统文化产生崇敬之情。

三、教学资源与实践条件设计

教学过程需要为学生准备一下材料:关于算筹的介绍、教学文字资料、《中华优秀传统文化》四年级教材、教师准备相关的课件。

四、教学过程设计

(一)品读原文，激发学生对数学文化的兴趣

经典原文：

周教六艺，数实成之。学士大夫，所从来尚矣。其用本太虚生一，而周流无穷，大则可以通神明，顺性命；小则可以经世务，类万物，讵容以浅近窥哉？

请同学们自己试着读一读，不熟悉的地方多读几遍。

两个同学互相读一读。

请一位同学试着为大家读一读。（两人读，较好的领读）

同学们试着根据教师给大家的提示解释这篇文章的意思。看看你能读懂哪句？

学生尝试解读原文，可以互相交流，请同学汇报。

出示简析：大家理解得很好，请大家读一读简析，看看你的理解是否准确。

我们再一起读一读没有标点的竖版。

了解《数书九章》。

(二)阅读资料，感悟数学文化的博大精深

1.《五曹算经》和《九章算术》

《五曹算经》是一部为地方行政人员所写的应用算术，全书五卷，有田曹、兵曹、集曹、仓曹、金曹五个部分。田曹卷的主题是田地面积的量法；兵曹算术大都是军队的给养问题；集曹问题和《九章算术》粟米章问题相仿；仓曹解决粮食的征收、运输和储藏问题；金曹问题以丝绢、钱币等物资为对象，是简单的比例问题。

《九章算术》是中国古老的经典著作，也是中国古代数学的巅峰之作，自它之后的中国古代数学家所研究的数学问题都来自此书。书有九章，包含 246 个问题，都和农业生产有关，九章分别是方田(土地测量)、粟米(百分法和比例)、衰分(比例分配)、少广(减少宽度)、商功(工程审议)、均输(征税)、盈不足(过剩与不足)、方程(列表计算的方法)、勾股(直角三角形)。这些问题都是用来解决农田的测量、粟米的称量，农业水利工程的测算等。

2. 算筹

(1)出示：汉字寻根(图 1-2-13)

图 1-2-13　汉字寻根"筹"

（2）出示算筹的图片（图 1-2-14）

算筹的发明是在结绳记数等记数方法的基础上逐渐产生的。它最早出现在何时，现在已经无法考证，但在春秋战国已经普遍使用了。用算筹进行计算很方便，秦始皇及张良等政治家都亲自进行过算筹计算。

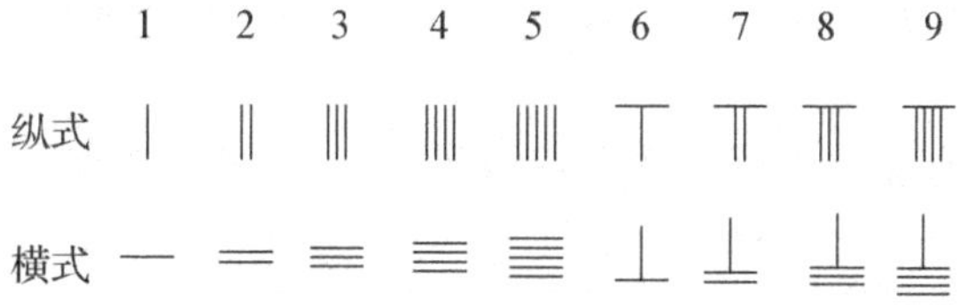

图 1-2-14　算筹的纵式、横式

算筹有纵式和横式两种，这是因为十进位制的需要。所谓十进位制，有两层内容，一是每满十数进一个单位，二是"位值制"，即同一个数字在不同数位表示不同数值。

古罗马的数字系统只有七个基本符号，大一点的数目就相当繁难。古美洲玛雅人用的是 20 进位，至少需要 19 个数码；古巴比伦人是 60 进位，则需要 59 个数码，这就使记数和运算变得十分繁复。中国古代十进位制的算筹记数法在世界数学史上是一个伟大的创造。

（3）这么有趣的运算工具，你们想不想尝试一下？

3. 出示小练习（图 1-2-15）

你看得懂吗？互相交流。

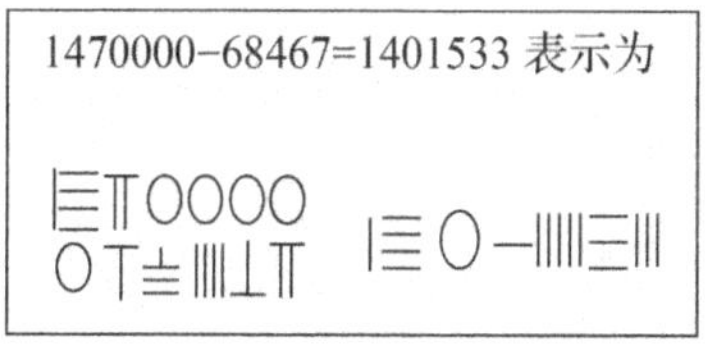

图 1-2-15　算筹的数字表示

4. 挑战难度

过渡：除了实用的计数工具算筹，著作中还有许多有趣的数学问题。

出示：今有一物，不知其数，三三数之剩二，五五数之剩三，七七数之剩二，问物几何？

5. 其他知识

中国数学最早出现在殷商甲骨文中，13 个记数单字，最大的数是"三万"，最小的是"一"。一、十、百、千、万，各有专名。其中已经蕴含有十进位值制萌芽。在中国还有很多数学著作，如《周髀算经》《孙子算经》《夏侯阳算经》《孙丘建算经》《海岛算经》

《五经算术》《缀术》《缉古算机》等。

（三）日积月累，领略数学文化的魅力

1. 数字对联

清朝有一位著名的画家郑板桥，他不仅画作出名，还曾经当过县令，常微服出访体察民情。有一年春节，他看到一户人家贴着一幅古怪的对联："二三四五，六七八九"，横批：是"南北"。他看后微微一笑，马上差人取来白米和衣物送去，主人叩头谢恩。随从问他缘由，他说，上联四个数字从小到大，按顺序排列，但缺"一"；下联也是四个数字，从小到大，按顺序排列，但缺"十"；横批两个方位词，则少"东西"二字，用谐音读出来，就是缺"一（衣）"少"十（食）"无"东西"。

相传乾隆 60 大寿时摆了一个千叟宴，宴会上乾隆皇帝出了上联，暗指座中一位老人的年龄：花甲重开，外加三七岁月。下联由纪晓岚对出：古稀双庆，内多一个春秋，联中同样隐含了这个数。上联的算式：$60 \times 2 + 3 \times 7 = 141$；下联的算式：$70 \times 2 + 1 = 141$。此联真可谓独具一格，工巧熨帖，堪为佳品。

咏竹

郑板桥

一二三枝竹竿，

四五六片竹叶。

自然淡淡疏疏，

何必重重叠叠。

咏雪

纪晓岚

一片两片三四片，

五片六片七八片。

九片十片片片飞，

飞入芦花皆不见。

像这样的故事与古诗太多了，数不胜数！

2. 小结

同学们，如果还有谁对你说中国传统文化中没有数学你会怎么告诉他？（出示课件）诵首古诗，感染他；出个问题，考考他；引经据典，震撼他。

五、教学效果分析

通过本节课的学习，学生对算筹和传统文化中的一些数学著作有了较多的了解，如《九章算术》《数书九章》《五曹算经》等，这些学生平日里接触不到的知识，激发学生对传统文化的热情，增强了民族文化的自信心。

通过观察与实践，学生对"算筹"这一古老的计数方法有了更深的了解。同时对十进制也有了新的认识，增强了对数学学习的兴趣。

课堂的结尾处向学生们展示数字的奇妙之处，拓展学生们的思路，感受传统文化的魅力，激发学生的民族自豪感。

第三部分　研究与分析

2015年7月31日，北京市教委颁布《北京市实施教育部〈义务教育课程设置实验方案〉的课程计划(修订)》(以下简称"课程计划")，北京市义务教育阶段的学校积极落实，纷纷推出具有各自特色的实施方案，北京市朝阳区劲松第四小学在认真研读和领会文件精神的基础上，进行了深入思考，在学校落实学科10%综合实践活动课程的实施中做了一些符合学校实际、利于学生发展的实践性探索和尝试。他们的实践探索具有可借鉴的突出特色，即宏观着眼、精化顶层设计、因校制宜、综合实践、有效实施。他们的经验值得深入思考的几个突出特点是：

一、注重正确领会文件实质，抓住关键问题，科学落实

当北京市教委颁布课程计划后，一时间落实这一文件精神的各种做法纷纷推出，并各具特色，大有标新特色不为落实之势。但是朝阳区劲松第四小学并没有为了"炫彩"学校，盲目"跟风"，而是本着科学研究、科学实施的态度，非常审慎地研读文件，深入研究文件的精神，正确把握实质内涵，抓住课程改革的关键问题与要求，站在国家课程、地方课程、校本课程的宏观角度，进行上位思考，准确把握本次课程改革文件精神落实的定位，从而在明确落实文件精神、有效实施方向基础上，科学决策和设计。

二、注重从顶层设计着手，全面统筹，系统规划，整体落实

在落实课程计划时，学校十分重视课程的整体设计，全面统筹各种课程和各种资源，从宏观、中观、微观不同层面进行系统规划，建立学校内部的可行的课程体系，使落实课程计划具有全面、科学、可持续发展的长期效应，避免局部的短期和应时的短视教育行为的弊端。学校特别突出的是三个统筹：

一是统筹学校教育特色资源。北京市朝阳区劲松第四小学的办学有自身的特色育人目标和教育理念，他们抓住课程改革要求的实质，努力尊重学生成长的需求，系统

构建学校多元课程体系，建设适合学生健康成长的新的常态课程，以有效落实"全面发展，学有特长"的育人目标，促进学生"做最好的我"。

二是统筹三级课程资源。学校的课程体系建设，在保障国家课程安排的前提下，打破学科壁垒，穿越学科边界，设计具有本校特色综合实践课程，使学生的知识获得和能力提高有了课程保障。

三是统筹教师人力资源。学校对教师背景知识和能力特长做了分析，依据教师能力特点进行综合实践课程设计，教师可集体研究综合实践课程实施方案和教学设计，这样既发挥了教师的潜力，又调动了教师参与综合实践课程实施积极性和团结合作的主动性。

四是统筹课时安排。学校对综合实践课程课时做了整体的统筹，系统安排，避免出现拆东墙补西墙的现象，使学生学习有保障、教师施教有规划。

三、注重实施方式的研究，因校制宜，突破界限、综合实践，有效落实

学校以自身原有特色教育实践活动为基础，打破学科壁垒，穿越学科边界，从教育教学目标入手，明确三个选择确定：一是选择确定符合学科综合、符合学生需要、符合教师能力的综合实践活动课教育主题；二是选择确定综合实践活动课的长课或短课类型；三是选择确定应用的课程资源，如教材资源、学校资源、校外资源、社会资源、家庭资源等。在这基础上，因地制宜、因校制宜、因班制宜、因生制宜，开展综合实践活动课程的教学活动，从而使培养学生积极体验、主动探究、动手实践的学习能力，促进学生全面发展落到实处。

（设计者：陈金荣　许芳　庄重　刘雅玲　王晓亮　孔磊
董玉华　姬艳辉　陈立华　李刚　赵雪莹　杜燕　王峥）

探自然之美，寻麋鹿之缘

——大兴区第五小学主题学科实践活动

第一部分　主题设计与实施

一、活动背景

为深化教育领域综合改革，落实《北京市中小学培育和践行社会主义核心价值观实施意见》《北京市基础教育部分学科教学改进意见》精神，切实解决基础教育中存在的深层次问题，进一步扩大各区县和学校课程建设自主权，特制定《北京市实施教育部〈义务教育课程设置实验方案〉的课程计划（修订）》。课程计划指出：关注课程的整体育人功能以及学科内、学科间的联系与整合，加强综合实践活动课程的开发与实施，大力培育和践行社会主义核心价值观。各学科平均应有不低于10%的学时用于开设学科实践活动课程，在内容上可以某一学科内容为主，开设学科实践活动，也可综合多个学科内容，开设跨学科综合实践活动。

我校在深入学习"市教委、区教委课程计划"的基础上，制订了本校的课程实施计划。我们依照"适性教育让每一个生命都精彩"的办学理念，提倡从学生的共同天性和独有个性出发，通过科学合理的教育教学活动，保护学生的天性，发展学生的个性，设置合理有效的课程。2015年，我校被评为北京市综合实践活动实验校，北京南海子麋鹿苑博物馆成为我校的实验基地。

北京南海子麋鹿苑博物馆，既是一个全国青少年科技教育基地和科普教育基地，还是一座多元的生态博物馆、鹿类研究场所、湿地郊野公园和麋鹿自然保护地。

苑区占地面积近千亩①，苑区饲养的现有国家一级珍稀动物麋鹿以及其他物种300余只，植物200余种，各种湿地鸟类近百种，有着丰富多彩的生物多样性资源和良好的小型人工湿地景观，具有特色科普教育设施近60项。

麋鹿苑三个字表现了自然和文化双重含义。麋鹿是一种具有传奇色彩的自然物种，国家保护动物。麋鹿苑文化内涵也极其深厚，南苑曾是元、明、清三代皇帝出游狩猎的地方，清代皇家猎苑与行宫所在地，麋鹿最初的科学发现地、灭绝地以及重新引入地都在这里。

---

① 1亩≈666.7平方米。

南海子地区位于北京南郊，占地 210 平方千米，面积相当于北京老城区的 3 倍，是古代北京地区规模最大、历史最久的皇家游猎场所。秦、汉时期统治者就已经在这里修建园林、蓄养麋鹿。古时候，这里泉水、湖沼很多，河道纵横。丰富的地下水源，适宜的气候条件，良好的生态环境，使古代南海子地区成为京城附近水草肥美、景色秀丽的旅游佳地和狩猎场所，被誉为"燕京十景"之一，其名曰"南囿秋风"。

南海子麋鹿苑自 1985 年成立以来，一直致力于麋鹿及其栖息地动物保护、生物多样性保护的科研工作，积累了大量动物保护方面的资料，为校外课程的建构提供了良好的知识基础。苑区内优美和谐的生态环境和视角独特的科普设施，成为对公众进行生态道德教育，传达环境保护理念的良好平台。浓厚的环境文化氛围，注重环境育人的设计理念，也使苑区内人文环境与自然环境达到了和谐统一。

麋鹿苑在动物保护、生物多样性保护等方面的研究与小学的自然、科学课，中学的生物、地理等课程的知识内容和学习实践密切相关。在麋鹿回归的历史、文化普及等方面的知识涉及中、小学的语文、历史等课程内容。在生态保护、环境教育等方面与中、小学德育教育理念和目标相得益彰。

利用实验基地的特有资源，我校开发了"探自然之美，寻麋鹿之缘"主题式学科实践活动。

二、设计特色

（一）开放性课堂

依托麋鹿苑内的场馆和生态环境，为学生创造了一个丰富多彩的、自然的、开放性的课堂。

（二）体验式教学

根据学生的认知特点和规律，学生通过在麋鹿苑亲身实践，理解建构知识、培养能力、激发情感。

（三）自主式探究

学生根据麋鹿苑的资源，发挥自己的主观能动性，调动自己的各种感觉器官，通过动手、动眼、动嘴、动脑，主动地去获取知识，提出问题，并有目的、有计划、有步骤地进行研究与探索，从而获得结论，培养学生的创新实践能力。

三、实施过程

2015 年 8 月，在进修学校教研室柏东河教师的指导下，教师编写了麋鹿苑学科实践活动课程。9 月，在组织高年级的学生们去麋鹿苑之前，教师就先让学生上麋鹿苑网站，了解麋鹿苑的一些信息，做好了活动准备工作。之后，由德育处网上申请去麋鹿苑社会实践的时间，经过教委批准，10 月 13 日和 29 日，分别组织南北校高年级学生到麋鹿苑进行学科实践活动。

10 月 13 日，在麋鹿苑宋春燕、朱桂玲、刘丽娜、齐珊四位教师做了市区联动学科实践活动课展示。10 月 29 日，张京娴、周书艳、薛洪涛、张秀芳等八位教师在麋鹿苑做了市级实践活动课展示。表 1-3-1 为麋鹿苑学科实践活动课程一览表。

表 1-3-1　麋鹿苑学科实践活动课程一览表

授课教师	课程题目	学科	年级或年段	学生安排	授课地点	活动方式
品生教师	和动物做朋友——走进麋鹿苑	品生科学综合实践	小学 1～3 年级	分组研究 4～6 人/组	麋鹿苑鹿喂养区	体验探究
品社教师	在灭绝动物墓地前的沉思	品社综合实践	小学 4～6 年级	分组研究 4～6 人/组	麋鹿苑动物灭绝墓碑	体验探究
数学教师	算算我的碳足迹	数学综合实践	小学	分组研究 4～6 人/组	麋鹿苑碳足迹小径	实践探究
语文教师	麋鹿传奇	语文综合	小学 5～6 年级	分组研究 4～6 人/组	麋鹿苑传奇馆	体验探究
语文教师	美哉，麋鹿苑	信息语文综合	小学 5～6 年级	分组研究 4～6 人/组	南海子文化桥	体验探究
语文教师	传统文化中的麋鹿	语文综合实践	小学 5～6 年级	分组研究 4～6 人/组	麋鹿苑石碑诗文汉字文化区	体验探究
美术教师	用线条表现麋鹿苑的生态美	美术综合实践	小学 5～6 年级	分组研究 4～6 人/组	麋鹿苑观鸟台	体验探究
科学教师	认识湿地	科学综合	小学 4～6 年级	分组研究 4～6 人/组	麋鹿苑科普栈道	体验探究
体育教师	拓展体验活动	体育数学综合	小学 5～6 年级	分组研究 4～6 人/组	麋鹿苑拓展体验区	体验探究
综合实践	认识鸟类亲近自然	品生美术综合	小学 3～6 年级	分组研究 4～6 人/组	南海子麋鹿苑	体验探究

第二部分 基于主题的教学实践活动案例

案例一 算算我的碳足迹
——数学学科主题实践活动

一、主题内容设计

数学课堂教学由于时间场地的限制，许多教学内容学生没有真切的体验与理解，所以需要实践活动的支撑。

"算算我的碳足迹"主题实践活动要让学生知道什么是碳足迹，了解人们的衣、食、住、行都会产生碳足迹。南海子麋鹿苑里面设置了碳足迹小径与碳足迹日晷，可以为学生提供探究的材料。

通过用各种方法计算碳足迹，看到让他们震撼的碳足迹数量，加上纪录片中二氧化碳排放引发的各项灾难，让学生对环保问题有深刻的体验。

二、教学目标设计

在活动中通过观察、操作了解碳足迹的含义，知道碳足迹日晷的功能与用途。

通过转一转、看一看、算一算、想一想等活动，体会碳足迹计算方法的多样化，利用数学方法计算碳足迹，体会数学的优化思想以及数学在生活中的应用。

在活动过程中，增强学生的环境保护意识、创新意识，在实际生活中减少碳排放。

三、教学资源与实践条件设计

（一）资源之一：碳足迹小径

南海子麋鹿苑有一条碳足迹小径，小路的一侧有十余个石头椅子，椅背上就是关于碳足迹的信息。本节课主要利用两个椅背上的信息。

（二）资源之二：碳足迹日晷

在碳足迹小径的尽头，有一个碳足迹日晷。碳足迹日晷包括上面的表盘与下面的底盘两部分。表盘上面标注了人类的各项日常行为，在表盘上面还有一个个的长方形孔洞，是为了读取底盘上的数据。底盘上的数字是碳足迹活动类别与不同计量单位的矩阵列表，通过旋转表盘，不同的活动项在不同计量水平上的碳排放值求和可知总的碳排放数量，即该计算者的碳足迹。

利用碳足迹日晷，让学生观察信息与数据；转动罗盘发现各种日常行为在不同计算单位的碳足迹数量；利用获取的数学信息计算一个人的碳足迹。

(三)资源之三：学生自身的资源

六年级学生已经掌握了整数、小数的四则运算方法，会熟练使用计算器，清楚每份数、份数、总数的数量关系，并能应用数量关系解决问题，认识表盘上的文字以及部分英文，理解文字意思。

四、教学过程设计

(一)课前了解全球变暖的原因以及后果，为探索碳足迹进行知识储备

活动一：观看纪录片《未来的地球》。

活动二：小组交流，全球变暖的主要原因是什么？（二氧化碳排放）全球变暖给人类带来哪些危害？

活动三：调查自己或者家长一年在衣、食、住、行各方面的消费情况。

(二)课上了解碳足迹，发现问题、解决问题

1. 读石椅背上的文字(图 1-3-1)，了解碳足迹的含义

教师引领：通过读这段文字，你知道了什么？

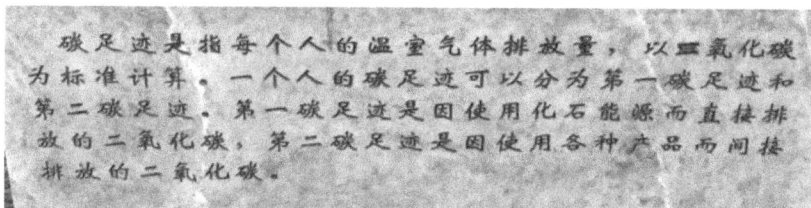

图 1-3-1

2. 看石椅背上的信息，提出研究的问题

教师：通过看 2004 年各国人均碳足迹，你发现了什么信息？关于"碳足迹"你想研究什么问题？

3. 认识碳足迹日晷，了解它的功能

(1)表面观察

我们面前的圆盘叫"碳足迹日晷"，也有人叫它"碳足迹计算罗盘"(图 1-3-2)。我们先观察一下它的结构以及它上面的文字。

汇报观察结果。

(2)了解功能

图 1-3-2

转动表盘认真研究，把发现的信息记录下来。（分组活动）

4. 利用碳计算日晷计算碳足迹——探寻方法

我们发现了这么多信息，想一想，怎样利用这个罗盘计算碳足迹呢？这里有三个问题，以小组为单位，想办法解决问题。

问题一：小丽坐公交车行驶 20 千米，此项活动产生的碳足迹是多少千克？

问题二：王叔叔一年用电 1100 度，此项活动产生的碳足迹是多少千克？

问题三：爷爷一年喝 38 千克白酒，此项活动产生的碳足迹是多少千克？

小结：回顾一下我们刚才的研究过程，第一个问题我们采取"一转一看"的方法就解决了；第二个问题"转了再转，然后相加"也解决问题了；第三个问题，你们"转动 5 次""转动 3 次""转动 2 次""不用转"都能解决问题，哪种方法更好呢？

5. 消除碳足迹

刚才我们解决了乘车、用电、喝酒产生碳足迹的问题，知道王叔叔用电一项产生了 863.5 千克的碳足迹，需要种多少棵树，才能消除这项碳足迹呢？

6. 算算我的碳足迹

同学们在课前已经调查了自己或者家长的衣、食、住、行的情况，教师收集了几位同学、几位家长的信息，以小组为单位计算他们一年的碳足迹。各组完成学习单中的任务。

7. 汇报交流

完成任务后进行汇报，学生发现每人的碳足迹不同，而且差异很大。针对现象寻找原因，找到产生碳足迹的各个方面，对照自己的衣食住行，说一说减少碳足迹的方法。

8. 活动总结与拓展

教师："碳"耗用得多，是导致地球变暖的元凶，会对我们的生存环境造成极大危害。请同学们回去后，查阅书籍或上网查找资料，了解更多的计算"碳足迹"的方法。同时也想一想，除了种树，还有其他消除碳足迹的方法吗？

五、教学效果分析

(一)使数学回归自然，激发学生学习的兴趣

南海子麋鹿苑是一座自然的课堂，为学生提供了探索数学奥秘的空间，帮助学生在书本知识与生活实际之间架起了一座桥梁，使学生切实感受到了数学源于生活、用于生活的思想，在现实生活中寻找数学问题，领悟数学的魅力，感受数学的乐趣，体验数学的价值。

(二)在现实情境中发现问题、解决问题，突出数学学科本质

"碳排放""雾霾""全球变暖"是社会热点问题，小学生对这些环保问题有自己的感

受；充分利用校外资源，可以增强学生在生活中发现问题、解决问题的能力。

学生转动罗盘，研究计算碳足迹的方法。通过 5 种方法进行比较，找到最简单的方法，体现了数学的"优化思想"。这样的探究活动，使学生自己掌握了应用碳足迹计算罗盘的技能。

(三)加强知识之间的联系，促进学科的整合

本次实践学习涉及科学、数学、品社等各个学科领域，在活动中不仅加强了数学学科内各知识的联系，而且也促进了相关学科之间的整合。这样的数学综合实践活动涉及许多数学课本内的以及课本以外的知识，这就需要综合的利用这些知识，促进了学科的整合。

案例二　美哉，麋鹿苑
——语文学科主题实践活动案例

一、主题内容设计

为落实《北京市中小学培育和实践社会主义核心价值观实施意见》的精神，更好的实施10％学科实践活动课程，根据我校学科实践活动主题"探自然之美，寻麋鹿之缘"，结合麋鹿苑的资源特点，我校教师带领学生开展了语文综合实践活动。麋鹿苑运用美的形式，传播景观美、生态美、人文美，实现审美主体——参观者、客体——麋鹿及其生存环境、生态展示之间的相互联系、相互感染，从而引起共鸣。潜流湿地景观是麋鹿苑建成的水体生物净化系统，呈现的特点是自然美与人工美的和谐。古时文人墨客的古诗词再现了几千年来麋鹿与自然、与人类社会和谐共处的壮美情境。麋鹿苑还通过建设一系列的生态文明教育设施，传播生态文明理念，传唱生态文明赞歌，传递生态文明火炬，践行生态美学。结合麋鹿苑独有的特色，在此次实践活动中，我们开发了以"美哉，麋鹿苑"为主题的语文、科学、品社、综合实践等跨学科实践活动课程。

二、教学目标设计

通过有目的、有计划的游览安排，让学生全面地观察和了解麋鹿苑的美。

让学生经历有目的的网络搜索、观察实践等，用科学的眼光观察麋鹿苑的景观、文化和生态系统，对看到的、经历的内容进行整合，体悟麋鹿苑的美。

学生在体悟美的过程中，将人与动物、人与自然和谐的美植根于内心之中，产生保护动物，保护环境的意愿。

三、教学资源与实践条件设计

(一)教师需要进行的准备

引导学生在去麋鹿苑参观前,了解麋鹿苑的历史和文化;了解麋鹿的历史和文化。利用网络和书刊等资料,查找麋鹿苑和湿地中常见的动物和植物。

(二)学生需要进行的准备

提前分好组,共三组,一组负责的主题——寻找景观美;二组负责的主题——体会诗词文化美;三组负责的主题——环保的重要性。各组分别选好组长。

(三)提出实践要求

游览过程中,对自己课前搜索到的麋鹿苑和麋鹿文化的相关知识做补充;有意识地寻找湿地中自己查找到的植物和动物,对其进行进一步观察,了解潜流湿地景观的特点,并认真做好观察记录。

四、教学过程设计

(一)谈话导入

同学们来到麋鹿苑之前,我们布置了一些查找资料的作业,对麋鹿苑有了初步的认识,你最想探秘、了解麋鹿苑哪一部分的美?以小组为单位去发现各部分的美吧!

学生分组将自己查找到的资料和在参观过程中观察到的和感悟到的东西与同伴共享。

(二)景观美

1. 麋鹿苑的自然美

谈话导入:同学们,通过参观,你们获得了哪些关于麋鹿苑的美,把你看到的、搜集到的信息介绍给大家听吧。

教师补充:南海子麋鹿苑,春夏秋冬,年复一年,形成了春看"鸿雁分仍合","百般红紫斗芳菲";夏看"青荷盖绿水,芙蓉披红鲜";秋看"阳坡软草厚如织,困与麋鹿相伴眠",冬赏"凄凄岁暮风,翳翳经日雪"的景色。鹿苑是南海子中很小的一部分,我们来进行简单的介绍。

2. 麋鹿的美

教师提问:麋鹿被称为湿地的精灵,它给你留下了怎样的印象?

教师补充:逐鹿中原、指鹿为马。

学生介绍麋鹿苑的自然景观。

学生介绍眼中的麋鹿。

(三)人文美

谈话导入:古时文人墨客的这些古诗词再现了几千年来麋鹿与自然、与人类社会和谐共处的壮美情境。你发现了吗?

1. 古诗古词,韵意绵长

在麋鹿苑博物馆的麋鹿回归纪念园里,用古典仿木结构建设了二十多张座椅,每张椅背上都镌刻着一首描写麋鹿或麋鹿环境的古诗词:

①科普栈道学诗词:白居易、李白、韦应物、杜甫、乾隆的诗。

②纳兰性德的词及人物介绍。

2. 步移景异,精湛美丽

学生介绍:屈原的"麋何食兮庭中,蛟何为兮水裔";秦系的"昨日年催白发新,身如麋鹿不知贫";苏轼的"麋鹿逢人虽未惯,猿猱闻鼓不须呼";乾隆皇帝"岁月与俱深,麋鹿相为友"。

乾隆的《双柳树》重点欣赏、品读。

(四)生态美

麋鹿苑通过建设一系列的生态文明教育设施,传播生态文明理念,传唱生态文明赞歌,传递生态文明火炬,践行生态美学。为了提高游人保护动物的意识,麋鹿苑独创了动物家园科普设施区。你探寻到了什么?

学生介绍:鸟类迁徙路径地球仪直观地显示了每年冬春、夏秋时节鸟类的八条迁徙路线,周围的座椅靠背讲述了一些迁徙知识,成为来这里参观的中小学生第二生物课堂;低碳科普区,碳足迹小径,低碳生活迷宫。

(五)行动美

麋鹿苑通过建设一系列的生态文明教育设施,传播生态文明理念,传唱生态文明赞歌,传递生态文明火炬,践行生态美学。为了提高游人保护动物的意识,麋鹿苑独创了动物家园科普设施区。你探寻到了什么?

同学们,我们欣赏到了麋鹿苑的景观美、人文美、生态美,让我们不禁大声赞叹:"美哉,麋鹿苑!"那么,面对这一切,我们该做些什么?

灭绝动物公墓讲述着自工业革命以来灭绝的动物以及所引起的生物灭绝的多米诺效应。你有什么感受?

教师小结:今天的实践活动,我们了解了麋鹿的失而复得,物种的丰富,感受到了湿地生态系统的重要性,更重要的是我们要从自身做起,从低碳的生活理念开始,保护我们的动物朋友,保护我们赖以生存的地球。

(六)作业

今天收获这么大,按组把你们的收获用不同的方式记录下来,可以用你们搜集到的落叶贴一幅作品，也可以用优美的文字写下来。也请同学们把今天学到的东西讲给自己的父母听。有机会带他们也来麋鹿苑走一走，感受麋鹿苑的美。

五、教学效果分析

此次学科实践活动课程注重学生对实际活动过程的亲历和体验，是一种实践性课程，强调多样化的实践性学习，把语文、科学、品社、综合实践等多学科融合在一起的实践课程。

首先，利用麋鹿苑优美的景物、湿地文化，学生利用搜集到的相关知识和学过的科学知识相结合，深入地了解我们身边的湿地，由此拓展，感受麋鹿物种起源、进化、与人类生活、历史变迁等方面予以广泛呈现，追寻人类生存与麋鹿兴衰的美，这样便实现了语文、科学与综合实践的融合，提高了学生们学习的积极性。

在这次学科实践活动中，学生们收获了不同学科的知识，教师也深深感受到多学科的融合教学使课程更丰富，更容易让学生们接受，总结这次活动的优劣，进行改正，使学科实践活动得到有效落实。

案例三　麋鹿传奇
——语文学科主题实践活动案例

一、主题内容设计

让学生在实践中全面提高语文素养，学习资源和实践机会无处不在，无时不有。大兴南海子麋鹿苑内的场馆和生态环境为学生创造了一个丰富多彩的、自然的开放性课堂。教师利用麋鹿苑中"麋鹿传奇馆"的场馆资源，设计了以"麋鹿传奇"为主题的实践活动。以自主探究、合作梳理、思维碰撞、交流展示等方式进行实践、学习活动。

六年级学生已经具备了利用多种途径查询资料、筛选、整理信息的能力，并且在以往的活动中，已经尝试使用思维导图的方式对学习的内容进行概括、梳理。学生在活动中同时也有了运用语言去表达自己收获的机会，并且在此基础上积累祖国优秀的传统文化。

二、教学目标设计

通过阅读场馆中的展板资料，了解麋鹿的身世、文化及样子。

通过参观麋鹿传奇馆，体验自主探究的学习乐趣，以小组为单位合作绘制"麋鹿传奇"思维导图，并能够用简要的语言进行介绍，提高搜集、筛选、整理、概括信息的能力。

通过实践活动，激发学生观察、感知自然的兴趣，产生对麋鹿的喜爱，增强保护动物的意识。

三、教学资源与实践条件设计

(一)场馆资源

南海子麋鹿苑麋鹿传奇馆利用墙面介绍了麋鹿的身世、历史、相关文化以及自身样子的奇特之处,同时也为学生提取信息、概括内容、积累诗文以及组织语言提供了很好的实践机会。

(二)学生自身实践条件

我校在全校范围内开展了"大语文"活动,学生对传统文化有一定的积累,有自己创作的基础。我们班的学生每人都有"最美古诗词"积累本,其中不乏他们自己的创作。课前教师和学生一起搜集了大量与麋鹿相关的古诗,并背诵,这对学生进一步去场馆学习打好了基础。

四、教学过程设计

(一)激趣引疑

(麋鹿传奇馆门口,借助麋鹿雕像)教师:同学们,麋鹿是一种特产于我国东部,极富文化背景和传奇身世的湿地动物,被称为"湿地精灵"。它的俗称是什么你们知道吗?

学生:四不像。

教师:对,可它为什么被称为"四不像"呢?它又有着怎样传奇的身世和文化背景呢?课前,我们各小组已经进行了研究主题的确定,那么就让我们带着各自的任务,走进"麋鹿传奇馆"一探其究竟吧!

(二)活动说明

1. 读"前言"以进入情境

2. 参观,了解各自的任务区域

教师:这面墙介绍的是麋鹿的自然史,这个时间轴,记录了不同时间段发生在麋鹿身上的大事,是第一小组将要探究的内容——身世之奇。

教师:继续往前,我们又来到了跟麋鹿相关的文化知识墙,这儿是第二小组要探究的地方——文化之奇。

教师:最后我们来到的这面墙是介绍麋鹿名字的由来及历史价值的,这是第三小组探究的内容——样子之奇。

学生认真倾听并记下自己的探究范围。

(三)明确要求

教师:我们的活动分小组,分主题,每组都有不同的任务单,每组都要绘制思维导图。

六人一小组，要有明确的分工。例如，记录文字信息、拍照、手机上网查询、绘制思维导图等。

小组合作，梳理汇报内容，形式自选。

完成任务后可以参观其他展板。

各小组组长领回学习单。

(四)自主探究，分享交流

1. 分工合作，整理资料

阅读文字，提取信息。三个小组在各自的任务区域，运用提炼关键词或重要信息的方法，完成"我积累"的环节。

整理资料，绘制思维导图。学生们认真地整理归纳，绘制成图。

教师在场内巡视，及时对学生进行指导。

2. 分享交流，丰富积累

教师：分享时刻到了，是不是特别期待？

三个小组代表上场，结合思维导图展示介绍。

"身世之奇"小组介绍了麋鹿的起源、繁盛、本土灭绝、国外守护、回归祖国的传奇经历。积累的是"荆有云梦，犀兕麋鹿满之——《墨子·公输》"。

听完介绍后，另外两个组评价并提出不懂的问题。教师推荐课后阅读《麋鹿回归》。

"文化之奇"小组介绍了关于麋鹿的古诗文、瓦当图腾、文具。积累的是"困与麋鹿相伴眠——《困与鹿眠》，麋鹿群群林际还——《山居》"。

"样子之奇"小组介绍了麋鹿自身的特点之最，在古文学，医药学上的价值。积累的是"麋，鹿属，从鹿，米声——《说文解字》"。

教师补充成语"指鹿为马""逐鹿中原"。

三个组汇报交流结束后，学生拿出自己的"最美古诗词本"将自己喜欢的诗文写下来。

(五)总结巩固，拓展延伸

1. 总结评价，游戏抢答

2. 总结延伸

教师小结：今天的麋鹿传奇馆之旅让我们收获了很多，麋鹿的传奇故事也同样引发了我们的思考。(出示图片)麋鹿在经历了种种之后，终于在麋鹿苑有了自己幸福的家，你看，它们或三五成群或恣意奔驰，安详和谐。现在，徜徉于神州大地的群鹿仍在以沧桑多舛的命运和迷途而返的余悸告诫着行色匆匆的世人：人们称我为"麋鹿"，但愿人类不要"迷路"！最后这个词巧借谐音警醒着我们，麋鹿苑的存在和麋鹿的传奇故事更多的是希望唤起人们对自然对生态的尊重。相信今天的麋鹿苑探奇之旅一定在你的心中留下了深刻的印象，也一定让你明白了尊重自然，保护动物的道理。就让我们共同努力，营造和谐美好的大家庭吧！

五、教学效果分析

(一)学习过程中资源运用充分

学生充分利用网络、场馆以及自己积累的资源，开放式的教室和教学模式，引起了学生的兴趣，使学生学在其中，乐在其中。

(二)学习成果中语文特色突出

学生通过阅读麋鹿传奇馆中的文字，无论是制作书面的思维导图还是口头的汇报交流，都是很好的运用语言文字的实践机会。充分发挥我校"大语文"的理念，学生积累古诗词，并且自己创作或诗或文，将语文本色淋漓尽致地凸显。

(三)实践活动中自主地位发挥

学生自主发现，自主探究，发现问题寻求解决办法，提高了获得信息的能力，训练了各科知识的优化组合能力，同时在实践中与人合作的能力都得到了提升。

案例四　传统文化中的麋鹿
——语文学科主题实践活动案例

一、主题内容设计

小学语文课程是以培养学生的语文素养和语文能力为目标的课程，更是一门学习语言文字运用的综合性、实践性课程。它积极倡导自主、合作、探究的学习方式，并且努力建设开放而有活力的语文课程。而实践课"传统文化中的麋鹿"正是带领学生到大兴南海子麋鹿苑中去了解、学习、探究中华民族传统文化的精髓——诗词。学生通过搜集，了解麋鹿苑的历史，了解赞美麋鹿苑及麋鹿的诗词，通过观察、交流，让学生在实践中受到熏陶，在快乐中收获知识，产生热爱祖国、热爱动物、热爱语言文字的热情。

二、教学目标设计

通过学习石碑上的诗词、汉字文化区等，利用比较阅读法，激发学生探寻与鹿有关的诗词的积极性，活跃学生思维，同时积累语言，增强语感，提高文学素养。

通过实践活动，培养学生有条理地进行合作探究学习和搜集、整理信息的能力。

通过学习了解南海子的历史文化，激发学生喜爱麋鹿，产生保护动物的想法。

三、教学资源与实践条件设计

现代社会是信息时代，网络资源丰富，而且学校图书室内图书种类多、数量足，因此可以充分利用好这些资源做好课前准备。教师除了实地考察、听讲解员介绍外，课前要充分了解有关麋鹿苑的历史及诗词等相关知识，并准备好学习任务单及实践活动评价表。学生除了要准备好搜集、记录的工具（如照相机、笔、本等）外，课前可以先搜集一些描写麋鹿的诗词及乾隆和纳兰性德的相关资料进行了解。

为了充分调动起学生的学习热情、满足学生的好奇心，教学过程中采用集体学习、小组学习、交流汇报等形式，让学生在实践中有目的地去积累学习诗词文化，并激发创作的欲望，提高运用语言文字的能力。并通过活动产生热爱动物，保护动物的情感，还要倡导学生把这种情感化作行动，在生活中落实。

四、教学过程设计

环节一：激趣导入，初步认识麋鹿。

今天我们怀着兴奋的心情来到了位于南海子的麋鹿苑，在活动之前我给大家讲个故事——姜子牙选坐骑的故事。今天就让我们一起走进麋鹿的世界，探寻与麋鹿有关的文化知识吧！（学生听故事，通过故事激发学生了解与鹿有关的文化知识，激发兴趣）

环节二：科普栈道，教师引领学生集体学习诗词。

（1）介绍科普栈道

这条路是南海子麋鹿苑的科普栈道，路右侧的石牌上描写的是南海子麋鹿文化的历史及诗词，现在我们就沿着这条路边走边欣赏，遇到自己喜欢的内容读一读，用相机照下来，好好把他们积累起来。

（2）了解纳兰性德的诗词

刚才我们发现，有很多历史名人为南海子做过诗赋，成为南海子历史文化的重要内容。其中，清代大词人纳兰性德就是比较突出的一位，这些石牌上就记录了他不少的诗词，前边文化桥上更多。

①课前老师让同学们去了解这位有名的词人，不知道你们对他究竟了解了多少，谁来给大家介绍介绍？

②读一读石牌上他的诗词。（学生边走边听边欣赏诗词文化）

（3）学习乾隆诗词《双柳树》

现在我们看到的这首诗是乾隆皇帝所做的《双柳树》。请同学们自己读一读（自由读）。你们知道吗，关于《双柳树》这里还有一个小典故呢，想不想听一听？（教师讲《双柳树》的历史典故)人非草木，孰能无情，这位才华恣意，风流倜傥的盛世天子，为我们留下的竟是一首如此多愁善感，感怀草木的情诗，每每仰首展读，莫不为之心动。我们一起来读一读吧！

知道《双柳树》的由来了，同学们可以把它拍下来，有兴趣的同学背一背，也可以给家人讲一讲这个小典故，下次再来的时候，你就是一个小讲解员了。

（4）《诗经》中的描述

我们所处的位置是"南海子科普栈道"，大家抬头看一看，这上面有很多描写麋鹿的诗词，你们自己先读一读，有不认识的字互相交流一下。

我们一起来看看这一句"呦呦鹿鸣，食野之苹。我有嘉宾，鼓瑟吹笙"。这句诗出自《诗经·鹿鸣》。后面还有很长的内容，如"吹笙鼓簧，承筐是将。人之好我，示我周行。呦呦鹿鸣，食野之蒿。我有嘉宾，德音孔昭"等。说到这，我们就来了解一下《诗经》。

（5）小结

我们这一路走来，知道了纳兰性德这位词人精彩而短暂的一生，了解了乾隆《双柳树》的历史典故，更了解了《诗经》这部人生百科全书中描写麋鹿的诗句，我们真是受益匪浅呀！

环节三：明确任务后，小组自主学习诗词，并进行汇报交流。

其实，沿着这条路一直往前走，然后再到文化桥，还有很多关于南海子及麋鹿的历史文化，下面的时间就交给你们了。

请你们以小组为单位进行自主学习，完成积累单上的学习任务。在学习前，请你们各组先分配好任务，谁来记录，谁负责拍照，谁负责查阅资料等，按照不同的分工再进行学习。（学生学习任务完成之后，在文化桥的桥头整理资料，然后进行汇报）

相信你们接下来的学习一定会非常精彩，而且也会充满乐趣。下面就开启你们的探索之旅，做一个"探寻麋鹿文化"的小使者吧！（学生分组学习开始，教师在场内巡视，及时指导学生出现的具体问题等。教师引导学生按照积累单上的内容分组汇报、交流、评议）

环节四：总结本课，了解"鹿"字演变文化。

来到麋鹿苑，我们了解到语文书中没有的知识，开阔了眼界，丰富了课外知识，原来描写鹿的诗词有很多，古人们也很喜欢麋鹿，于是用他们喜欢的方式——诗词，表达了自己的感情。（教师引导学生了解汉字文化：鹿文化是传统文化的重要组成部分，不仅源远流长，而且博大精深。教师向学生展示甲骨文、金文、小篆及现代的不同写法）美丽的"丽"的繁体作"麗"，可见鹿在人们心中是美丽的。

环节五：布置作业。

在整个探寻麋鹿文化的过程中，你们不仅收获很多知识，一定还有很多感悟及感言，请你们围绕"鹿的诗词文化"做一期手抄报或写一篇此次活动的感受，主题自拟，版面力求新颖，内容吸引读者。

五、教学效果分析

通过大兴南海子麋鹿苑的观察、探究、学习、交流，学生了解了南海子的历史文化，知道了描写麋鹿及麋鹿苑的诗词，深刻领悟了祖国语言文字的博大精深，并在活动中产生了爱护动物、保护动物的想法。在整个学习的过程中，学生学会了发现问题，提出问题，并能通过查资料，问同学解决问题，在学习中体会到了团结合作的重要性，真正体现了语文课程中自主、合作、探究的学习方式，在开放而有活力的实践活动中增长了知识，开阔了眼界，受到了熏陶。

案例五　在灭绝动物墓地前的沉思
——品德与社会学科主题实践活动案例

一、主题内容设计

本次主题活动是结合首都师范大学出版社出版的《品德与社会》六年级上册第三单元"同住地球村"中的内容进行的。为了提醒人类保护动物，加强学生保护动物的意识与责任，特此设计了主题活动"在灭绝动物墓地前的沉思"。大兴区麋鹿苑有非常丰富的湿地资源，有"世界灭绝动物墓地"，它以多米诺骨牌的形式将灭绝动物和濒临灭绝动物呈现出来，一只巨大的石雕手阻止了多米诺骨牌的继续倒塌，意在阻止动物继续灭绝。这里的实践条件丰富，适合本学科内容，可以让学生一目了然的了解动物灭绝的严重局势，提高关爱动物、自觉保护生态环境的意识和情感。

二、教学目标设计

学生通过了解鸟类迁徙的相关知识和观看"世界灭绝动物墓地"的多米诺骨牌视频，激发关注和保护珍稀动物的意识，体会万物与地球共存共荣的道理。

通过调查、探究活动，了解灭绝和濒临灭绝的珍稀动物的情况，提高学生保护动物、保护生态环境的意识和情感。

通过学生课前搜集、处理信息等方法，提高获得信息的能力，训练各科知识的优化组合能力，并强化综合运用知识解决现实问题的意识。

三、教学资源与实践条件设计

让学生了解鸟的种类和麋鹿苑中鸟类的情况，以及鸟类迁徙地球仪和石椅上的知识介绍；知道已经灭绝和濒临灭绝的珍稀动物的种类和数量；指导学生进行分组、准备调查任务单。

学生课前预习教材相关内容，查阅世界灭绝动物的种类及其原因。

实践条件：湿地资料。通过鸟类迁徙地球仪及石椅上的知识，了解鸟类迁徙情况。观察"世界灭绝动物墓地"的多米诺骨牌特点。

四、教学过程设计

(一)资源利用，自主参观

学生回顾活动前查阅的相关资料，个人汇报交流。记录沿途认识和看到的关于鸟的知识，让学生感受到麋鹿苑湿地是鸟类的乐园。

了解鸟类迁徙情况：在鸟类迁徙地球仪区域进行参观学习。这里的石椅上都有关于鸟类迁徙的知识，建议学生快速阅读了解并用自己喜欢的方式进行记录。

思考：为了保障鸟类的顺利迁徙，它们经过我们的地方时，我们都可以做哪些呢？向学生提出这样的问题，引发他们保护动物的思考。

(二)实践探究，引发思考

1. 走进世界灭绝动物基地，感受动物灭绝的严重情况

学生 A 通过在"世界灭绝动物墓地"的多米诺骨牌造型的实地观看，说出自己的初步感受。

学生 B 开启实践探索旅程：在学生认识和了解鸟类的基础上，拿着"调查任务单"(表 1-3-2)以小组形式开启实践探索旅程，走进灭绝动物的世界。

表 1-3-2 "在灭绝动物墓地前的沉思"品德与社会实践活动课调查任务单

调查项目	调查问题	调查结果
数一数	"世界灭绝动物墓地"记录灭绝动物的数量	
	灭绝鸟类的数量	
算一算	任意找出 10 块连续倒下的石碑，通过观察动物灭绝年代得出结论	起始时间： 结束时间： 得出结论：
找一找	"世界灭绝动物墓地"其他发现	
写一写	你所知道的濒临灭绝的动物名字	

汇报任务完成情况：灭绝动物的数量；灭绝鸟类有多少种；通过灭绝年代了解动物灭绝的速度之快；简要说出看到的灭绝动物的名字。

2. 数据对比，了解世界灭绝鸟类

向学生出示世界灭绝鸟类图片，一共有 156 种鸟类灭绝，世界灭绝动物墓地中有 32 种灭绝的鸟类。这些图片分为三类，第一类是在野外自然灭绝的鸟类，5 种；第二类是非野外灭绝的鸟类，130 种；第三类就是只有鸟的名字和灭绝的时间而没有照片，21 种。就是这些无图的卡片才真正触动了学生们的心。此刻请同学们将自己的感受写在卡片的后面。

3. 生态平衡墙的警示

资料：2014 年国际鸟类联盟一份研究报告表明全球 1300 多种鸟正面临着灭绝危机。人类和这个星球的所有生命一起构建了一面墙——"生态平衡之墙"。墙上的每一块砖头代表了一个物种，人类无知地抽掉一块，再抽掉一块……不知道什么时候，这面墙可能因为几块抽掉的砖头，而轰然倒塌。通过生态平衡墙的形象比喻进一步说明保护动物就是保护人类自己。

4. 阻止骨牌继续倒塌，珍爱现存珍稀动物

学生 A 提问：多米诺动物灭绝的骨牌中除了有已经灭绝的动物之外还有什么？

小组汇报调查结果：还有数量极少濒临灭绝的动物。

学生 B 思考：动物灭绝的原因是什么？

原因：过度利用、破坏环境、盲目引种、环境污染。

大手造型的塑像阻止骨牌继续倒塌，请你为这个雕塑写一句警示语。小组内推荐 2 名同学将自己的警示语展示给大家看。

（三）保护动物，志在行动

1. 增强保护意识

麋鹿苑设立世界灭绝动物公墓，警示人类要保护动物。

例如，2015 年 10 月 22 日，安徽巢湖市散兵镇两位渔民在巢湖正常捕鱼作业时，误捕一条罕见的国家一级保护水生动物中华鲟。随后他们与巢湖渔政总站取得联系，将中华鲟放归长江。

2. 健全法制

《中华人民共和国动物保护法》《中华人民共和国野生动物保护法》《反虐待动物法案》。

建立动物救助中心：动物保护协会、北京市野生动物救护中心、爱心动物救护站等。

小结：麋鹿苑设立了灭绝动物公墓，旨在警示公众生物多样性日益丧失的危险。那么，从今天开始，让我们一起行动，共同呼吁大家，为了人类的美好生活，为了美

丽的大自然更有生机，让我们一起来保护人类的朋友——动物吧，让那些即将濒临灭绝的动物停住脚步，不要离开我们！

五、教学效果分析

（一）拓宽教学空间，开展学科活动的实践性

本次实践活动依托教材内容，将学习活动的场所放到了实践基地中去，充分利用有效资源开展活动。通过实践活动，学生在世界灭绝动物墓地前看到那么多动物已经灭绝，感受到对濒临灭绝的动物的保护应该刻不容缓，提高保护动物的意识，提高活动的实效性。

（二）突出活动特点，发挥学生的自主性和活动性

麋鹿苑具有丰富的实践活动资源，结合教材内容，学生分小组自主参与，小组探究以合作学习的形式进行实践活动，每一个环节都充分发挥了学生学习的自主性。依据实践活动任务单进行实地调查，提高学生合作探究的能力和整理分析能力，激发他们关注和保护珍稀动物的意识。

案例六 拓展体验活动
——体育学科主题实践活动案例

一、主题内容设计

本次体育学科实践活动在麋鹿苑开展。通过这次活动，要使学生了解麋鹿的生活习性，了解它回到中国的艰难历程。学生在实践活动中去磨炼意志，掌握本领。

二、教学目标设计

通过麋鹿苑拓展活动区陈列的模型、介绍，让学生认识蜜蜂及它的蜂巢结构特点；了解猿猴的行走特点；了解狼的习性及狼洞的特点；初步了解鸟类的迁徙等内容。

通过爬壁虎墙、钻狼洞、轻舒猿臂等拓展项目的挑战，增强学生的身体协调性，发展学生的运动能力，锻炼学生勇敢顽强的意志品质。

在游戏和体验中认识动物，亲近自然，感受人类、动物和自然的和谐相处，学会合作，学会生存。

三、教学资源与实践条件设计

（一）教学资源

麋鹿苑有100多头麋鹿。我们活动场所有两条由"蜂巢、壁虎墙、狼洞、云梯和秋

千"组成的赛道。学生可以在这里练习和比赛。

(二)实践条件

1. 教师需要进行的准备

根据场地，制订活动方案；设计活动项目；搜集相关动物生活习性资料；进行相关器材(秒表、护膝、护腕、攀登手套、小垫子、记录板、小红旗 2 面)和防护用具(纱布、绷带、创可贴、碘酊等外伤药)的准备。

2. 学生需要进行的准备

提前分好组，5～6 人一组，选好组长；搜集拓展相关的安全、防护知识；搜集相关动物习性；做好前期的服装、鞋等活动用具的准备。

四、教学过程设计

(一)谈话导入了解文化

教师：参观了麋鹿博物馆，相信大家对于麋鹿都有了非常多的了解，麋鹿是这个皇家园林的一个见证，而见证着人类文化发展的动物朋友们不计其数，下面就让我们一起走近它们，听一听、想一想，进入我们的拓展活动区。请同学们随着老师的讲解，观察、感受，最后我们会按照课前的分组来进行拓展活动。

(二)拓展项目了解

1. 蜜蜂之家(蜂巢)

教师：眼前的这个结构(蜜蜂的蜂巢)，你们知道是什么吗？

蜂巢是六角型柱状体，它的截面都是用正六边形无空隙、不重叠的铺在一起的，数学上，把这样无空隙、不重叠铺一个平面的铺法叫作密铺。

学生根据已有知识经验判断这个结构是什么。通过教师的讲解，了解蜜蜂的群居生活特点和分工。了解蜂蜜的产生，感受蜜蜂的价值，感受以蜜蜂为代表的昆虫对于人类生态文明的意义。

2. 壁虎的攀岩墙

说到壁虎，首先想到的是它能够在垂直的壁面上爬行；其次，小壁虎借尾巴的故事告诉我们，它的尾巴可再生。

3. 认识狼和狼洞

狼的嘴长而窄，狼的住所有石洞、土洞和树洞三种：石洞坚固，但没有逃生通道；土洞虽不如石洞坚固，但有很多逃生通道，可以改造，还通风；树洞也如土洞那样，所以狼的洞穴一般都是土洞与树洞。

学生认识狼洞，为后面的钻狼洞活动做准备。

4. 认识猴和猿

猴比猿类在生物学分类上要低得多，也就是说，在接近人的程度上，在与人的亲缘关系上，猴比猿要远得多。猿的体形比猴大，而且手比腿长。猿和猴拥有强健的手臂，他们能灵活穿梭于树枝之间，你们的臂力怎么样呢？在后面的活动中我们也模仿猿猴走一走。

对于学生口中的猿猴，做一个区分，了解猿和猴的不同。学生感受猿猴用手臂在树枝间的行走，为后面的拓展活动提供体验前提。

(三)拓展活动开始

1. 准备活动

2. 讲解和示范各个活动区的活动方法、注意事项、保护帮助等

3. 小组长带领，按项目流程、规定时间进行分组体验练习

按照不同线路开始进行拓展游戏活动、换位体验。

教师在各个游戏拓展区进行指导和保护。

每组5～6人，分四组同时进行。由小组长按照线路进行，并组织本组组员安全、有效的体验所有项目。

第一小组：壁虎爬墙—蜜蜂之家—钻狼洞—轻舒猿臂—换位体验。

第二小组：蜜蜂之家—钻狼洞—轻舒猿臂—换位体验—壁虎爬墙。

第三小组：钻狼洞—轻舒猿臂—换位体验—壁虎爬墙—蜜蜂之家。

第四小组：轻舒猿臂—换位体验—壁虎爬墙—蜜蜂之家—钻狼洞。

学生做到：结合实际情况进行绕场慢跑；跟随教师做专项准备活动；听教师讲解方法、规则和注意事项；小组长带领组员按照路线进行拓展、换位体验。在拓展中，锻炼学生的身体协调性。

4. 组织各组之间的单项计时比赛

单项计时赛方法规则：

选择一个场地，教师计时，各组进行比赛，全体组员都要参与比赛，接力进行，完成比赛的同学要迅速跑回拍下一个同学的手。记录最后成绩。

根据项目不同，制定不同规则。

5. 组织各组进行全程挑战赛

全程挑战赛方法和规则：

从蜜蜂之家开始，两组同时进行全程挑战赛。两两对决，看最后哪个队用时最短。规则：事先各组定好出场顺序，比赛中不得变动。

学生：组长组织队员安全有效地进行单项计时赛和全程挑战赛。

①安排出场顺序和各人角色。

②研究合作方法。

③安全与保护措施。

④调动团队士气。

6. 集合，小结，提出建议

教师根据学生在游戏拓展中遇到的问题、反映出的状态进行简单点评。学生自我反思在拓展等活动中的优点和不足，提出改进意见。

7. 课后拓展

同学们，我们今天认识了一些动物和它们的特点，通过刚才的分组自学，希望你们返回学校后，利用网络再查一查相关领域的内容，丰富自己的知识体系，让动物和我们和谐相处。通过今天的拓展练习，锻炼了身体，也看到了我们在力量、技巧、互助生存等方面的不足，要在今后的生活中和回到学校的体育课堂上加强练习，增长本领，提高身体素质，强健体魄。同学们课后借助网络，或咨询相关人士，进一步丰富知识，在现实生活中强健身体。

五、教学效果分析

通过本次实践活动教学，把学生带到自然环境中来进行体育锻炼，达到了很好的效果。这样的环境唤起了学生的兴趣，使学生能全身心地投入活动中。在参观过程中，接近了自然，接近了动物，感受到了生命的宝贵、生存的不容易，激发了他们的学习欲望，希望掌握各种本领去为自身生存创造机会。本次活动的目标是使学生学习本领的同时，感受人类、动物与自然的和谐相处，学会合作，学会生存。通过课程实践，学生们在研究活动方案过程中，充分讨论，按照自身条件合理分配角色，在活动中团结合作，体现了良好的学习效果。

案例七　用线条表现麋鹿苑的生态美
——美术学科主题实践活动案例

一、主题内容设计

美术课程以对视觉形象的感知、理解和创造力为特征，要学会观察、认识与理解线条等基本造型元素，增进想象力和创新意识。《义务教育美术课程标准（2011 年版）》指出，美术课要让学生能够感受到自然美，学会从多角度欣赏、认识与表现自然之美。麋鹿苑具有表现自然美的自然环境优势，可以使学生在绘画的同时感受艺术之美与自然之美的完美结合。

二、教学目标设计

了解麋鹿苑生态美的特点，认识麋鹿苑中自己感兴趣的植物、动物、景物，用不同形态的线条表现物象的美感特征。了解线条的表现力和生命力及其作用，知道线条是重要的美术语言之一。

观察感兴趣的物象，学会用不同形态的线条表现麋鹿苑中物象的方法。

通过观察、感受麋鹿苑的生态美，用线条的艺术形式表现物象，感知线条的表现力及其美感，培养学生的感受能力，提高审美能力；培养学生热爱自然、热爱生活的情感。

三、教学资源与实践条件设计

南海子是明清王朝的皇家苑囿，在一定程度上反映了皇家的生活和相关制度，见证了明清王朝荣辱兴衰的历史。在封建专制时期需要有一定级别的官员才能进入这一皇家园林，而现在它已经对百姓开放，作为普通公民的学生就有权利进入这样一所曾经的皇家园林参观。对于学生来说，他们一定会对南海子中的人、物或者事件等某方面的问题比较感兴趣，进而会对参观南海子比较感兴趣，从而愿意深入其中发现问题、解决问题。学生在低学段已经学习了大量的线条表现物象，有了一定的用线条表现物象的能力。

四、教学过程设计

活动一：明确任务要求。

教师：本次实践课的主要任务是找到具体的位置，通过细心观察，结合学习线条的表现力相关知识，进行写生练习。

学生：根据本组选择的题材，找到自己的位置，准备实地创作。以小组同行制，选取造型与背景符合自己表现物象的位置，进行取景构图。

教师：提示学生准备好绘画用具，指导学生选择本组的题材，找到适当的位置。

活动二：实地观察。

教师：认真观察自己所选取的主体物及背景，思考适合用哪种线条概括描绘。指导学生选择观察最佳角度，观察过程中对每组进行巡视，指导学生从整体观察到局部观察再回到整体观察的方法。让组长针对本组搜集麋鹿苑的生态美资料，提示本组成员仔细对照观察。

教会学生用手做取景框的方法。

活动三：讲授新课。

复习所认识的线条，线条是一种美术语言，可以用千变万化的线条表现出千姿百态的事物。回忆不同形态的线条有曲线、直线、折线、弧线，今天我们学习将这些线条进行粗细虚实的处理，并用线条概括提炼物象。

回忆已学过的画植物的方法，学生总结出方法：疏密、朝向、变化、枝叶的伸展和穿插等。

讲授画植物的步骤与方法。教师边示范边讲解。

线条的表现方法：长与短、粗与细、疏与密、急与缓等。

用线条描绘植物——树的绘画步骤(图 1-3-3)：

①先观察槐树的特征，挺拔的枝干，树冠茂盛，挺拔面舒展。叶子卵形、量多。

②用肯定的线条画出主要枝干，注意用线的深浅来区分枝条的远近与穿插走向。

③用线画出叶子外形大体位置，分组从前面的叶子开始画起，注意叶子排列的方向以及遮挡关系。

④细致描绘，注意线的排列，疏密变化最后整理完成。

⑤有能力的同学可以在画树的基础上完成风景画稿。

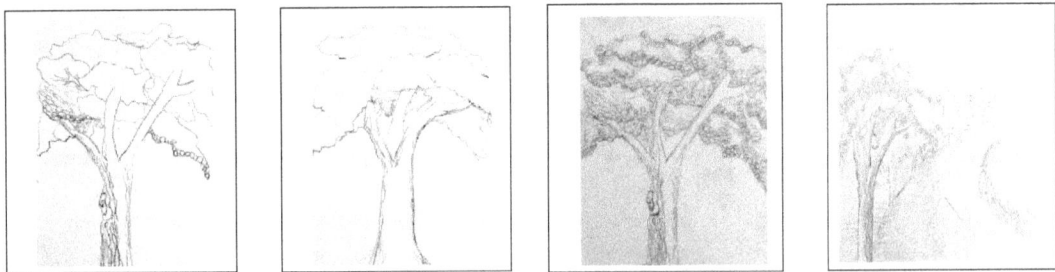

图 1-3-3

活动四：在学习了画树的基础上学画风景，出示风景速写范画，将刚画的树安排在画面前面形成近景，再观察眼前的景色添加中景与远景，这样形成近、中、远的画面层次。

学生实践：用不同形态的线条表现麋鹿苑的生态美。可以画植物、画动物，能力强的同学也可以画风景。

活动五：展示评价。学生展示实践绘画成果，交流学习的内容，学生自评、互评。教师根据观察到的实际情况，以发展、激励的视角对每位学生进行评价。

活动六：课后拓展。

教师送给学生一句话：画画就是牵着一根线条去散步。一句话道出了画画的清闲、轻松与随意。艺术家画画如此，我们也如此。希望我们每一次的实践活动，都能仔细观察学会用轻松的线条把看到的描绘出来。

五、教学效果分析

(一)学习过程体现资源意识

美术课程实践活动的资源包括课堂教学资源和课外学习资源。例如，教科书、电视、网络、博物馆、校外公园等。实践活动使得教学方式更加开放，能创造性地使用教材，加强了资源意识，由教科书"生发"出丰富的美术教育资源，并从中发现教学资源。资源的充分利用，开放的教学方式，给教师带来了更广阔的教学视角，进一步确立了正确的教材观、教学观、教育观。

(二)活动方式彰显自主多元

学生学习知识的获取，学习技能的培养、学习素质的提高，无不是在实践中得以实现的。在这个意义上，学生的学习是以实践为基础的，学习与实践是相辅相成、相互依存、互为统一的有机整体。学生通过参观、体验、欣赏、绘画等实践活动，理解了生态美的意义。

(三)学习成果凸显美术本色

实践活动的成果凸显了艺术教学的特点。学生学会了欣赏与写生的方法，感受到大自然的真正魅力，知道了人人都具有发现美、表现美的意识与能力，增强了自信心。

案例八　认识湿地
——科学学科主题实践活动案例

一、主题内容设计

小学科学课程是以培养科学素养为宗旨的科学启蒙课程，积极倡导让学生亲身经历以探究为主的学习活动，培养他们的好奇心和探究欲，而本课"认识湿地"正是需要学生到大兴南海子麋鹿苑的湿地中亲自去探究、学习。三、四年级时学生学习了关于动植物的知识，六年级时学习了生物与环境的知识。通过实地考察，学生利用这些知识来认识湿地和了解生活在湿地中的动植物以及二者之间的关系，并建立保护湿地的意识。通过来到大兴南海子麋鹿苑亲自观察、了解湿地，在这湿地的区域中，学生观察到的和互相之间交流、了解到的，对于学生肯定有很多情感的触动和知识的拓展，因此学生可以把他们的所看所闻真实地表达出来。

二、教学目标设计

通过实地考察认识湿地，了解北京湿地的历史及保护情况。

通过观察了解生活在湿地中的动植物，知道湿地中的生物具有多样性。

游览参观湿地，唤起学生关注湿地、关注生态环境，并建立保护湿地及湿地动物的意识。

三、教学资源与实践条件设计

现在不仅网络资源丰富，而且学校图书室内图书种类多、数量足，因此可以充分利用好这些资源做好课前准备。教师除了实地考察、听讲解员介绍外，课前要充分了解湿地相关知识及麋鹿苑湿地的基本情况，并准备好学习任务单及实践活动评价表。学生除了要准备好观察记录的工具（如望远镜、照相机、笔等）外，课前可以先搜集一些关于湿地及其历史和湿地中的生物的知识进行了解。

四、教学过程设计

（一）激趣导入，初步认识湿地

教师：我们站在这座桥上望去，你们看到了什么？在这种环境下你现在有什么感受吗？通过观察桥的两侧地貌，你认为它有哪些特征呢？（有序观察）

通过提出的一系列问题，学生认真观察、回答，总结出至少具有水陆相互作用形成、季节或常年积水、生长或栖息喜湿动植物，这3个主要特征的就可以称为湿地了，并说一说湿地有哪些功能。

小结：湿地有这么多功能，因此湿地与森林、海洋并称为全球三大生态系统，在世界各地分布广泛。湿地，被称为"地球之肾"；森林，被称为"地球之肺"；海洋，被称为"地球之心"。肾脏对于人体来说十分重要，湿地对于北京也同样重要。

（二）参观湿地，了解北京地区湿地历史及现状

教师：课前同学们自己去了解了一些关于湿地的历史。那老师一会找几个同学从以下几个方面来给大家介绍介绍：

①北京历史上的湿地情况；

②现在北京湿地的保护现状；

③北京湿地的情况概括；

④南海子麋鹿苑的湿地情况。

小组互相分享、交流，汇报后学生发现湿地的面积是在逐渐减少的，针对这种现象来说一说现在保护湿地的方法及现状，谈一谈对湿地有哪些新的认识。

（三）认识湿地的生物多样性，了解生活在其中的动植物

教师：湿地生态系统中生存着大量动植物，下面我们就来了解一下这些动植物。例如，咱们眼前看到的结红色果子的树叫作金银木，为一些鸟类提供食物和栖息的环境；你看天空中飞翔的鸟，有一种叫作苍鹭，它是大型水边鸟类，头、颈、脚和嘴均甚长，利用此特点在水中捕鱼。

利用科普栈道上动物的图片、植物的资料，分小组观察、学习湿地中的动植物。（发学习任务单）

完成学习任务单后，分小组进行汇报，分享观察、学习结果。

小结一：刚才同学们观察到的这些鸟类，我们可以给它分为 6 类，分别为游禽、涉禽、陆禽、猛禽、攀禽、鸣禽。这么多鸟类生活在湿地中，说明湿地的环境是非常适宜它们生存的。

小结二：刚才同学们观察到的植物可以分为两大类：一类是生活在陆地水边的，如金银木，为动物提供粮食和隐藏的地点；另一类是生活在水中的植物，又可分为浮水植物、挺水植物和沉水植物。

教师：（带领学生来到大桥上）往东望去，你能看到的是被称为"湿地精灵"的动物。你知道是什么吗？其实是麋鹿，它又被称为"四不像"。观察并猜测它与哪四种动物，哪里有相似的地方。

麋鹿，世界珍稀动物，国家一级保护动物，属于鹿科。因为善游泳，喜欢以嫩草和水生植物为食，因此麋鹿适宜生活在湿地环境中，它们还被称为"湿地精灵"，因此我们能在麋鹿苑这片湿地中看到它们。

教师：通过了解湿地和生活在湿地中的动植物，你有什么感受呢？假设没有了湿地，动物会怎么样呢？（提示：联系食物链的知识）

小结：今天我们探究的麋鹿苑的湿地当中，生活着许许多多的动植物，这是湿地生物多样性的特点。依赖生存在这种湿地环境中的这些动植物都是生活在自然环境下的，它们自生自灭，没有人为干扰。今天我们来到这儿学习知识，其实更重要的是学会保护它们，保护湿地这样的生态环境。

（四）总结拓展，保护湿地从我做起

教师：正如我们今天看到的，这里的一草一木，一禽一兽是那么的美丽可爱，现在正值旅游旺季，你们想对准备来这里的其他同学和游客说些什么吗？通过今天观察、了解湿地后，回到学校来建立"保护湿地从我做起"的倡议书来呼吁大家保护湿地吧！

小结：今天我们来到湿地，看到生物有这样的多样性，那么回去以后在生活当中，我们要进行宣传，让其他人也都知道并且更好地做到保护动植物以及生存环境。

五、教学效果分析

通过来到大兴南海子麋鹿苑亲自观察、了解湿地，在这种教学模式下学生能认真观察、了解湿地，以小组为单位完成一份学习任务单，并在活动结束后回到学校利用课余时间完成倡议书。本次活动能帮助学生学习科学知识——认识湿地、了解湿地动物的多样性；掌握科学方法——查阅资料、调查研究；增进情感——增强保护湿地及其动植物的意识，还能培养学生持之以恒的精神和团结合作的意识、实事求是的科学作风。

第三部分　研究与分析

为深入贯彻落实《北京市中小学培育和践行社会主义核心价值观实施意见》和《北京市基础教育部分学科教学改进意见》的文件精神，北京市教委于2015年启动了"利用社会资源丰富中小学校外实践活动"项目，并推动将其列入北京市政府实事工程。新课程改革强调教与学方式的变革，鼓励师生充分利用社会资源，为学习提供实践的机会、体验的情境，使教学贴近生活、贴近社会实际。北京市中小学社会实践基地丰富的资源，为中小学学科教学拓宽了教育的渠道、拓展了教育的内容，增强了学科教学的实效性，是学校教育与社会教育相结合的又一个新的突破。为更好地推进课程实施工作，大兴区第五小学在学校领导和教师的共同努力下，结合北京麋鹿苑博物馆的自然科学及科普教育课程资源开发了以"探自然之美，寻麋鹿之缘"为主题的多学科融合的实践活动，呈现出以下特点。

一、借助基地资源，合理开发课程

系统有序原理认为：要提高课堂教学质量和效率，必须开放小教室，把周围的社会生活这个广阔天地作为学生学习的"大课堂"，培养学生主动参与生活的实践能力和创造能力。"教学时空延伸化"中谈道：要研究学科教学的延伸和拓展，尤应注重带领学生进入社会大课堂，引导学生用学到的知识分析问题、解决问题，培养实践能力、动手能力，了解社会，学会做人，增长才干，拓宽视野。因此，本案例集的设计并非是案例的简单罗列，而是从综合实践活动主题组织线索、主题类型、活动方式等方面入手，选取有代表性的案例。这些案例从组织线索看，涉及人与社会、人与自然、人与自我领域，使自然、社会、自我三个向度能受到平等的对待和相同的重视。

"探自然之美，寻麋鹿之缘"主题实践活动，结合南海子麋鹿苑的特有资源，开发了以语文、数学、科学、美术、品德与社会、品德与生活、体育、德育、综合实践等学科实践活动。例如，借助麋鹿苑现有国家一级保护动物麋鹿以及其他濒危动物300余只，有植物 200 余种，各种湿地鸟类 87 种和人工小型湿地景观等丰富多彩的生物多样性资源，开发了以"和动物做朋友""认识鸟类，亲近自然""认识湿地"等为主题的科学、综合实践学科实践活动，通过"玩自然""亲自然""进自然"的方法，拉近学生与自然的距离，让学生感知自然、理解自然，进而对探索自然、接触自然产生兴趣。再如，麋鹿苑利用传统文化中"天人合一""厚德载物""不敢为天下先"等朴素的哲学思想，将古人在开发、改造、利用自然资源时护生惜物的思想，使之与现代生态保护理念巧妙地结合，建成"生肖雕塑园""东方护生诗画"等系列环境教育设施。苑区内现有科普栈道、万国欢迎石、科学发现纪念碑、低碳生活系列、动物之家系列、鸟类迁徙地球仪、世界灭绝动物公墓、特色植物说明牌等户外科普设施近 60 套以及室内展厅"麋鹿传奇""世界鹿类"。我们借助麋鹿苑科普设施、科普展厅中丰富的资源，开发了"算算我的碳足迹""美哉，麋鹿苑""麋鹿传统""灭绝动物墓碑前的深思"等以语文、数学、美术、科学、品社、体育的多学科融合的实践课程。学生通过感受麋鹿苑中一系列的生态文明教育设施，传播生态文明理念，传唱生态文明赞歌，传递生态文明火炬，践行生态美学。

二、注重学生实践，丰富情感体验

当前，基础教育课程改革深入推进，学生知识学习与实践应用正在日益紧密地联系起来，社会大课堂的活动，将学生带出了教室，感受到了比课本更加生动真实的教学内容。丰富多彩的世界是最好的教科书，丰富多彩的社会是最好的教师。学生获得知识的途径更加开放，视野更加广阔。

利用麋鹿苑的现有资源，学生在活动中自主发现，自主探究，发现问题寻求解决办法，实践中学生与人合作，很好地完成任务。学生们以小组为单位，在教师的指导下，按照探究任务单，在麋鹿苑活动区域，进行南海子动植物大搜索、麋鹿苑圈养保护动物、麋鹿传奇、生肖雕塑、湿地与传统文化等活动内容的探究。在"我对地球的贡献"的独角剧表演，学生们为世界灭绝动物墓碑献花，齐声朗读了灭绝动物墓志铭，在"行动起来，共同保护自然生态空间"的横幅上签名做出承诺。师生们一起在科普设施区内钻狼洞、爬蜂窝、进鸟笼、上燕窝、攀壁虎墙，经历人和动物角色互换带来的不一样的感觉，体验野生动物在自然状态的表现，从而加深了他们对保护动物的理解和决心！

走在学科实践活动这条路上，每位教师都应该做一位能够纵向贯通、横向整合的全能型教师。自然体验课程中认识自然、保护自然、在自然中的理念，同时处理好我们与自然的关系和跨界合作的问题，充分发挥自然类资源的作用。

（设计者：王明兰　柏东河　何艳萍　张京娴　薛洪涛

周书艳　张秀芳　宋春燕　朱桂玲　刘莉娜　齐珊）

创意灯笼扮校园，主题学习伴成长

——万泉小学"灯韵"主题学习活动

第一部分　主题设计与实施

一、活动背景

第一，源于学校传统活动。从 2012 年开始，万泉小学从一次不太成功的德育活动开始，逐年进行改进，增加新的内容和元素，开展以"创意灯笼"为主题的实践活动。

2012 年 12 月，我们以"环保、节约、创新"为主题开展迎新年活动。有些班级做得很好，有些班级做得不太理想。2013 年 12 月，我们吸取上一年的经验，提前进行了细致策划，除做好动员工作外，增加了各个环节的评价元素，使整个活动有条不紊地开展起来。2014 年 12 月，为进一步推进本项活动的开展，我们又在原有基础上融入了美术学科。美术教师们针对不同年级学生的特点，制定了学习要求，使学生在整个活动过程中既充满童趣又不加重学习负担。

今年，我们将"创意灯笼"改为"灯韵"主题学习活动，在原有主题基础上，增加了"美观""有内涵"等主题词，并把各个学科融入进来，使本项活动参与人员更多，参与程度更深，真正体现出综合实践的特征。

第二，源于学校的办学理念。我们学校的办学理念是"营造绿色教育生态，传递教育幸福"。所谓"绿色教育生态"就是优质的教育生态。我们要建立一个自然的、和谐的、美好的、多元的、可持续发展的最适宜师生共同成长的教育生态系统，形成人人有追求、人人可享受、人人得以发展的幸福磁场。只要我们推开教育这扇门，它就满是阳光和鲜花，它能给学生带来自信和快乐，给教师带来幸福和欢笑，给学校带来全面、和谐、健康和可持续地发展。

"灯韵"主题实践活动的开展，很好地落实了学校的办学理念，让学生们在万泉小学这一优质的生态环境中健康、和谐、快乐地成长。

第三，源于对深化综合改革的认识。2015 年 7 月 31 日，北京市教委颁布《北京市实施教育部〈义务教育课程设置实验方案〉的课程计划（修订）》（以下简称"课程计划"），而且 9 月 1 日新学期开学就要实施，这是用"倒逼"的方式推进这次课程深化综合改革。

时间紧，任务重，既要守住底线，还要与时俱进，更要着眼未来。我们开展主题学习活动就是在落实深化综合改革工作任务，着力优化课程结构，强调课程的整体性和连贯性；鼓励突破学科课程壁垒，构建开放、综合和以学生学习为中心的课程；加强各学科之间的融通与互动；聚合并优化各类课程资源；帮助学生建立综合学习与实践的意识，掌握综合学习的方法，形成综合能力；知道合作的重要性和方法，构建跨越学科边界、课堂边界、资源边界、时空边界的师生学习圈和生活圈，等等。

第四，源于对今后学校工作的设想。新课程计划要求小学低年级不布置课外作业，其他年级书面形式课外作业每周布置一次，鼓励布置跨学科、跨年级的综合类、探究类的作业。这些"每周一次的作业""跨学科、跨年级的综合类、探究类的作业"怎么布置？怎么检查？怎么评价？这次"灯韵"主题学习活动是我们对"布置作业"问题的一次有益的探索与尝试。我们要为学生提供更多做中学、玩中学、游戏中学的时间和空间，同时按照新课程计划的要求，我们也把家长作为重要的教育资源设计其中，让家长更好地"陪伴孩子成长"，让孩子在获取知识、形成能力的同时，其情感、态度、价值观得到同步增长。

第五，源于教师专业发展的需要。这次课程深化综合改革，促进教师把"个体户式"的工作方式打破，结合社会大课堂资源开发多元化主题活动，实现跨学科教研，多学科联动。这对教师教学方式变革不能不说是一个挑战。这次"灯韵"主题学习活动，为教师提供了更多的自我充电、课程设计和教学的时空，提供了专业发展和快速成长的平台。

第五，源于对学生未来发展的思考。网络媒体上谈到北京市中小学在课程改革中要逐步实现"五个超越"（超越学科边界、超越课程边界、超越课堂边界、超越资源边界、超越考试边界）和"六大变化"（育人导向更加注重学生理想信念和核心素养的培养；课堂教学更加关注课程建设综合化、主体化发展趋势；实践活动更加关注学生学习体验、动手实践及创新意识的培养；课业负担将会进一步减轻，课后作业形式及总量发生较大变化；学校课程更加贴近学生的生活；未来将更加注重增加国家课程和地方课程的适应性）其主旨就是要提升学生的核心素养。

我们尝试着开展主题学习活动，顺应北京市课程改革的发展趋势，有效地打破学科之间的割裂状态，实现学习内容的综合化，培养学习者的问题意识和问题解决能力。提倡知识、能力、情感、态度和价值观并重的素养课程，就是要像种子一样形成由内到外的生长力，使学生走入生活的时候、面对社会的时候，有情有义、有国有家，最终为提升学生核心素养服务。

二、设计特色

第一，育人目标很好地体现了"四个发展"，即全面发展、个性发展、自主发展、可持续发展。

体现全面发展。"灯韵"主题学习活动，既体现出对知识的应用，又体现出学生们的动手能力，还体现出学生们的创新意识。它打破了原来的只布置书面作业的惯例，学生的思维得到激活，情感、态度、价值观等方面得到全面发展。这样促进学生全面发展的培育方式，学生发展才有后劲，未来才能飞得更高，也飞得更远。

体现个性发展。人和人都是不一样的，学生的天赋是不一样的，所以做出来的"创意灯笼"也五花八门，创意无限。因此，在评价过程中，我们牢牢把握"环保、节约、创新、美观、有内涵"五个核心词，为学生潜能的开发和无限创意搭建了平台。

体现自主发展。灯笼作为中国传统文化的重要元素，日常生活中很常见。学生在做灯笼的过程中，与我们学习的单片机、电流、电路等知识相结合，学生在制作过程中是主动的。这为学生全面发展和个性发展奠定了基础。

体现可持续发展。可持续发展是关注学生的一世的教育，使学生越学越想学，越学越有后劲。在"灯韵"主题学习活动中，我们不仅关注学生环境意义上的发展，即"变废为宝"，化腐朽为神奇，我们更关注的是学生个人的可持续发展。从现实生活出发，从学生的兴趣出发，让学生充分发挥想象力。

第二，活动设计很好地体现了"十大特征"，即兴趣、动手、创新、运用、合作、艺术、传统、迁移、宽容、自由。

兴趣很重要。没有兴趣就没有真正的学习，因此开展"灯韵"活动，就是要提高学生的学习兴趣。

动手不可少。现在学生动脑多，动手少，而动手对大脑发育很有帮助。因此，"灯韵"主题学习活动很好地促进了学生的手脑并用。

创新是核心。创新是一个民族进步的灵魂，是一个国家兴旺发达的不竭动力。"创意灯笼"本身就是创新。

运用是根本。"灯韵"主题学习活动，是促进学生将现有的知识学以致用，运用到生活中，运用到实践中。

合作是需要。以往的教育过多地重视学生知识的学习和能力的提升，忽视了学生的情感、态度和价值观。"灯韵"主题学习活动有效地将家长的资源运用其中，让家长陪伴学生成长，让学生在和家长合作的过程中，形成正确的人生态度和价值观。

艺术是特征。"灯韵"主题学习活动既是科学的活动，也是艺术的活动。学生要欣赏艺术，创造艺术，并且用这些美的作品，美化自己的家庭，美化我们的校园。

传统需承接。灯笼是中华民族传统文化的瑰宝，本次"灯韵"主题学习活动，我们特邀请非物质文化遗产的专家来到学校，为学生讲授灯笼的历史和制作过程，学生受益匪浅。

迁移悟方法。本次活动的目的不只是做好"创意灯笼"，更重要的是运用"迁移"的方式促进教学方式和学习方式的变革，从而推进学校课程建设，提升学生核心素养。

宽容许失败。有失败才有成功，失败是成功之母。不成功，也是一种成功，因为探索的过程本来就是有价值的，对学生的成长就是有意义的。

自由任飞翔。我们的一切活动都是为了学生的自由，而不是压制他们的潜力，所以在"灯韵"主题学习活动过程中，我们为学生提供一切时间和空间，激发学生的潜力和活力。

三、实施过程

本次活动分为摸索阶段、准备阶段、启动阶段、实施阶段、展示阶段、评价阶段。

第一阶段，摸索阶段。本阶段主要对课程计划进行学习、领悟和思考。通过学习，进一步提升新一轮深化综合改革的认识，领悟其实质和内涵，明确今后的工作方向，不仅要在行为上跟进，更要在思想上转型。

第二阶段，准备阶段。本阶段主要是结合新课程计划加强各学科研究，同时对本次活动进行设计。

新课程计划明确提出了"各个学科应不低于10％的课时用于开展校内外综合实践活动课程"。这"10％"包括哪些内容？如何认识？如何落实？一系列问题摆在我们面前。通过研究我们认为，"10％"是相对整体课程而言。对"10％"我们不能盲目地扩大与缩小，拿捏住尺度比盲目"超度"或擅自"减度"更为重要。

因此，我们对各个学科以及学科之外的实践活动要仔细梳理，同时对梳理的实践活动内容进行系统思考：

哪些是单学科实践活动？

哪些是跨学科实践活动？

哪些是课内、校内就能完成的？

哪些需要借助或引进校外资源？

哪些是一个教师能完成的？

哪些需要由多个教师相互合作完成？

哪些在班级里能够完成？

哪些需要安排场地完成？

哪些不需要资金投入？

哪些需要资金投入？

哪些是简单完成的？

哪些是综合性需要策划、打造，甚至形成特色的活动？

哪些需要时间长，哪些需要时间短？

……

　　我们认为，课程方案的调整不是简单地调整课程的时长、内容和形式，更重要的是要做到：思想认识到位、行动跟进到位、评价落实到位。要纵观全局，整体优化；合理布局，因需设课；因时调整，时空保证。

　　为落实新课程计划，我们选择了"灯韵"作为本次活动的主题。我们这次活动的目标：一是以各学科为基础，实现跨学科整合，提高学生综合素养；二是根据学生的年龄和知识特点，建立现代学科世界与生活世界的联系；三是通过主题学习，让校内外学科实践活动有效落地；四是实现教师教学方式和学生学习方式根本性的改变。

　　根据学段的不同、年龄的不同，我们分别安排不同的学习内容：低学段"玩灯"，中学段"探灯"，高学段"创灯"。根据学科的不同，我们也安排了不同主题的学习内容（图1-4-1）。

　　第三阶段，启动阶段。本阶段主要召开教师、学生、家长动员会。

　　为了搞好这次活动，我们除了召开学生动员会外，还特聘请国内著名的心理学家、新航路中国大教育网创始人、天津电台生活频道《丽珊青春热线》主持人张丽珊老师为家长们举办"解读原始家庭，构建家庭合力"的讲座，让家长深刻认识到陪伴孩子成长的重要性，为我们这次学习的主题"创意灯笼扮校园，主题学习伴成长"做好了铺垫。

　　第四阶段，实施阶段。教师、学生、家长共同参与。

　　在实施阶段，我们按照年级的不同、要求的不同，教师、学生、家长共同完成学习单。

　　我们的学习单分为综合学习单和单学科学习单两种。综合学习单，是学生在制作灯笼的过程中，要运用所有学科的知识解决实际问题，培养学生综合实践能力，鼓励学生敢于面对困难，勇于挑战自我，去习得解决问题的方法。单学科学习单，要求学生根据学习材料，运用单个学科的知识，去解决实际问题。

　　第五阶段，展示阶段。成果展示、分享交流、总结反思。

　　第六阶段，评价阶段。结合学生的学习过程进行期末学习评价。

　　好的作品进行评级分类编辑成册，留作永久的纪念，对在课程实践中表现优秀的学生、家庭、班级进行表彰。

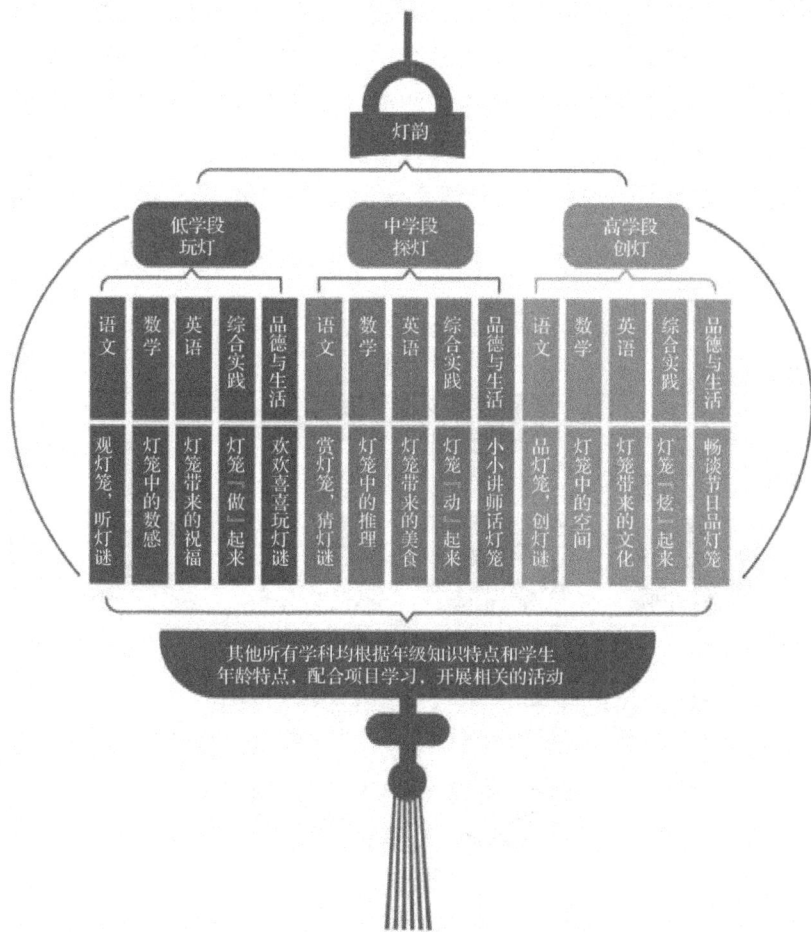

图 1-4-1　不同年级及学科"灯韵"主题学习内容

第二部分　基于主题的教学实践活动案例

案例一　语文学科"灯韵"主题学习实践活动的设计

一、主题内容设计

万泉小学传统主题活动"灯韵"，主打的是灯笼文化，而其中的灯谜文化恰恰是一种特殊的语言文字表现方式。我们正是抓住了"灯谜"主题学习与学科特点相契合的点，进行整合。从低学段的"听灯谜、读灯谜"，到中学段的"猜灯谜"，再到高学段的"创编灯谜"，活动呈现了对于灯谜这一生动活泼的语言形式感知、了解、运用的过程。借助灯笼这一载体,引导学生领略灯笼文化,感受灯谜这一非物质文化遗产经久不衰的魅力。围绕"灯谜"进行的主题学习,综合运用学生的学科知识,整体发展学生听、说、读、写的能力,在小组合作创编灯谜的实践活动中,将语文与社会生活、个人经验、课外阅读延展及其他相关学科进行有机整合,培养学生的合作精神以及探究、组织、协调、实施和修改的能力,进一步提升学生学习语文和运用语文解决问题的能力,在领略灯笼文化中的灯谜文化的过程中,综合提升学生的语文素养(图1-4-2)。

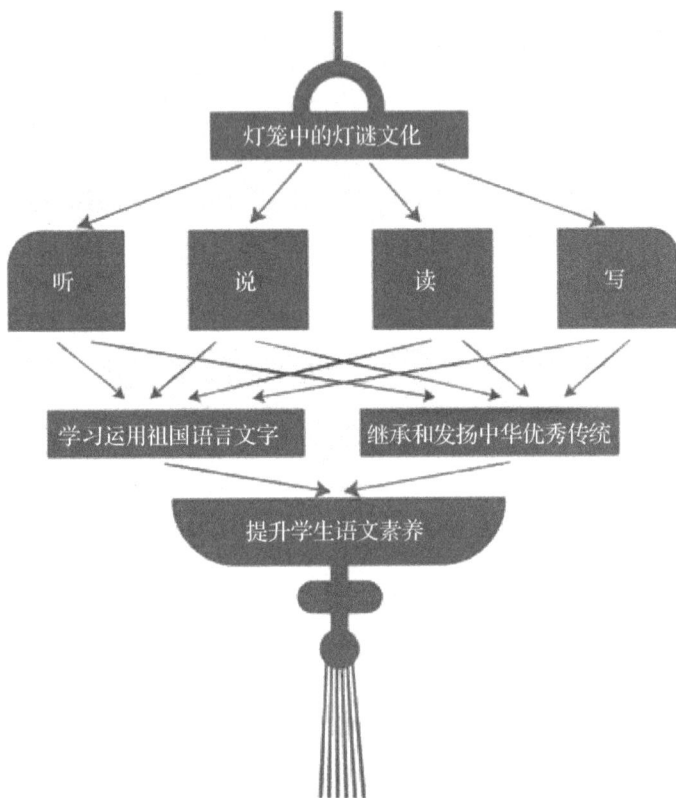

图1-4-2 语文学科"灯韵"主题学习框架图

二、教学目标设计

基于上述的理解与认知,我们对本次"灯韵"主题学习中的语文学科综合实践活动进行了整体的建构,并设定了本次活动的整体目标。

围绕"灯笼中的灯谜文化"这一主题学习的核心内容,架起课内外学习的桥梁,在学习中提高学生听、说、读、写的能力。努力体现学习和运用祖国语言文字和继承、发扬中华优秀传统文化的理念,从而促进学生语文素养的提升,使语文学科工具性与人文性相统一的特点得以彰显。

在这一整体目标下，我们还建构起了各学段的目标：

低学段：初步感知灯笼及灯谜中蕴含的中华传统文化，激发学生探究的兴趣。在情境中进行口语交际活动，促进学生表达，丰富学生积累。

中学段：搜集灯笼文化中有关灯谜的相关资料，并对资料进行梳理、整合，培养中学段学生搜集资料和清楚明白地表达自己感受和想法的能力，感受中华传统文化的精妙；在猜灯谜的过程中，进行口语交际训练，提升学生的口语表达能力；了解灯谜语言特点及分类，深入地感受灯谜文化。

高学段：在课堂互动、交流中，感受灯谜文化，领略传统文化的魅力；回顾灯谜的语言特点及其分类，自主创编灯谜；综合提高学生听、说、读、写的能力。

各学段的目标，力求体现"语文""综合""实践"的特点，促使学生在语文主题学习中实现着能力和素养的逐步提升。

三、教学资源与实践条件设计

(一)活动前期条件

万泉小学制作环保灯笼的历史由来已久。在灯笼的构思、制作、介绍等过程中处处都有语文活动的参与，如搜集、交流与灯笼相关的资料，阐述制作过程，灯笼上语文元素的融入等，都是在进行语文实践活动。

在语文主题学习和灯笼文化的结合点选择上，我们聚焦在了灯谜文化上，因为灯谜文化这一语言文字形式与语文学科的结合更加紧密，是学生在历届"灯韵"活动中都非常喜爱的形式，具有进一步研究的基础与价值。

(二)活动前期准备

低学段：搜集和灯笼有关的小故事、图片等；寻找几本有谜语、灯谜的书籍，和同学们一起分享；亲子互动制作灯笼。

中学段：学生自愿结合成小组，以小组为单位，针对灯谜提出一些问题，并通过网络、图书、教材等生活资源查找解决这些问题的资料；搜集一些灯谜，制作自己小组的灯谜册，互相猜灯谜；亲子互动制作带有灯谜的灯笼，并为后续元旦灯谜会制作活动计划。

高学段：学生通过书籍、网络、影视作品等渠道搜集灯谜、分享灯谜，并将各种资料进行分类、梳理、整合，供学生继续探究；亲手制作灯笼，自主创编和修改灯谜。

(三)参与活动年级

一年级至六年级。

四、教学过程设计

基于主题的研究方式的实践学习，我们对各学段的目标不断细化、统筹，使其更具操作性、实践性，使语文学科实践课程成为一个动态的发展过程，让学生在"灯韵"主题活动中实践起来，将学科知识用起来，在领略"灯笼文化中的灯谜文化"的实践活动中发挥对学生情感、态度、价值观的持续影响力。

以中年级为例，中年级就在低年级实践活动的基础上，引领学生搜集有关灯谜的资料和自己喜欢的灯谜，进一步走近"灯谜"。在课堂实践活动中，同学之间去分享灯谜、去猜灯谜，并在猜的过程中感知灯谜的表达特点及种类。

(一)识"灯谜"，初探灯谜特点

1. 交流形成认知

写在或挂在灯笼上的谜语就叫作灯谜，最开始指的是猜字、典故、成语等文字谜，现在内容也变得更丰富了。

2. 明确猜灯谜游戏规则

①猜到后，不开口；快举手，再交流。

②敲皮鼓，猜错喽；听锣响，棒棒棒。

③猜对后，先别坐；好方法，说一说。（游戏激趣）

3. 了解猜谜文化

猜错了就敲鼓，代表"不通、不通"，猜对了就敲锣，代表"棒、棒"。古时候的人就是这么玩的。（了解相关传统文化）

4. 尝试猜灯谜

①字谜：一百减一。

预设1：猜"99"。这可能是我们第一个想到的答案。如果再看到"打一字"，你又会想到什么？

预设2：猜到答案"白"。你们知道"打一字"这是灯谜的什么吗？（谜目）它像谜语的眼睛，告诉我们要把视线投向哪个方面猜。

②事物谜：八只脚，抬面鼓，两把尖刀鼓前舞，生来横行又霸道，嘴里常把泡沫吐(打一动物)。（引导学生抓准事物特点猜谜）。

③卷尾猴(打一字)。

预设1：学生很难猜出。引导学生真诚求助——真实口语交际。

预设2：猜不到。（引导学生借助思维导图，进行联想）

④自然现象谜。

> 我在青山永无踪，
>
> 巧笔丹青画不成。
>
> 人人夸我用处大，
>
> 三国之中立神功。（打一自然现象）

引导：你是怎么理解"三国之中立神功"这句话呢？（在学生已有阅读基础上，抓自然现象的特点寻找答案。借助灯谜中的典故，引导学生博览群书）

⑤猜同班同学的名字谜。

> 林中失偶子来伴，
>
> 军人脱帽不流汗。（打班内一同学名）

5. 议灯谜，悟特点

回顾刚才猜的这些灯谜，思考：谜面、谜目、谜底之间有什么联系？你找到了哪些猜灯谜的方法？一组选一个话题进行讨论，把发现写在学习单中。

6. 学生汇报

话题1预设：不露春、内容丰富、文体多样等。

话题2预设：字谜中的拆分、加减等方法。

（二）小组轮转猜灯谜

各小组派一位同学作为灯谜大使，把小组搜集的灯谜请其他组猜，谁先猜对加1分，看看谁被评为"灯谜小状元"，就把灯笼送给谁。请小状元们分享：自己是如何猜到谜底的。（自主猜谜活动，拓展猜谜范围，交流自身感悟）

（三）提灯笼全场猜谜

学生邀请全场来宾共同猜编写的灯谜，听取来宾们的评价与建议，既是学以致用，又是新一轮的评改。

五、教学效果分析

基于学生语文素养提升的"灯韵"主题学习课程，架设起了低、中、高年级在此项主题学习活动中的内容与目标的梯度。呈现的两节围绕主题学习的语文实践活动课，真正体现了三年级和五年级的语文综合实践内容的衔接与整合。由于定位在语文，聚焦在学生未知，专注点在学生的发展，因此在课程上展现了借灯谜这一内容进行"真听、真说、真读、真写、真研究"的过程。中年级着重体现的是猜灯谜，趣味性强。用猜的方式，让学生进入"猜"的情境当中，更适合低、中年级的学生，这样更锻炼思维，了解灯谜这一语言表达形式的特点，为高年级创编灯谜做铺垫。内容更是以"猜字"为主，符合低、中年级大量识字、写字，学生有一定识字量储备的特点。

案例二　数学学科"灯韵"主题学习实践活动的设计

一、主题内容设计

(一)"灯韵"主题学习中的数学思考

围绕"灯韵"这个主题，综合运用学生所学的各学科知识来开展学习实践活动，在"灯韵"主题学习中，数学学科主要围绕数学核心素养中的数感、推理能力、空间想象能力开展，结合玩灯笼、数灯笼、找灯笼、挂灯笼、构灯笼、创灯笼的数学主题活动，以问题的提出和解决支撑学生积极情感下的开放性学习活动，展示丰富多彩的活动世界，让学生主动地建构、理解数学知识，学会"数学地"思考问题、解决问题，增强数学应用意识，体现"做数学"的过程，从而培养学生良好的学习数学的情感和态度。

(二)"灯韵"主题学习中数学学科特点

"灯韵"主题学习活动，给学生创造了联系生活的实践机会，以"灯笼"为载体开展丰富多彩的数学学习活动，为学生提供开放的发展空间。在"灯韵"主题活动中，学生作为活动的主体，自主选择和主动参与，创新意识和实践能力得到充分的发展。学生的亲身体验和积极实践，积累了活动经验，促进学生学习方式的变革。

(三)"灯韵"主题学习中数学学科内容设计

"灯韵"主题学习中数学学科综合实践活动的整体构架，如图1-4-3所示，按学生的年龄段特点分别设置，落脚点在培养学生的数学素养。

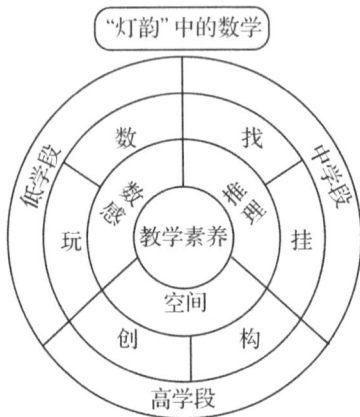

图1-4-3

低学段：灯笼中的数感。通过"玩灯笼、数灯笼"的实践活动，培养学生的数感。主要体现在两个方面：一是学生结合校园中"灯笼"这一具体情境，通过观察、操作、解决问题等丰富的活动，感受数的意义，体会用数来表达和交流，初步形成数感。二是学生在"数灯笼"的数学活动过程中去感知、发现和探索，经历发现问题、思考问题的过程，丰富自己对数的认识，体会数学的价值，促进数感的形成。

中学段：灯笼中的推理。通过"找挂灯笼的规律"和"设计挂灯笼的方案"的实践活动，培养学生的推理能力。主要体现在：一是学生在探索、交流、解决校园"灯笼"的现实问题中，经历观察、实验、猜想、验证等数学活动过程，自主的探索规律和思考方法，体会数学知识的形成过程，培养学生的推理能力；二是学生尝试用多种方式清晰、有条理地表达思考过程，在搜集、选择、处理数学信息过程中，能做出合理的推断，发展推理能力。

高学段：灯笼中的空间。通过"设计、创作灯笼"的实践活动，重在培养学生的空间观念。主要体现在：一是通过设计、制作灯笼的实践活动，学生能联系生活经验，综合运用所学的知识，经历有序的观察、比较、分析的过程，理解实物与对应图形的相互关系，逐步丰富对空间的认识，培养空间观念；二是通过设计、制作灯笼的实践活动，学生充分发挥空间想象能力，在发现问题、解决问题的过程中提升综合运用知识的能力，在联想中发展空间观念，培养创新意识。

二、教学目标设计

在数学学科"灯韵"主题学习活动中，学生自主应用数学知识、方法以及生活经验分析、解决问题，进一步积累数学实践活动经验，发展实践能力和创新意识。

在数学学科"灯韵"主题学习活动中，学生经历观察、推理、操作、调整等学习活动，尝试多角度的思考问题，体会数学知识间的联系、数学与其他学科的联系、数学与生活的联系。

在数学学科"灯韵"主题学习活动中，学生通过与同伴的合作交流，增强自信心，提高学习兴趣。

三、教学资源与实践条件设计

低学段的主题"灯笼中的数感"，需要学生和家长共同参与亲子活动，全家齐动手，巧手做灯笼。在制作灯笼之后，由各班收集灯笼，请学生进行分类整理，由教师根据学生的分类建议，悬挂灯笼。教室内外悬挂的灯笼，是学生"玩灯笼、数灯笼"的教学资源，帮助学生在"玩、估、数"的过程中培养数感。

中学段的主题"灯笼中的推理"，需要学生和家长共同参与亲子活动，全家齐动手，共同完成灯笼。在制作灯笼之后，由各班收集灯笼，教室内外悬挂灯笼。学生参观灯笼展的过程中，寻找楼道挂灯笼的规律以及进一步设计班级挂灯笼的方案。楼道的灯笼展以及班内布展的学生灯笼作品是学生"找灯笼、挂灯笼"的教学资源，在交流设计方案时，为了提高交流效率，教师需要平板电脑及多媒体设备，帮助学生在"找灯笼、挂灯笼"的过程中培养推理能力。

高学段的主题"灯笼中的空间"，需要学生用吸管制作灯笼骨架，在个人设计的基础上推选完善小组设计，并制作出小组吸管灯笼作品。在制作过程中合理分工，由小组成员照相记录制作过程后，由学生制作讲解的演示文稿，再制成宣传海报，由小组发言人在全班进行交流。小组根据全班交流的建议完善本组设计，完成小组吸管灯笼作品。"构灯笼、创灯笼"的教学资源需要吸管、线绳、剪刀以及照相机、电脑（演示文稿）、海报、海报架等。

四、活动过程设计

（一）低学段"灯笼中的数感"活动设计

1. 制作灯笼

一年级学生，利用家中废旧物品制作灯笼，再用数学元素来装饰灯笼。装饰可以有数学图案、数字、符号、算式等数学相关知识，让数学灯笼美起来。二年级学生，利用家中废旧物品制作灯笼。可以在灯笼的造型、排列或装饰上体现数学元素。例如，外形可以是学过的立体图形；排列上可以含有一些数学规律；装饰可以有数学图案、数字、符号、算式、口诀等数学相关知识，让数学灯笼好玩起来。

2. 分类整理灯笼

学生根据灯笼的颜色、材质、形状等不同标准，对班内的灯笼进行分类。学生先独立思考，再小组交流，再以组为单位在全班交流。全班同学为各组的分类方法进行评价，选出最佳方案，师生齐动手，一起挂灯笼。

3. 参观学校灯笼展

以小组为单位，到学校的不同楼层数灯笼，边数边记录。

4. 全班交流

全班交流数灯笼的活动情况，如数灯笼的方式、数灯笼的结果以及在数灯笼的过程中发现了什么。感受数灯笼过程中的数学问题，初步培养学生的数感。

（二）中学段"灯笼中的推理活动"设计

1. 制作灯笼

三年级学生，利用家中废旧物品制作灯笼。在制作灯笼中应用数学知识，发挥聪明才智装饰灯笼表面，利用学过的"对称"的数学知识，剪出漂亮的对称图形，装饰灯笼。也可搜集有关数学的谜语，数学故事或数学趣题等，张贴在灯笼表面，让数学灯笼充满创意。四年级学生，利用家中废旧物品制作灯笼。灯笼的形状可以结合几何图形的知识自主制作，如长方体、正方体纸盒……在美化灯笼时可用平移、旋转、对称等知识画出美丽的图形，也可以在灯笼上展示数学游戏、谜语、数学小知识等。

2. 参观学校灯笼展

分组参观学校灯笼展，收集挂灯笼的方式与方法，并认真做好记录。

3. 设计班级挂灯笼方案

个人设计：把班级的 8 个大灯笼和 20 个小灯笼挂起来，请学生担任小小设计师，画一个自己喜欢的设计图（图 1-4-4）。

小组交流，完善设计图，先小组内交流自己的设计图，了解他人的想法，再综合本组里每人设计的亮点，调整组内设计图，并画出新的设计图。比一比哪组最会合作。

全班分享交流：分享各组的设计图，用电脑展示学生的设计。

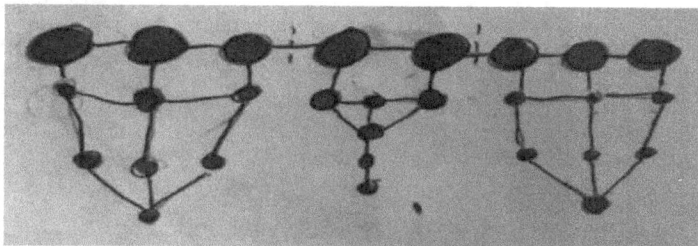

图 1-4-4　班级挂灯笼设计图

4. 推选最佳设计方案

从美观、有创意等方面考虑，还要考虑到设计图是否合理、实用。请同学为这些方案点赞，选出满意的设计图。

5. 方案实施

根据学生选出的最佳设计方案，和同学们一起把 8 个大灯笼和 20 个小灯笼挂起来。

（三）高学段"灯笼中的空间"活动设计

1. 制作灯笼

①明确任务：利用吸管制作灯笼骨架。综合运用所学过的数学知识，如平面图形、立体图形、轴对称等知识，设计灯笼，并画示意图，写清设计方案。依据设计方案，制作一个创意吸管灯笼。

②提出问题：学生就制作灯笼提出问题，如外形、材料、方法、颜色、创意等。

③制定标准：请学生讨论，评价判断一个吸管灯笼的标准，如创意新颖、外形美观、寓意深远、坚固稳定、融入数学思考、运用数学表达。

④独立思考：绘制吸管灯笼设计图，写清制作步骤以及设计灯笼的寓意。

⑤小组合作：讨论个人学习单，将个人创意在小组内分享，集中各组员的意见，制定本组灯笼骨架的设计方案，结合所学的数学知识，利用吸管，制作创意灯笼的骨架。小组分工包括：灯笼设计、制作吸管灯笼、照相记录制作过程、撰写小组学习单、根据小组学习单制作PPT、彩打PPT制作小组海报。

2. 全班交流

①评价灯笼：学生通过观看学习各组海报，选出自己最喜欢的灯笼，为它点"赞"。

②全班交流：以小组为单位，全班交流。从点赞票数最多的组开始分享，关注学生灯笼设计的寓意，在灯笼制作过程中遇到的数学问题，以及数学问题具体的解决策略。各组根据自己的制作经验给其他小组合理建议。

例如，向阳花小组遇到的数学问题是正八边形的稳定性问题。他们解决的方法是内接一个正方形。正方形的边长又是如何确定的呢？学生用直接比的方法，正八边形总是变形，所以学生想到了计算。他们首先计算正八边形内角和，算出正八边形的一个内角为135°，再把正八边形的2条边画在纸上，2条边形成135°角，连接第三条边，测量长度就是正八边形内接正方形的边长（图1-4-5）。

图1-4-5 八边形灯笼骨架

③完善设计：根据全班交流中收集的改进建议，完善本组设计，形成最终作品。

五、教学效果分析

（一）从"学数学"到"用数学"

数学学科"灯韵"主题学习实践活动，无论是低学段的给灯笼进行分类、数灯笼并记录，还是中学段的寻找楼道挂灯笼的规律、亲自设计挂灯笼的方案，或是高学段的设计制作吸管灯笼，都是学生自觉运用所学知识解决问题的过程。解决问题的过程，让数学"活"起来，这不仅可以帮助学生发现数学与生活的紧密联系，还可以培养学生解决问题的策略和方法。设计挂灯笼的方案和设计制作吸管灯笼的方案，方案设计本身就是一个充满创造性的劳动，没有优劣之分，但在解决过程中所遇到的问题，以及学生自觉应用数学思考来解决问题，是数学内化为学生素养的体现。

（二）从"做数学题"到"解决问题"

主题学习本身是一个以问题为载体的活动，解决问题为全过程的活动。生活中的问题，我们通过数学化，开始我们的日常数学学习。而"灯韵"主题学习活动数学学科的活动是一个真问题，一个真活动，需要真的参与做灯笼、数灯笼、挂灯笼活动，积累活动经验，提高实践能力和创造精神。

(三)从"学系扣"到"真动手"

"五年级、六年级的学生不会系扣",这是在我们设计这次活动之前没有想到的!

孩子们说:"鞋带也系不好,从小到大的鞋都是粘贴扣的多。"孩子们的动手能力培养,从何谈起?通过我们制作灯笼的活动,让孩子们的手动起来。从低学段开始,从在爸爸妈妈帮助下开始,让我们的孩子的双手逐渐变得灵巧起来。

(四)从"合作者"到"设计师"

从低学段、中学段亲子利用废旧物品制作灯笼开始,制作灯笼的过程中一直蕴含着数学的空间与图形中的方方面面的知识。但是,低学段和中学段学生由于年龄小,有些地方需要家长的帮助,需要跟家长一起完成从设计到制作的过程。尽管有的学生有很好的设想,但受动手能力以及取材等的限制,对于灯笼的设计并不能很好地实施。爱因斯坦说过:"想象力远比知识更重要,因为知识是有限的,而想象力概括着世界上的一切并推动着世界进步。想象才是知识进化的源泉。"如何在高学段,帮助学生实现从"合作者"到"设计师"的飞跃?我们的设计从无骨的纸灯笼变为了用吸管制作的灯笼骨架。用吸管围成面,再由面围成多面体,从绘制平面设计图,到制作吸管灯笼,学生不断进行空间想象,设计出了形态各异的精美灯笼。空间想象不仅是认识现实世界空间形式不可缺少的能力因素,而且是形成和发展创造力的源泉。

(五)从"小实践"到"真综合"

我们的"灯韵"主题学生数学学科综合实践,从低学段亲子制作灯笼开始,随着年龄的增长,实践性越来越强,五、六年级全部在学校由学生自己完成。从低学段的先做再数,中学段的先做再挂,到高学段的做灯笼,随着年龄的增长,综合性越来越强,到了高学段学生自己设计、小组制作、照相、填写学习单、制作PPT、制作海报、介绍本组作品,学生综合运用到了数学、语文、美术、信息技术、综合实践等多学科的知识。学生的能力得到了全方位的提升,这可能就是主题学习的魅力所在。

案例三 英语学科"灯韵"主题学习实践活动的设计

一、主题内容设计

(一)开展主题学习的背景和意义

2014年11月,《北京市中小学英语学科教学改进意见》颁布,2015年7月,北京市实施教育部《义务教育课程设置实验方案》的课程计划(修订)出台。这两个文件中都提到了同一个数字"10%"。《北京市中小学英语学科教学改进意见》中提出,加强英语学习的开放性和实践性,将"学科不低于10%的课时用于学生走进社会"。《义务教育课程设置实验方案》提出,各学科平均应有不低于10%的学时用于开设学科实践活动课程，在内容上可以某一学科内容为主，开设学科实践活动，也可综合多个学科内容，开设跨学科综合实践活动。课程计划要求，综合实践活动课程将在义务教育阶段全面开展，九年总课时最低为 630 学时，其中外语学科为 70 学时。

(二)英语"灯韵"主题学习的整体目标(图 1-4-6)

情感态度：在制作灯笼中，培养学生创新能力和良好品格，了解中国传统文化，弘扬爱国主义精神，做中外文化的使者。

语言知识：学习与节日相关的祝福语，中外食品名称及制作过程。

语言技能：能够说出与灯笼相关的祝福，介绍和制作与节日相关的美食，传播中外文化。

学习策略：认知策略、调控策略、交际策略、资源策略。

文化意识：认识世界的多样性，通过制作灯笼了解中外文化的差异，形成跨文化意识。

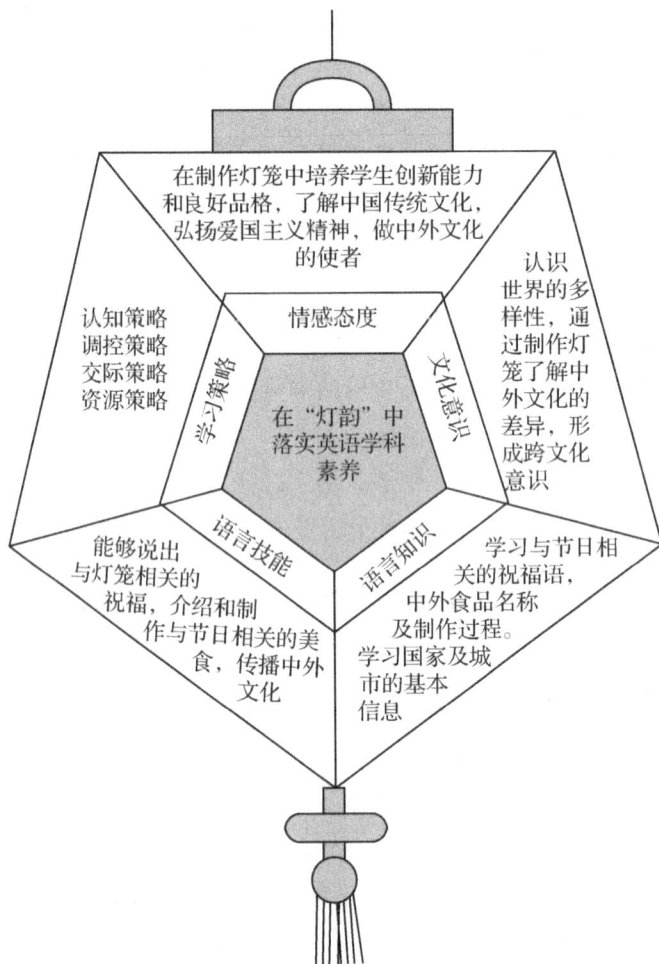

图 1-4-6 英语学科"灯韵"主题学习目标

二、具体内容设计

(一)遵循学生学段特点的英语学科内容与目标设计

低学段的主题是"灯笼带来的祝福"。活动内容主要包括:和爸爸妈妈一起制作创意灯笼布置教室,迎接圣诞节和新年的到来;在灯笼上写上圣诞或新年的祝福语;唱与节日有关的英文歌曲。与活动相对应的目标为:了解圣诞节和中西方新年的庆祝方式,对节日话题感兴趣;能用英语表达节日祝福;会唱 2~3 首英文圣诞歌曲和新年歌曲。

中学段的主题是"灯笼带来的美食"。活动内容主要包括:和爸爸妈妈一起做灯笼;在灯笼上面用英文介绍中西方美食;圣诞英文歌曲演唱。与活动相对应的目标为:了解西方国家的饮食文化,感受中外饮食文化;能用英语简单描述食品的制作步骤;能用英语表达中西方食品名称;会唱 2~3 首英文圣诞歌曲和新年歌曲。

高学段的主题是"灯笼带来的文化"。活动内容主要包括:学生能够在灯笼上用英文编写有关国家、城市和名人的谜语;做中西文化的传播和交流的小使者;英文原版歌曲演唱。与活动相对应的目标为:了解中国和世界人文景观、特产、饮食、风土人情和旅游文化,增强祖国意识,拓展国际视野;能用英语描述一个国家或城市的基本信息;能用英语描述国内外著名人物基本信息和伟大成就。

(二)各年级英语学科任务和要求

1. 一年级

①和爸爸妈妈一起制作创意灯笼,可以在灯笼上呈现英语元素,如写上新年祝福——Happy New Year!

②也可以在灯笼上体现英语学科元素。例如,将所学单词的图片和单词打印出来,作为灯笼的装饰;还可以直接将打印的图片和单词串在一起,作为创意灯笼。

2. 二年级

①下载打印一些与中国春节或西方圣诞节相关的镂空的祝福语,涂上颜色,贴在灯笼上或串成一串作为灯笼的装饰。

②祝福语:

——Happy New Year!(新年快乐)

——Merry Christmas!(圣诞节快乐)

——Happy Spring Festival!(春节快乐)

3. 三年级

①在创意灯笼上面用英文介绍中西方美食。下载打印一些与中国春节或西方圣诞

节有关的食物图片，贴在灯笼上或串成一串作为灯笼的装饰。在食品图片上写上英文名称。

②直接利用打印的中西方食品图片制作灯笼，立体或平面都可以。可以用英文介绍食物名称及来自的国家。

4. 四年级

①在创意灯笼上用 2～3 句话介绍中西方节日及相关美食。

②直接利用打印的中西方食品图片制作灯笼，立体或平面都可以。可以用英文介绍食物名称及来自的国家。

5. 五年级

①先查阅资料收集中国"灯节""元宵""汤圆"的来历。

②用收集来的资料（图片＋英文）对灯笼进行装饰（画、贴、写），用英文宣传中国传统文化，做中外文化交流的小使者。

6. 六年级

①在灯笼上编写有关国家、城市、名人、动物和食品的谜语。

②下载打印中西方国家或著名城市的图片，用英语进行介绍。

③了解中国或西方的节日，用英文介绍与这个节日相关的基本情况；形成跨文化意识，弘扬爱国主义精神。

三、活动安排

环节 1：主题汇报，"在综合实践活动中落实英语素养"(15 分钟)。

环节 2：课堂展示(40 分钟)。

环节 3：校本实践课程展示 ，英语歌曲联唱(20 分钟)。

环节 4：专家点评（20 分钟）。

四、过程设计

(一)前期开展丰富的英语学习实践活动

进行课程整合，开展学科实践活动是大势所趋，势在必行。如何开展英语学科综合实践活动？我们根据学生的年龄特点和年级知识水平开展了英语歌曲表演、戏剧表演、辩论赛、智力竞赛、拼词大赛和口语展演等英语实践活动。表演内容可以是课堂上所学的，也可以是学生对所学内容进行改编、创编的，还可以是学生感兴趣的课外内容。

"英语歌曲大家唱"是在学科活动中，开展范围最广、学习效果最好、最受师生欢迎的活动。2014 年 9 月，万泉小学将英文歌曲大家唱纳入到微课程中。

在学校的统一规划设计下，英语学科确定了开展英语歌曲大家唱的"校本课程时间"，即晨读时间、周三午间、学生午餐后和每节英语课前3分钟。

英语组的教师们为了让学生拥有一本精美的歌本，利用业余时间听歌、选歌。2015年3月，万泉小学英语实践课程"英语歌曲"校本教材出版了，这给学生们的英文歌曲学习带来了方便。英语学科的综合实践活动丰富了学生校园文化生活，营造了英语学习氛围，激发了学生的学习兴趣，提高了英语口语的运用能力。

(二)在主题学习活动中落实学生英语核心素养

这个学期，学校为了实现跨学科整合，提高学生学科综合素养，开展了以"灯韵"为主题的跨学科学习实践活动。

学校开展的跨学科学习实践活动"灯韵"主题学习活动中，英语学科不但让学生做灯笼，在灯笼上呈现各学段的相关知识外，各学段的学生们还进行圣诞歌曲和经典英文歌曲的演唱。此外，教师们还在课堂上带领学生们一起学习与灯笼有关的节日、食物以及中国传统文化。

学生们兴趣盎然的在英语课堂上学习制作中国传统食品——汤圆（图1-4-7）。教师把语言的教授过程融于实践活动之中。学生们在制作汤圆的过程中，边学边做，边做边学，真正实现了语言在做中学，在实践中应用的目标。学生们在课堂上不仅学会了语言知识、生活技能，还在实践过程中学会了与同伴合作分享的精神，以及汤圆这种传统食品传递出来的中国传统文化，即合家团圆、幸福美满的内涵。

图1-4-7　学生学习制作汤圆

五、评价设计

(一)学生学习单的反馈(图1-4-8)

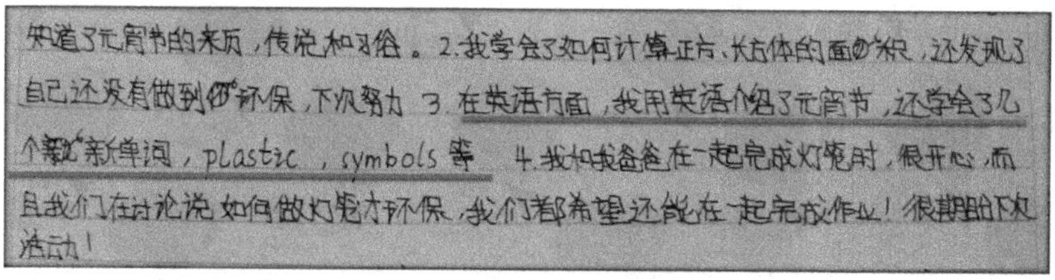

图1-4-8　学生学习单的反馈

（二）期末试卷的检测（图 1-4-9）

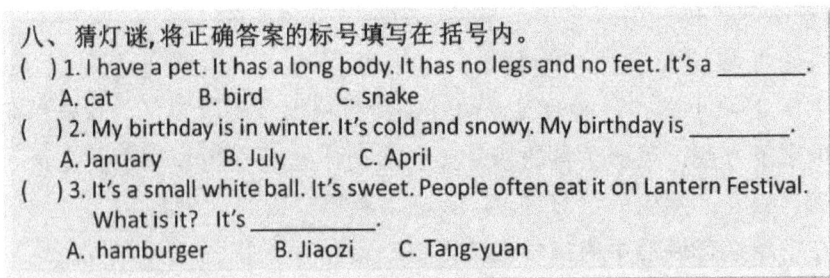

八、猜灯谜，将正确答案的标号填写在括号内。
（ ）1. I have a pet. It has a long body. It has no legs and no feet. It's a _____.
　　A. cat 　　　B. bird 　　　C. snake
（ ）2. My birthday is in winter. It's cold and snowy. My birthday is _____.
　　A. January 　　B. July 　　C. April
（ ）3. It's a small white ball. It's sweet. People often eat it on Lantern Festival.
　　What is it? It's _____.
　　A. hamburger 　　B. Jiaozi 　　C. Tang-yuan

图 1-4-9　期末试卷的检测

六、案例总结分析——主题学习带来的思考

（一）学习者自主、探究的学习

在新课程改革中引入主题式学习，调动了学习者的学习兴趣和参与学习的积极性，培养了学习者的问题意识和问题解决能力，有利于学生自主、探究的学习，提高学习的效率，改善学习的效果，进而有利于新课程的各项目标的达到。

（二）助于学习者获得整体、全面的知识

打破学科之间的割裂状态，实现了学习内容的综合化，使得学生在不同的学习内容之间建立有意义的连接。强化学习者对学习内容的理解，有助于学习者获得整体、全面的知识。

（三）利于为学习者提供和拓展资源

在主题式学习中，由于学习内容是按照"主题"的方式进行组织的，学科间的整合使学生要学习的内容更加集中、有序，有利于为学习者提供更加丰富的学习资源。

（四）利于培养学生跨文化意识

通过"主题学习"的属性，让传统文化"灯笼"走进英语课堂。通过语言学习实践研究，将传统文化课堂教学模式与英语学习有机融合，开阔了学生视野，增强了学生对中西方文化的了解，培养学生的跨文化意识和唤起他们做中外文化交流的传播者的使命感。

主题学习模式作为一种新的课程形式，无疑是一种具有前瞻性的改革，更是一种推动和提高教学效率的重要抓手。也许在实践中会有挫折与失败，但我们会一直前行，勇于探究。

案例四　品德学科"灯韵"主题学习实践活动的设计

一、主题内容设计

本学科依据建构主义原理，以《义务教育品德与生活课程标准(2011 年版)》《义务教育品德与社会课程标准(2011 年版)》和《综合实践活动课程指导纲要》为指导，针对学生的年龄特点和生活经历，结合学校"灯韵"主题学习活动，将品德与生活、品德与社会和综合实践活动自然融合，并制定了本学科的实践活动内容：低学段——欢欢喜喜玩灯笼；中学段——小小讲师话灯笼；高学段——畅谈节日品灯笼，让学生从生活中、社会中、自然中得到实践学习，给予学生充分自主的学习空间，从而激发学生的实践学习兴趣，发展学生的动手能力，让学生在"灯韵"主题实践活动中得到综合素养的提高。

二、教学目标设计

(一)总目标

以学习灯笼文化为载体，以学生主题实践活动中的认识、体验、感悟为核心，引导学生弘扬中华传统文化，激发学生爱国情怀，践行社会主义核心价值观。

(二)分目标

低学段：通过猜谜语、班级灯笼之最、灯笼故事会等综合活动引导学生认识和了解丰富多彩的灯笼，利用现代技术玩灯笼，培养学生的动手能力，体会与他人协作的喜悦感，陶冶情操，感受美好生活。

中学段：通过课前调查、课堂游戏、小组分享、动手实践等环节使学生亲近灯笼这一古老的传统文化，从而体会灯笼的神奇有趣，体会劳动人民的智慧，激发学生对灯笼的喜爱之情，培养学生对中国传统文化的热爱之情。

高学段：通过课前收集有关灯笼的资料，了解灯笼中蕴含的中国传统文化。通过讨论、交流、感受灯笼中的丰富内涵，形成对传统文化的认同感。通过探索、实践，培养学生爱国情怀，提升弘扬民族传统文化的意识。

三、教学资源和实践条件设计

(一)三个注重

1. 注重学生参与主题实践活动的兴趣

低学段利用媒体视频、传统故事、现代故事等教学资源，中学段模仿央视节目《是真的吗》和学校虚拟人物"NO 博士"、自制走马灯等教学资源，高学段结合学生亲手制作创意灯笼等教学资源激发学生兴趣，引导学生走进课堂，了解"灯韵"文化。

2. 注重学生参与主题实践活动的过程

低学段利用课前观察，中、高学段利用"灯韵"主题学习单、小组合作学习，引导学生调查、收集有关灯笼的文化，带领学生开展主题实践活动。

3. 注重在主题实践活动中提升学生对中国传统文化的自豪感

低学段引用经典名著《红楼梦》、古诗词《游子吟》，中学段展示各式各样从古至今的灯笼，高学段讲述历代稀世珍品，提升学生对中国传统文化的自豪感。

(二)一个突破

突破学生原有对于"创意灯笼"只是用环保材料制作的浅显理解，提升对灯笼文化内涵的认知。

四、教学过程

低学段：我眼中的灯笼。灯笼在生活中较为常见，鼓励学生课下仔细观察生活中的灯笼，使全体学生都参与到学习活动中，培养前期调查的能力，开阔眼界，发挥他们的主体性。比赛的学习方式，可以活跃课堂气氛，提高学生的学习积极性。同时，在交流中学习，在故事中感悟，帮助学生理解从古至今灯笼的用处和灯笼文化的悠久历史，提升学生的情感体验。

中学段：趣说灯笼。结合实际，引入话题，让学生谈谈对灯笼有哪些了解，通过"NO博士"的解答，了解中华民族传统文化的无限魅力。同时，通过动手操作，在创意灯笼实践中提升能力。

高学段：从灯笼说起。通过学习，了解灯笼是民族文化的载体，情系着亿万华夏子孙的心，承载着中国对美的追求，蕴含着中华民族独特的文化。

五、教学效果分析

(一)学生真心喜欢

从课堂气氛，学生的笑脸中，教师感受到本次主题实践活动，学生非常喜欢。后期调查中学生的反馈：低学段——给灯笼"化妆"我很喜欢，周末我又做了一个灯笼，在家里和爸爸妈妈一起给灯笼"化妆"；中学段——"趣说灯笼"这节课，让我了解了灯笼的用处、形状、文化、材料，让我了解了灯笼的很多知识，这节课很有趣。给我印象最深的是"是真的吗"那个环节，又好玩又有意思，还能补充新的知识，这节课我收获了新的知识和快乐的心情。高学段——学生下课后还找到老师继续讨论，说："古代美女都是好的吗？""灯笼中不能点燃的应该再改进，才能算是真正的灯笼。""中国人除了忧患意识和爱国精神还有其他什么民族精神？"这些问题说明他们开始对民族文化有了兴趣。这就是综合实践课的可喜效果。

(二)学生有真实收获

无论是低学段还是中、高学段的主题实践活动,从内容的选择到教学方式的设定,我们都是遵循学生特点,从学生原有认知出发。所以,灯笼所传达给人的祝福和美好感受以及灯韵文化在学生的心中一点点的浸润,一点点的受到启发,本次"灯韵"主题实践活动学生们有真实的收获。

案例五　综合实践活动学科"灯韵"主题学习实践活动的设计

综合实践活动课程是一门综合性的课程。它强调学生通过实践,增强探究和创新意识,学习科学研究的方法,发展综合运用知识的能力,增进学校与社会的密切联系,培养学生的社会责任感。它是基于学习者的直接经验,密切联系学生自身生活和社会生活,体现对知识综合运用的实践性课程。"灯韵"主题学习实践活动是推进本学科建设的重要载体,我们深入挖掘"灯韵"主题活动的内涵,让灯笼"做"起来,"动"起来,"炫"起来。

一、主题内容设计

目前,万泉小学综合实践活动学科在深化落实教育领域综合改革精神的过程中,始终不断用心地探索和研究,在随着学校课程改革深入,主题学习模式越来越完善,经过教研组不断地对自主学习实施策略进行分析和研究,充分做好实施准备,在科学课、综合实践活动课、少先队课进行灯笼的传统文化教育、灯笼的设计与制作辅导及成果展示,并新增加了评价的元素,使得整个活动更系统化的开展起来。我们还在专家的建议下,在原有基础上设计了学习单融入整个探究活动中,教师们针对不同年级学生的特点,制定了适当的学习要求,随时记录活动过程中的点滴收获及感受。

综合实践活动学科本身就是一门注重学生实践能力、问题解决能力、综合素养提升的课程。因此我校的综合实践活动学科基于学生发展过程需要,为了使学生由课内走向课外、让学生更好地适应今后的学习方式、更有效地根植学科素养,结合"创意灯笼"主题,在不同学段,设计不同的主题内容,引导学生开展对生活中实际问题的探究,发挥学科示范的作用。

低学段:低学段学生们活泼好动,他们渴望学习、渴望求知,乐于动手、喜欢交流,对未知的领域有着浓厚的探索欲望。我们的团队根据低学段学生的特点开展了"让灯笼'做'起来"的主题实践学习活动。

低学段综合实践活动课程的计划流程有以下四部分。

第一,校内启动。

今年我们从一个点引入(利用废旧材料)开展"纸杯灯笼大赛",引导学生去发现生活中身边可再利用的废旧材料,鼓励学生根据自己选取的材料充分发挥想象去设计、去制作。

第二，家校互动。

我们综合实践活动学科团队利用美术教师的优势，在课上辅导学生学习材料的各种连接方法，课下当学生制作灯笼有想法、想实施时，首先会想到与最亲的人交流，学校此时会引导家长，让家长从家校合作的角度去关注、鼓励学生，使学生能独立完成活动过程。

第三，亲子交流。

学生的整个主题学习过程，促使家长与孩子之间的亲情更丰富，孩子更信任和贴近家长。

第四，校园赏灯。

我们不仅只是展示与简单评价，更是要通过自评互评的环节帮助学生学会参与、学会自信，提升学生的综合素养。

我们团队就是这样在低学段从四个环节入手开展了综合实践活动主题探究学习，既丰富校园学习形式又有效地根植了学科素养。

中学段：在三年级和四年级，首先学生已有一定的制作灯笼的经验基础，在已掌握的知识层面上已有较为丰富的积累，更为突出的是中学段的学生已从盲目的对事物的好奇阶段，慢慢转变为对事物的变化能认真思考和探究了。为了延续学生自主学习兴趣，我们在中学段实施"让灯笼'动'起来"的主题探究学习，不只是简单制作灯笼的创意，而是加入了可实施的科技元素，这样不仅使学生的兴趣得到延伸，还达到了综合实践活动学科要求。我们团队在中学段主题学习活动中引导学生利用已有的知识去解决学习和生活中的问题，在通过动力利用设想、设计传动结构、制作与交流、展示与评价四个环节，引导学生通过实践，增强探究和创新意识，学习科学研究的方法，发展综合运用知识的能力。

高学段：精美的灯笼集合了中国传统文化艺术的精华，从一、二年级怎么让灯笼漂亮到三、四年级怎么让灯笼动起来，学生已经有了几年制作和研究灯笼的经验。结合我们科技教师在科技教育方面的特长，经过教研讨论，我们让学生利用已有的知识去解决生活中的实际问题，借助简单的电子电路、单片机、机器人与灯笼结合等知识点，设立任务，实现有效的学科素养提升，在"让灯笼'炫'起来"主题学习过程中，引导学生知识迁移，给学生更大的想象和拓展空间，让我们制作的灯笼更炫。

此外，我们学科教研组把主题学习内容延伸到我校所开设的科技社团中，如开展植物种植的生物内容、机器人和单片机社团的智能内容等融入灯笼中，进一步开发，协同能力基础高的学生们，共同探讨让灯笼更炫的办法。

二、教学目标设计

低学段：就低学段而言，学生在学校学习了灯笼文化与简单的纸杯灯笼造型后，利用废旧材料进行的再创作。学生从灯笼的尺寸、样式、造型等多方面进行了超乎想象的发挥,这使我们不禁感叹不已。学生们在"让灯笼'做'起来"主题的背景下,不但利用纸杯,还选择了如方便面桶、薯片桶、一次性筷子、酸奶盒子、蛋挞外皮等多种废旧材料,在生活中可谓是创意无限,作品源于生活并服务于生活。

在以"让灯笼'做'起来"为主题的学习活动中,为使学生能应用已有知识、方法和生活经验分析、解决问题,通过研究性学习活动,形成一种积极的、生动的自主、合作、探究型学习方式。

同时,我们也期盼在亲子活动中产生细腻的情感。很多家长忙于工作,似乎连检查孩子作业的时间都没有,通过此活动希望能够拉近家长与孩子之间的距离,家长与孩子共同去感受成功的喜悦。

中学段:在以"让灯笼'动'起来"为主题的学习活动中,遵循学生年龄的特点,在经历启发思考、合作探究、动手实践、作品赏析等学习过程,学生学会多角度的思考问题,体会科技与生活的联系、知识与应用的联系、创新与发展的联系。教师可提升综合素养的目标任务,引导学生在主题学习启动时,让他们学会根据相同的研究兴趣自由结合组成新的研究小组,每个组确定自己小组共同的研究主题,然后制订小组活动计划书,并进行课堂讨论完成绘制设计图,课后预设在下一个环节制作活动中可能出现的问题,并且教师还建议学生积极查找资料,向爸爸妈妈及身边的教师和同学请教。最后要以组为单位,每个学生利用自身优势真正参与制作一个能"动"的灯笼,无论制作成功与否全组都要参与活动过程交流及评价。

高学段:在以"让灯笼'炫'起来"为主题的学习活动中,加强学生与生活的联系,推进学生对自然、社会和自我内在联系的整体认识与体验,发展学生的创新能力、实践能力,增强对中华传统文化的了解和喜爱,促进良好的个性品质形成。

我们利用学科主题学习活动契机,促进学生在学习中生成所感、所得、所悟,使学生在综合实践研究探索活动中能形成有知、有识、有情、有义、有收获的结果。教师、学生、家长三者在活动中均会得益,使得灯笼不单只具有"装饰"功能和具有"功能性"的艺术品,更是学生自主学习发展的平台。

三、教学资源与实践条件设计

就学科主题学习模式而言,综合实践活动学科一直在不断尝试和探索。例如,我校有一块属于学生在生物领域探究的实践乐园——学生种植试验基地,我们的科技组教师带领学生们在这个实践乐园里幸福成长着,这是学校为学生搭建的发展平台。无论是学生个人、小组或班级近些年来都有丰硕的成果,教师们把学生成果汇集成成果集——《心泉特刊》。

目前，在"深化落实教育领域综合改革精神"的背景下，我校以办学理念核心的学科联合，开展主题学习活动就是在实实在在落实"深综改"工作任务，着力优化课程结构，强调课程的整体性和连贯性；鼓励突破学科课程壁垒，构建开放、综合和以学生学习为中心的课程。加强各学科之间的融通与互动；聚合并优化各类课程资源；帮助学生建立综合学习与实践的意识，掌握综合学习的方法，形成综合能力；各学科借助学校之力，全面开发各种资源，努力为学生创造实践条件。

四、教学过程设计

现在我校经过努力整体构架了以"灯韵"为主题的探究学习模式，综合实践活动等多学科在这样的框架下已设计了根据不同年级的学生，纵向深入的不同主题学习过程。综合实践活动学科分学段，按学生适应的学习方式进行教学。

以中学段为例，教学过程设计见表1-4-1。

表1-4-1　中学段教学过程设计表

活动过程	教师行为	学生行为
主题引入	一、激发兴趣，让灯笼"动"起来 以让学生利用旧玩具的动力原理和已有的科学知识引导知识迁移。	学生讨论、思考。 学生观察灯笼的结构与动力装置，思考产生动力原理。
合作探究	二、小组合作 1. 协助研究相同主题内容的学生进行合作。 2. 指导学生根据自己的优势进行小组分工。 3. 引导学生思考设计如何使动力装置应用到动力的结构上，就是如何使灯笼按设想的动起来。 4. 引导学生预设所需的材料、工具，并分析可能遇到的困难。	1. 寻找动力应用相同的同学合作，并进行协作分工。 2. 学生动手画设计图，小组交流确定转动结构的设计。 3. 学生思考工具、材料及可能遇到的困难。
动手实践	三、制作与交流 1. 帮助学生完成制作让灯笼"动"起来。 2. 帮助学生解决结构连接遇到的困难。 3. 强调学生主动参与，协作互助。	1. 学生动手制作。 (1)学生小组分工协作。 (2)动力装置应用到动力上，进行尝试让灯笼"动"起来。
经验交流	四、展示交流 1. 是按设计完成的吗？是否成功？ 2. 遇到的困难是什么？是如何解决的？ 3. 其他小组有何建议？	2. 介绍以探究为主的学习过程，以及成败的感受。

我们的学科遵循学生年龄段的特点，在经历启发思考、合作探究、动手实践、作品赏析等环节后，落实了主题学习过程。

五、教学效果分析

以"灯韵"为主题的综合实践研究活动，学生通过查阅资料、讨论、设计创作、展示交流等方式，不仅学会了更多制作灯笼的方法，并在此基础上设计了"漂亮、会动、炫目"的灯笼，更深刻地认识到科学技术在生活中的作用，灯笼为我们带来的不仅是美好的寓意，带来更多的是传统文化的影响。此次"灯韵"主题学习活动使学生的主体性、参与性得到充分发挥，由于活动研究的是学生感兴趣的问题，因此，在活动中学生们都能积极参与。从学生的汇报过程中可看出，他们都有不同程度的收获，都树立了自信心，学生已懂得关注生活，懂得了发现他们生活中的问题，并知道这些问题及困惑可以通过什么样的方式进行解决。总之，学生的综合实践能力得到了有效提高，社会责任感得到了增强，具有很好的实效性。

第三部分　研究与分析

万泉小学以"灯韵"为主题，以"创意灯笼伴校园，主题学习伴成长"为目标的主题实践活动打破了教师"个体户式"的工作方式，是跨越学科边界、课堂边界、资源边界、时空边界，构建了开放、综合和以学生学习为中心课程的典型范例，是实现了跨学科教研、多学科联动、多元化主题的一次成功的实践活动。

主要表现在以下几个方面：

第一，针对主题学习进行深度挖掘，持续推进，实现了师生学习的有效发生与拓展。

"灯韵"主题学习的开发是一个完整的培育链。灯笼主题设计——不同年级的设想——灯笼实践活动学生核心素养的提升——灯笼产品及拓展产品的形成等，每一个环节的精心安排都为学生提供了更多做中学、玩中学、游戏中学的时间和空间，为教师提供了更多的自我充电、设计课程和教学的时间与空间。这一活动把更多的课程选择权交给学生，把更多的课程开发权交给教师，把更多的课程设置权交给学校。凸显了完善课程设置、推进选修课程建设、增强选择性学习、转变育人模式的深化课程改革的核心理念。让学校从因材施教出发，打破高度统一的育人模式和教学方式，构建富有时代精神、体现多元开放、充满生机活力、多层次、可选择的课程体系，让学生、教师真正成为教育的主体，从而真正实现学生的个性化学习、教师的因材施教和学校的特色化、多样化发展，满足经济社会发展对多样化人才的需求，实现教育的现代化发展。

第二，整体构建，整合融通，致力于多重教育意义的发生。

在落实北京市新的义务教育课程调整文件的过程中，学校整体统筹，既立足常规的课堂教学主阵地，又积极研究"各学科都要用 10％课时用于实践性学习"的要求，整合融通。学校围绕着"灯韵"这一主题学习内容，不同学科开展不同主题，同一学科不同年级也有不同的活动，为实现"跨学科、跨年级的综合类、探究类"的作业布置提供可能。同时"灯笼"本身的传统性、普及性和感染性激发了学生们极大的兴趣，为引领学生们完成有效作业和学习拓展、为家长积极参与陪伴学生成长、为非物质遗产专家的亲临指导奠定基础。

（设计者：景小霞、李伟、金毅、刘莉、路红梅、
管立、胡益红、孙燕、王吉根、于海平、郭立军、
刘伟、林波）

学校篇

安全标志大调查
——小学品德与生活学科实践活动案例

一、主题内容设计

"安全标志像警灯"是首都师范大学出版社出版的《品德与生活》二年级上册第二单元"懂规矩守规则"主题四"生活处处有规则"中的内容，是依据课程标准在健康安全的生活方面提出认识常见的安全标志，遵守规则，不到危险的地方去玩，避免意外伤害的要求而设置的。

教材中这一教学内容是引导学生走向社会，寻找生活中的安全标志，在活动实践中观察、体验、感知、思考安全标志在生活中的重要性，引发学生认识安全标志的名称，了解安全标志的特点，认识到不注意安全标志的警示违反社会规则而带来的灾害，危及个人生命安全，帮助学生增强社会生活中的规则意识、安全意识。

在现实生活中，家长接送学生时就有忽视信号灯、斑马线的存在，横穿马路到学校的现象，学生也缺乏按照安全标志的提示去做的安全意识、规则意识。在与学生平时的谈话中发现，学生虽然生活在小区里，但没有注意过安全标志的提示地点和内容，对于超市、公园、学校附近街道等场地的安全标志也关注不够。

为此，引导学生在教师、家长的带领下，课前开展寻找、访谈、拍摄、记录生活中的安全标志的实践活动对于提高学生认知，强化安全意识、守规意识至关重要。考虑到二年级的学生年龄还小，不具备独自走上社会观察生活的能力；社会中存在安全标志的场所比较多，分布在社会的方方面面，各个角落，学校不便组织学生集体开展实践活动。所以，课前的学生实践活动采取分散的形式进行，体现在时间、人员和地点上的分散，要求在一周的时间里，利用上下学路上时间，课余和周末的时间，在父母的陪同下，在小区内、街道上、公园里、超市内、电影院、地铁里等地方寻找安全标志和提示语，通过相机、手机拍摄等方式记录下来，可以自己设计记录单，记下寻访的地点、人、内容和数量，还可以用绘画的方式记录过程，并在父母的讲解、工作人员的介绍、采访路人的活动中了解安全标志的作用。让学生在与社会接触、与生活的联系中，提高观察能力、分析能力、汇总能力、学会生活的能力，也为下一阶段在课堂中的实践活动奠定基础。

前期的实践活动会使学生有很大的收获，为了巩固学生在真实生活中获取的认知，进一步提高学生能力，为此安排在课堂中进行以汇报、交流为主的实践活动，让学生在讲述、倾听寻访故事和收获的过程中增强守规意识。基于以上分析，设计了以

"安全标志大调查"为主题的实践性学习方案。

二、目标设计

(一)知识与技能目标

能够找到小区内、公园里、超市中、街道上等地方的安全标志，知道生活中常见的安全标志的作用，能根据生活场景放置安全标志。

能根据安全标志的特点进行分类，提高动手、分析、辨别能力和与人沟通的能力。

(二)过程与方法目标

在寻找、询问的过程中，学习在生活中调查的方法。

在给安全标志分类的过程中，学习分类的方法。

在给场景放置安全标志的过程中，提高守规意识。

(三)情感、态度与价值观目标

乐于参与走到社会寻找安全标志的活动，并在实践活动中，积极地去寻找、询问、交流，发现安全标志的放置地点和安全标志的作用，进而乐于关注生活、热爱生活。

在参与实践中，能够逐步增强安全意识、守规意识，愿意按照安全标志的提示去做。

三、资源与实践条件设计

(一)课前实践活动

寻访地点：学校周边、上下学街道、小区内、超市里、公园中、电影院、地铁里、动物园等与学生生活紧密联系的地方。

参与人员：根据家庭实际，在家长的带领下参与活动，家长能够给予学生适当的讲解，并鼓励学生大胆地去询问相应的工作人员，找到安全标志的摆放位置和作用。

记录方式：能够用相机或手机拍摄安全标志的放置地点和作用，体现寻找的过程，鼓励自己设计记录单，或用绘画等形式记录实践的收获，随时将寻找的成果照片上传到微信平台上。

(二)课堂实践活动

物品准备：学生参与分类活动的多种安全标志若干，需要张贴安全标志的生活场景图。

四、过程设计

(一)第一阶段：课前实践活动

1. 发放课前实践活动方案

环节设计意图：让学生和家长了解课前实践活动的意图、内容、操作方法和要求，鼓励学生大胆地走向社会，积极参与实践活动，在亲身体验中有真实的收获。

(1)安全标志导入，激发兴趣

①出示生活中常见的安全标志。

②提问：这些标志你见过吗？

③小结：这几个都是安全标志，分布在我们生活的方方面面，只要你留心观察就随处可见。

(2)了解课前安全标志大调查活动

①出示安全标志大调查活动方案。

②讲解活动目的、操作方法和要求。

这些安全标志就分布在我们的生活中，请同学们在家长的带领下，利用周末、上下学的路上等课余时间，在一周内完成安全标志大调查的任务。你可以先和父母商量一下调查的地点，可以是学校周边、大街上、超市、商场、小区、公园等，你和父母常去的地方或经过的地方都可以作为调查场所，也可以是几家结组共同开展活动，在活动中可以让家长讲讲安全标志的名称和作用，也可以找工作人员或路人，把安全标志用相机、手机拍摄下来，也可以画下来，做好记录留存，因为我们还要开展安全标志大调查汇报会。这个安全标志大调查活动方案每人一张，请大家拿回去给家长看，并和家长商量制订调查的计划，随时请家长将调查的照片上传到指定微信平台上。

2. 学生开展安全标志大调查，微信平台监控学生的实践情况

环节设计意图：在一周的时间里，采取个体与小群体相结合的形式进行，以随时上传实践活动照片到微信平台来监控学生的实践情况，利用网络资源的微信平台，不仅可以展示还可以交流，增强学生的成就感。教师也可以随时鼓励、指导，将课堂的空间和时间无限地拓展，充分体现了品德与生活课程的开放性。

①开展安全标志大调查，上传活动照片。

②微信平台上交流调查的地点、内容和故事。

③教师按照自然小组，将学生调查的照片下载分类存到一个文件夹中，供学生分享时使用。

(二)第二阶段：课堂实践活动

1. 召开安全标志大调查分享会

(1)介绍安全标志大调查分享会要求

环节设计意图：明确交流内容和操作办法，保障活动的顺利进行。

①课件播放微信平台上的展示情况，激发交流欲望。

截至现在上课，全班同学都在微信平台上展示了和爸爸妈妈一起调查安全标志的情况，我们一起来看一看，数一数，你们一共上传了多少调查成果。

②提出调查分享活动的方法。

请你们先在小组中商议介绍的内容和方式，要求把调查的安全标志名称和作用介绍清楚，同时每个小组至少说一个关于安全标志的真实事例。

(2)分组汇报安全标志大调查的情况，体会安全标志的重要作用

环节设计意图：通过小组汇报展示课前的实践活动成果，帮助学生提高对安全标志的认识，体会安全标志的重要作用，增强学生学习的自信心和成就感。

①分组到前面汇报，教师配合学生播放课前拍摄的照片、视频。

②同学之间相互提出问题或补充安全标志的相关内容。

③讨论：如果没有这个安全标志，或者不按照安全标志的要求去做，会有什么事情发生？

④小结：按照安全标志的提示去做，不仅可以保证生命安全，维护生活秩序，还体现了一个人的文明素养。

2. 给安全标志分类，了解安全标志的特点

环节设计意图：通过在小组内观察、讨论，开展给安全标志分类的活动，引导学生了解安全标志的特点。

(1)介绍分类活动

通过前期的调查和刚才的汇报，我们已经认识了生活中的安全标志。现在我们小组同学都有一些安全标志的图片，和黑板上的相同，请大家一起给安全标志分分类，分的时候要说明理由。

(2)小组开展给安全标志分类的活动

(3)借助大屏幕，让学生通过触摸、拖拉，汇报分类的结果

(4)小结

蓝色、黄色、绿色和红色这四种颜色都是安全色，不同的颜色表示不同的意思。比如，蓝色方框标志提示我们必须遵守；红色的圆形框标志就表示禁止人们的某些行为；绿色方框的标志是向人们提供一些信息；黄色三角形的标志是向我们发出警告，说明这里存在危险。

3. 放置安全标志，提高遵守规则的意识

环节设计意图：此环节选取了教材中呈现的两个事例，又根据学生的实际扩充了上山游玩饮水、动物园攀越护栏等内容作为教学资源，同时借助学生的生活经验，通过小组合作学习的形式为八个场景选取安全标志，并交流选取的理由，同时将学生平时经历的、看到的不按照安全标志提示去做、不遵守规则的现象作为资源，进一步提高了学生自觉遵守规则的意识。

过渡语：安全标志在生活中随处可见，处处提示着我们要按照安全标志的提示去做。可是有的人将安全标志不放在眼里，出现了一些现象，让我们来看看吧。

出示生活中一些不按安全标志提示去做的场景。

在这些场景中，你有什么发现吗？你想用什么安全标志来提醒他们呢？

介绍活动方法：每5人一个小组，根据场景，选择手中或小袋中的安全标志，粘贴在合适的场景中，并说明理由。

借助实物投影，汇报小组安放安全标志的情况。

提问：你在生活中见到过这样忽视安全标志的存在而受到伤害的现象吗？

小结：同学们，安全标志就像警灯，分布在我们生活的方方面面，遵照安全标志去做就是自觉遵守规则的表现，规则和我们每个人相连，它就在我们身边，大家都遵守规则，就会使我们的学习和生活有秩序，保证我们的生命安全，体现出我们的文明素质，希望同学们在生活中能够增强安全意识，自觉地按照安全标志的要求去做，做一个遵守规则的小公民。

五、效果分析

(一)充分做好学情分析，为学生真实获得设计课前实践活动

针对学生有受家长的影响或不关注，或违反安全标志提示要求，造成不遵守社会规则的现象存在，对于安全标志也缺乏认识，为此我设计了"安全标志大调查"的活动，帮助学生接触社会，通过亲身体验获得对安全标志的名称和作用的认识。有的学生在汇报时说："有一次我和妈妈在路边等车，就发现一个叔叔从马路中间的护栏迈过去，这时刚好有一辆汽车经过，差点就撞到他，他怎么没看见护栏上的禁止跨越标志呢，这样多危险啊。"还有的学生汇报说，自己在家里看见一箱爸爸带回来的东西，很是好奇，刚要打开就被爸爸制止了，因为那是要消灭蟑螂的有毒物品，还让他记住那个"禁止触摸"的标志……这样的汇报还有很多，学生从活动前的无知到略知，再到活动后说得头头是道，可见通过课前的大调查活动，学生有了真实的获得。

(二)利用课前实践资源，为学生巩固所学设计课堂实践活动

有了课前的实践活动，学生对于安全标志的名称和作用已经有了初步认识，从微

信平台上传的结果分析，学生还对安全标志的作用存在着片面的认识，为了解决认识不全面的问题，以及安全标志的特点和实际导行，又设计了课堂实践活动。每个活动都针对不同的问题展开。

学生在进行安全标志大调查的汇报会时，台上台下针对安全标志维护生活秩序的问题和体现文明素养的问题进行了深入的分析。有的同学说："如果在大街上，机动车、非机动车和行人各行其道，一定不会有交通拥堵的现象。"有的同学说："地铁门那有一道黄线，那就是让人在那儿等着，还要按照箭头的指示排队，不排队上车就是不文明"……帮助学生弥补在课前实践活动认识的不足。

同时还借助学生课前寻找的安全标志的活动，让学生开展分类活动，帮助学生了解安全色；借助学生熟悉或不熟悉的生活场景，开展为场景贴安全标志的活动，引起学生对生活问题的关注，从而达到自我教育，提升了学生对守规则意识的认识。

（设计者：李伟　北京教育学院附属大兴实验小学）

基于"安全标志大调查"案例的研究与分析

"安全标志大调查"这一主题实践活动是教师结合品德与生活学科教学内容，从学生现实生活中寻找与学科内容有关的问题确定的主题内容，这一主题所涉及的安全标志的相关内容与学生的生活息息相关。无论是课前的寻找安全标志，还是课上的汇报展示、学习安全标志的重要作用，学生都在学习、实践活动中加深了对安全标志的认识，提高了遵守规则的意识。这些都是基于学生对生活的关注和切实的生活体验，着实体现了"教育即生活，生活即教育"这一教学理念。

（一）密切关注学生生活，加强教学的针对性

本主题的一个显著特点，就是以学生现实生活为源泉，以学生的生活实际问题为出发点，以学生的现实需要为切入点，激活学生现有的知识和经验，引导学生感悟按照安全标志的提示去做的重要性，在互动交流中增强认识，在实践活动中提高能力。

从学生平时对安全标志认识不足、忽视安全标志的作用的实际问题出发，选取生活中不被关注的跨越护栏、随处玩耍等场景，通过分辨交流，强化了不按照安全标志的提示去做，就会危及生命、影响生活秩序的意识，引发学生的高度重视。根据学生的年龄特点，采取课前调查、课上交流分享等方式开展实践活动，围绕目标层层递进，突出了教学的针对性。

（二）充分发挥学生的主体作用，注重学生的真实践、真体验，增强教学实效性

教师灵活、有效运用体验学习、探究学习等学习方式，发挥了每一种学习方式的

效用，真正促进了学生的发展，在课前的安全标志大调查和分享会等活动中，学生搜集和整理信息等能力得到了培养，每一名学生在活动中都获得了真实的感受与体验，这种内心体验是他们形成认识、转化行为的原动力，学生的主体作用得到发挥，使活动具有较强的实效性，同时学生在活动中积极踊跃，交流时大胆、自信，享受着实践活动的乐趣和收获。

（三）运用现代信息手段，突出"互联网＋"教育，搭建了家校协同教育的桥梁

随着信息化的发展，计算机多媒体和网络技术应用于教学已成为教师改进和优化教学的首选途径。本主题实践活动中教师借助多媒体将学生寻找的安全标志和生活中一些不按照安全标志提示去做的生活场景照片等内容呈现出来，架起了与学生生活的联系，引起了学生对安全标志在生活中起到重要作用的关注，突出了教学重点。

在活动设计中，教师设计了让家长协助学生一起进行安全标志大调查的活动，并有效借助微信平台，通过家长的互联网参与，既教育了学生也教育了家长，小手拉大手，也为家长对孩子的监督奠定了基础，为学校教育与家庭教育搭建了桥梁，很好地实现了学校教育与家庭教育的结合。

可以说，这种实践性的学习方式，使学生在兴趣盎然的状态下学习，逐步加深了对安全标志的认识、自觉遵守规则的认同感，提高了原有认知，增强了对社会生活的关注，强化了规则意识，进而通过品德与生活课程的学习指导学生健康、安全地生活。

（分析者：辛士梅　北京市大兴区教师进修学校）

向国旗护卫队叔叔学习，争做升旗手

——小学品德与生活学科实践活动案例

一、主题内容设计

品德与生活课程是以儿童的生活为基础的活动型综合课程，具有生活性、活动性、综合性和开放性等学科特征。其性质和特征决定了在设计品德与生活课程的教学时，要采用符合低年级儿童年龄特点的活动形式，让教与学植根于儿童的生活，这样才能提高品德与生活学科教学活动的质量。

"向国旗护卫队叔叔学习，争做升旗手"是首都师范大学出版社出版的《品德与生活》二年级上册第一单元"爱祖国多自豪"中"祖国在我心中"的一个主题。本单元的教学旨在引导学生尊敬国旗、国徽，学唱国歌，为自己是一名中国人感到自豪；知道争做升旗手，是尊敬国旗、热爱祖国的表现。

但"升旗手"这个概念对于二年级的学生来说，既具体又抽象。说它"具体"，原因在于就"升旗手"的形象而言，学生并不陌生：有的学生观看过天安门升旗仪式，他们会感叹于升旗手的威武；大多数的学生参加每周一的校园升旗仪式，他们会羡慕升旗手的光荣。说它"抽象"，主要是源于他们没有理解升旗手所担负的使命，不能把"升旗手"与"热爱祖国的具体行为"建立起联系，所以"升旗手"对于学生而言，只是一个形象，缺乏对其内涵的深入理解。要想使得学生对于升旗手有一个立体的、全面的、深入的了解，就要带领学生走进升旗手的生活，用自己的眼睛观察，用自己的心灵感悟、理解"升旗手的使命""责任""光荣"，激发学生的爱国情感。于是，我们设计了几个实践活动，让学生在实践中获得真实体验，在活动中获得直接感受和情感激发。

第一个活动：来到天安门广场，看国旗护卫队战士升国旗。

第二个活动：带领学生走进国旗护卫队，进行参观和学习。

第三个活动：请学生亲自体验国旗护卫队升旗手的训练生活。例如，学着叔叔们的样子将腿上绑上重重的沙袋，再练习踢腿摆臂等。

设计的这些主题实践活动，在课前进行，为这一内容在课堂教学奠定了良好基础。

二、目标设计

通过参加天安门广场的升旗仪式，了解升旗手的含义，体会祖国升旗手的威武，感受升国旗的庄严，萌生升国旗时的自豪感。

通过参观国旗护卫队，了解升旗手的职责，深入理解升旗手守卫国旗的荣耀和责任。

通过体验国旗护卫队升旗手的训练生活，知道升旗手是肩负重要职责的，知道当好升旗手要付出辛苦的努力。

三、资源与实践条件设计

(一)活动资源

1."向国旗护卫队叔叔学习，争做升旗手"参观学习单(表 2-2-1)

表 2-2-1

向国旗护卫队叔叔学习，争做升旗手

1. 看一看

国旗护卫队叔叔是怎么训练的？把你的发现记录下来(拍照、画画或用一句话等方式)。

2. 听一听

听国旗护卫队叔叔讲故事，画画你的心情脸谱。

画画我的心情。

3. 想一想

国旗护卫队的叔叔为什么要这样做？

4. 问一问

采访一下他们，看看和你想的一样吗？

设计意图：在参观国旗护卫队时，学习单作为参观学习的提纲，起到引领实践的作用。以低年级学生易于接受的"看一看""听一听""想一想""问一问"等活动形式，引导他们去观察、去感悟升旗手守卫国旗的荣耀和职责。在与国旗护卫队叔叔的互动过

程中，逐步感悟"升旗手"的深刻内涵。

2. 实践活动教具准备

体验国旗护卫队叔叔训练生活的教具：十字架、沙袋、扑克牌、背包带等。

设计意图：这不仅能引发学生对在国旗护卫队实地参观情景的回顾，更能够让学生有真实体验，从而深刻领悟与理解作为升旗手的辛苦付出与努力。

(二)实践条件

1. 知识储备

在活动前，请学生通过各种形式(如看电视、书籍、问爸爸妈妈、查询网络等)搜集相关知识，对天安门升旗仪式和国旗护卫队有简单的了解和认识。

2. 出行准备

提前做好集体出行准备，如集合时间、集合地点、出行要求等。

提前和国旗护卫队进行沟通和协调，说明学生情况和参观意图，在前期为参观学习做好铺垫和充分准备。

(三)课时安排

本活动共两课时，第一课时 20 分钟，第二课时 40 分钟。

四、过程设计

(一)第一课时(20 分钟)

在天安门广场看国旗护卫队战士升国旗；直观了解升旗手的含义，祖国的升旗手有多么威武，升国旗多么庄严，萌生升国旗的自豪感。

1. 来到天安门广场，等待升旗仪式

(1)谈话交流、列队等待

组织学生在天安门广场上安静、有序地列队；分享等待升旗的心情；引导学生观察来自祖国各地等待升旗的人们。

(2)提出问题

为什么每天升旗的时间这么早？

为什么有这么多人从四面八方赶来参加天安门广场的升旗仪式？

2. 参加升旗仪式，严肃、认真地向国旗敬礼

(1)参加仪式

用少先队员的方式，向国旗敬礼。

(2)引导观察

国旗护卫队叔叔是如何做的？感受升旗仪式的神圣和庄严。

3. 参加升旗仪式后，分享心情和感受

大家交流分享此时此刻的心情和感受，萌生作为中国人的自豪感。说说观察到的升旗手们是怎样表现的？想想这是为什么？

在此活动中，学生直观地了解了升旗手的含义，深刻感受了升旗手的威武，升旗仪式的庄严，并萌生作为中国人的自豪感，为下一个实践活动的开展做好前期铺垫和准备。

（二）第二课时（40分钟）

带领学生到国旗护卫队参观学习，了解升旗手职责，了解他们如何把对祖国的忠诚和热爱化作对国旗的护卫行动，深入理解升旗手守护国旗的荣耀与责任。

1. 参观国旗护卫队的展陈室，听国旗护卫队叔叔讲述国旗背后的故事

在国旗护卫队叔叔的带领下，参观展陈室，看照片，学习国旗知识，听发生在国旗护卫队的感人故事，如国旗之子、"三功"训练等。

和叔叔们互动交流，并将自己的感受和心得记录在参观学习单上。

2. 观看国旗护卫队的队列训练，感受升旗手的整齐划一与威武

观看国旗护卫队叔叔队列训练。

提出问题：叔叔们表现怎么样？他们是如何做到的？想亲自体验一下吗？

3. 学生亲自体验国旗护卫队升旗手的训练生活，感受辛苦付出

（1）体验训练

将腿上绑上重重的沙袋，练习踢腿摆臂。

（2）体验训练

将后背上背上十字架，练习后背挺直。

（3）体验训练

将手指压着扑克牌，练习手贴紧裤缝等。

（4）提出问题

经历了这样的训练，感觉怎么样？

（5）提出问题

为什么叔叔们要这样艰苦地练习和辛苦地付出？

（6）小结梳理

因为国旗代表国家，守卫国旗是光荣而神圣的使命与职责，国旗护卫队的叔叔们用最出色的表现守卫国旗，为国旗增添光彩，用这样的方式表达对祖国的热爱。

4. 号召大家争做升旗手，用实际行动为国旗增光，表达对祖国的爱

（1）提出问题

这里是天安门广场，你还见过哪里的升旗手？出示图片，了解祖国各地的升旗手，拉近"升旗手"与学生的距离。

我们怎样才能成为一名光荣的校园升旗手呢？

(2)填写"我要争做升旗手计划书"(表2-2-2)

号召大家积极加入争做校园升旗手的行列，并用自己的实际行动为国旗增光添彩，将教育落实到生活和学习中。

表2-2-2　我要争做升旗手计划书

1. 我的目标：争做校园升旗手
2. 为国旗添光彩，我要做到：
签名：　　　日期：

五、教学效果分析

(一)充分利用课前参加天安门广场升旗仪式和参观国旗护卫队等实践活动，感悟升旗手的深刻内涵，落实教学实效

充分利用"天安门升旗仪式"和"国旗护卫队"资源，学生在参观的过程中，用自己的眼睛观察，用自己的方式记录，用自己的心灵感悟，深入理解升旗手守护国旗的荣耀与责任。国旗护卫队英姿飒爽的战士形象、刻苦训练时使用过的物件、发生的一个个鲜活的、感人的小故事，都深深地触动着每一个学生的心灵。学生由最初的兴奋、好奇，慢慢转化为崇拜、追随。整个学习过程中，学生们心潮澎湃，幼小的心灵被一次次敲击、震撼。整个实践活动中，学生们有自己的观察发现、体验感悟，萌生了对国旗的崇敬、对升旗手的向往。在此基础上，开展"争做校园升旗手"活动，引导学生用实际行动为国旗增光添彩。

(二)将教育落实于实际生活中，有效落实了教育目的

学生感悟到了作为升旗手的深层内涵，于是萌生了要成为一名升旗手的强烈愿望。基于此，在课堂上，让学生充分体验升旗手的辛苦付出、感悟升旗手对祖国的热爱，进而体会想要成为一名升旗手就要用实际行动为国旗增光添彩。学生在参与体验的过程中，能够积极、主动地参与到争做升旗手的行列中来，使课前学习、课堂学习和实际生活有效融为一体，增强课堂实效。

（设计者：李维　北京市东城区史家小学）

基于"向国旗护卫队叔叔学习，争做升旗手"案例的研究与分析

李维老师执教的"向国旗护卫队叔叔学习，争做升旗手"这一课，很好地完成了实

践活动课程任务，并给予了学生生动有效的教育，这样的爱国教育能在学生心中深深扎根，能够给他们生动启迪，能够使学生自觉自愿地产生爱国情感，能够懂得爱国应该怎样付出行动，因此这样的教育有意义、有价值。李维老师的教学设计与实施有几个值得研究与思考的特点。

(一)从教学实践活动的整体设计看，注重学生参与道德实践、丰富道德体验

教师在本课教学活动中，不是仅仅作为道德知识或行为规范的传授者，而是创设条件，让学生参与实践活动，让学生在实践活动中充分感受蕴藏于活动中的真情实感；充分体验融合在实践中亲历经验，这样的教与学将被动的学习变为主动的感知与领悟。比如："观看升旗活动"现场的庄严和神圣感不是靠说教能够传递和达成的，只有亲历才能获得体验，才能起到波动学生心弦的作用。"参观国旗班训练"真实直观感受，才能帮助学生懂得什么是升旗手的责任与光荣。由于教师的这些活动设计目的明确，并参与真实，感受直接，所以为进一步教学奠定坚实的认识基础，也为学生的爱国情感激发与深入领悟做了重要铺垫和启蒙。

(二)从教学实践方式选用与实施看，注重实践突破教学时空的局限

本课教学的实践活动如果仅限于课堂内，40分钟之间，那么显然难以达成，为了获得教育教学的有效性，教师突破了课堂的时空限制，开拓多种形式的本课实践活动，充分利用10%实践活动课时，组织学生在天安门广场、在国旗班、在校园升旗场景等更广阔的空间中参与实践活动，进行有意义的实践性主题学习，使学生真正成为学习的主体，把学习变得生动积极有效。

(三)从教学实施活动的细节看，注重活动过程中的启发与引导

教学细节的深入引导是提高教学有实效的生长点。在本课教学中，引导学生对道理领悟的深浅关键在于教的细节设计和学的细节捕捉与引导。李维老师非常注重教学细节的设计和引导因而具有很好的教学实效。比如，"祖国各地的升旗和各种各样的升旗手"的介绍与展示活动，这个活动虽小，但是让学生了解了从天安门升旗手到祖国各地各种年龄和身份的升旗手，感知升旗手的高大与平凡，拉近了升旗手与自己的关系；同时感受到了升旗手平凡中质朴的爱国情感。在"腿上绑沙袋训练"的实践体验，在体会到辛苦的同时，引导学生感知做升旗手的责任和努力。教育在细微之处渗入，起到了润物细无声的教育功效。

(分析者：胡玲　北京教科院基教研中心[①])

---

① 注：北京教育科学研究院基础教育教学研究中心，简称北京教科院基教研中心。

独特的中国汉字
——小学品德与社会学科实践活动案例

一、主题内容设计

《义务教育品德与社会课程标准(2011年版)》的"课程性质"部分明确指出:"品德与社会课程是在小学中高年级开设的一门以学生生活为基础、以学生良好品德形成为核心、促进学生社会性发展的综合课程。"品德与社会学科的性质是"综合性""实践性""开放性"。此外,课程标准的"课程资源开发与利用建议"中也指出,本课程的资源是多样的。充分开发、有效利用课程资源,对于丰富品德与社会课程内容,增强课程的开放性、生成性和教学活力具有重要意义。基于此,品德与社会学科教学必须重视并适时开展有效的实践活动。

此活动案例是以首都师范大学出版社出版的《品德与社会》五年级上册"古老的民族"这一单元的"独特的中国汉字"为基础进行设计的。教材中的"独特的中国汉字"一课旨在了解汉字的起源、发展演变、神奇有趣以及独特的书法艺术,感受汉字的独特魅力和价值所在,从而体会汉字是我国古代劳动人民的智慧结晶,增强对汉字文化的热爱之情和民族自豪感。

根据以上教材中的目标定位,在此基础上尝试本次实践活动的设计。

(一)基于学生实际情况和教学活动内容设计实践活动

结合五年级学生年龄、思维方式、接受能力、兴趣爱好以及对于汉字的起源、发展演变等历史方面的学习内容距学生生活较远的实际情况,设计时力求改变传统的课堂学习方式,大胆尝试通过开展丰富多彩的学科校内外综合实践活动的方式激发学生的兴趣点,促进学习目标地有效达成。

(二)基于优质的博物馆资源设计实践活动

北京拥有丰富优质的博物馆资源,这是品德与社会学科开展实践活动得天独厚的优势。其中,国家典籍博物馆馆藏丰富,馆内一片片价值连城的龟甲兽骨、一个个清晰可见的殷商文字、一幅幅气韵非凡的书法墨宝、一段段精准无误的史学资料……典籍馆内鲜活生动的优质资源为传统课堂提供了补充,典籍馆成为本次实践活动校外资源开发利用方面的首选之地,结合场馆资源特点,设计了"走进国家典籍馆感受汉字独特魅力"的校外实践活动,拓展了学习活动空间,丰富的资源也为活动顺利有效开展提供了有力保证。

"走进国家典籍馆,感受汉字独特魅力"校外实践活动以"给汉字建立小档案"的主要任务为驱动，在参观博物馆的实践活动中，学生以小组为单位，通过导学单引领参观学习活动，了解汉字的创造、发展演变和书法艺术等方面的基本情况。参观中，教师适时集中学生，结合展品通过交流讨论、合作探究等方式引导学生感受汉字传承历史、承载文明、表达审美、彰显智慧、蕴含思想等独特魅力和价值所在，从而深入理解体会汉字中蕴含的中华文化的精髓和中华民族的智慧，增强对汉字文化的热爱之情和民族自豪感。

二、教学目标设计

通过校内外实践活动，感受汉字的价值和独特魅力，进一步体会中华民族的智慧，增强热爱和尊重汉字文化之情以及传承汉字文化的意识，激发民族自豪感。

通过参观典籍馆的展览和布置专题展等实践活动，逐步提高搜集、整理、运用信息的能力和小组合作的能力。

通过参观典籍馆的实践活动，初步了解汉字发展的历史和造字特点，了解汉字的书法艺术，知道在这一领域内，我国书法名家辈出。

三、资源与实践条件设计

(一)教学资源

1. 校外场馆资源

组织学生走进国家典籍博物馆，参观甲骨文记忆展、我们的文字展和历代经典书法展。学生通过参观文物、拓写文字、模拟体验、互动游戏等多种方式，了解汉字的起源、创造、演变和书法艺术以及汉字与社会的关系等内容。

2. 校园文化资源

组织学生在校内设置的"品德与社会学科活动空间"布置专题展览："文字——人类伟大的发明"并以此开展创意讲解、校园报道、寻找榜样等系列校内实践活动。"笔墨留香"书法社团是我校精品社团，恰逢书法社团开展书法展，参展作品都是本校学生亲笔所书，也是本活动能够利用的教学资源。

(二)实践条件

1. 学情分析

学生对汉字都很熟悉，天天写，天天用，非常认同汉字在生活中的使用价值，虽然对古老汉字背后深藏的内涵意蕴和汉字是中华民族智慧的结晶缺乏深刻的理解和理性的思考，但是愿意走进汉字的王国，探寻汉字的魅力。另外，学校重视学生的全面发展，经常组织开展社会实践活动，学生具备一定的实践活动能力。

2. 导学单

精心设计了导学单"汉字小档案",使校外实践活动更具导学性和实效性。

(三)课时安排

本活动共分两个阶段:校外实践活动阶段、校内拓展活动阶段。

四、教学过程设计

(一)第一阶段(校外实践活动阶段)

开展"走进国家典籍馆,感受汉字独特魅力"校外实践活动,学生在完成"汉字小档案"学习成果的过程中,进一步了解汉字的起源和发展演变及书法艺术等基本情况,感受汉字的独特魅力,体会汉字是中华民族智慧的结晶,增强对汉字的热爱、尊重和民族自豪感。

1. 做好"走进国家典籍馆,感受汉字独特魅力"校外实践活动的各项准备活动。

(1)创设情境,进行实践活动总动员

(2)自由结组,起好组名,明确分工,发布任务

初步完成导学单"汉字小档案"。

在国家典籍馆内搜集、归纳、整理好有关汉字的图片、文字等资料,为课后拓展阶段的校内实践活动做好准备。

(3)做好实践活动所需的学习工具等物品准备

笔、学习单、记录本、照相机、录音笔等。

(4)明确参观的注意事项

2. 参观"甲骨文记忆"展览,了解汉字的起源

(1)了解"汉字的创造者"

教师组织学生认真阅读"汉字的起源"展板资料,完成导学单"汉字小档案——创造者",了解汉字的创造者,初步产生对古代劳动人民的热爱之情。

组织学生集中交流,引导提升

教师提问:汉字到底是谁创造出来的?请你说出理由。

学生根据资料和导学单回答问题。

教师引导:通过汉字的数量和汉字含义、用法等引导学生认识到汉字应该是广大劳动人民在漫长的岁月中慢慢地创造出来的,初步感受古代劳动人民的聪明智慧。

小结:汉字是以仓颉为代表的广大劳动人民智慧的结晶,《仓颉造字》是个美丽的传说。从展板资料看,仓颉可能是对汉字进行整理和规范的第一人。仓颉非常了不起,是非常值得我们敬仰的,所以人们还修建了仓颉造字台来纪念他。

(2)研究"汉字的起源与创造"

教师组织学生认真观察展柜中龟甲兽骨上的文字，并阅读"汉字的创造"展板，完成导学单"汉字的婴儿期——甲骨文"，初步了解甲骨文的外形特点，进一步感受古代先人的聪明智慧。

组织学生集中交流，引导提升。

教师提问：请你认真阅读"汉字的创造"展板的字例信息，结合《说文解字》，探究祖先是怎样创造出汉字来的，谈谈你的感想。

教师引导：以展板上"女""上""武""河""孝"等字为例，引导学生结合各个字的字形、本义和自己的生活经验，研究造字的方法，体会造字的巧妙，深入感受中华民族的聪明智慧，增强民族自豪感。

小结：我们的祖先不但善于观察，抓住了大自然中事物的外部特征进行勾画，而且勤于思考，巧妙地创造了意蕴丰富的汉字，汉字蕴含了祖先对世界万物的看法，做人的道理，中华民族的传统美德等，小小的汉字彰显着中华民族的大智慧。

3. 参观"我们的文字"展览，了解汉字的发展演变

(1)了解"汉字的年龄"

教师组织学生阅读"重现的文明"展板资料，完成导学单"汉字小档案——年龄"，初步感受汉字的古老。

组织学生集中交流，引导提升。

教师提问：据推测，汉字产生的年代应该比甲骨文早得多，谈谈你的感想。

教师引导：引导学生计算汉字的年龄，体会汉字的历史悠久与古老，增强民族自豪感。

小结：我们的汉字历史悠久，非常古老，是世界上最古老的文字之一。它传承着我们中华民族几千年的悠久历史和文明发展的历程。

(2)研究汉字的成长历程(发展演变)

教师组织学生认真阅读"汉字的演变"展板资料，初步了解汉字的发展演变过程，完成导学单"汉字小档案——成长历程"。

组织学生集中交流，引导提升。

教师提问：结合汉字成长历程中每个阶段的外形变化，你发现汉字的发展演变有什么规律呢？谈谈你的感受。

教师引导：通过展板中"女""朝""马""身"等字的演变，引导学生从字的形状、笔画等方面观察变化，在观察、思考中，不断寻找和发现汉字演变的规律，初步培养学生的观察能力和思维能力。

小结：汉字就是这样从图形变为笔画，从象形变为象征，从复杂变为简单的。小

小的汉字从诞生到现在不断发展变化，这个发展演变的过程不是像我们看起来这样简单，这个演变发展过程无不凝聚着广大劳动人民的聪明智慧和创造力。

4. 参观"向经典致敬"经典书法展，感受书法艺术的独特魅力

教师组织学生欣赏展览中的历代经典书法作品（临摹），完成导学单"汉字小档案——艺术之美"，了解历代有所成就的书法家和经典书法作品，初步感受书法艺术的独特魅力。

组织学生集中交流，引导提升。

教师提问：结合历代经典书法作品，谈一谈你眼中的书法艺术有怎样的魅力？

教师引导：引导学生从字体、风格的不同方面进行欣赏和表达，感受书法艺术的独特魅力。理解书法不只是简单的书写，而已成为表达中华民族审美的载体和审美的标准。

小结：书法很美，有的字体端庄秀丽，有的字体或潇洒飘逸，很有意蕴……古往今来，我国书法名家辈出，创造了不同的字体，不同的字体不同的美，相同的字体不同的风格。

5. 总结

教师组织学生集中，总结参观学习活动，畅谈收获，评价实践活动的效果（表 2-3-1），布置拓展延伸的作业。

表 2-3-1 "走进国家典籍馆感受汉字独特魅力"品社学科实践活动情况评价表

评价项目	评价内容	自画像			伙伴眼中的我			老师眼中的我		
		优秀	良好	加油	优秀	良好	加油	优秀	良好	加油
活动态度	对本次实践活动兴趣很浓									
	活动认真，一丝不苟									
	参与活动积极主动									
交流合作	能经常同小组成员交流									
	和合作伙伴愉快相处									
	表达条理清晰声音洪亮									
文明参观	遵守场馆的各项要求									
	尊敬场馆中的工作人员									
活动效果	导学单填写认真、正确									
	搜集的资料翔实、典型									
	能独立完成小组任务									
我的收获与努力方向										

(二)第二阶段(校内拓展活动阶段)

开展以"汉字——人类伟大的发明"为主题的校内拓展活动,通过组织学生整理资料,布置展览,创意讲解,校园报道等系列活动,再次理解汉字的独特魅力,进一步体会中华民族的聪明智慧,增强对汉字文化的热爱、尊重之情和传承文化的意识,激发民族自豪感。同时提升收集、整理、运用信息的能力,小组分工协作的能力,语言表达以及书写能力等综合能力。

1. 布置展览

组织学生把从国家典籍馆和其他途径(上网、查阅书籍、调查访问等)收集的图文资料进行分类、筛选,完善"汉字小档案",形成小报、简笔画、连环画、创意手工等不同形式的作品,收集我校"笔墨留香"书法社团学生的书法作品,在学校开放空间布置"汉字——人类伟大的发明"的展览。

2. 创意讲解

鼓励并引导学生以班级为单位编写相关讲解方案,物化学习成果,以不同的方式进行创意讲解展示,如诗朗诵《赞汉字》、快板《话说甲骨文》、情景剧《文明重现》、互动游戏《前世今生猜姓氏》、热点新闻系列报道《火热的汉字文化》、系列微课《汉字里的小秘密》等。

3. 学科联手,实践拓展

与语文、书法、综合实践等学科联手,开展"我是汉字文化小使者"的活动,从我做起,把热爱汉字文化之情落实到行为实践中,使写好汉字、用好汉字、传承汉字文化形成习惯。聘请书法社团的小书法家现场指导学生怎样进行赏析品评,用学生身边的榜样激发其对书法艺术的热爱之情。

4. 校园报道

组建"慧眼观察记者团",招募"汉字报道小记者",鼓励并引导小记者寻找、发现我校的"汉字文化小使者""身边的小书法家",就其事迹等进行相关的校园报道。

五、效果分析

《北京市实施教育部〈义务教育课程设置实验方案〉的课程计划(修订)》的实施,给品德与社会教学注入了新的活力,学生在整个实践活动学习过程中达到"想学""乐学""会学"。

(一)学生走进校外优质资源,促使着想学

当学生们听说要到国家典籍馆通过实践活动来完成"中国汉字"相关内容的学习时,顿时一片欢呼雀跃。优质的场馆资源拓展了学习空间,是品德与社会学科实践活动的法宝，吸引着学生"想学"。

（二）学生积极参与各项活动，享受着乐学

当学生们兴高采烈地参与着各项活动，仔细观察着甲骨文，认真填写着学习任务单，信心满满地展示着学习成果时，丰富多彩的校内外实践活动到他们参与学习活动的喜悦，做到了"乐学"。

（三）学生掌握探究方法，达到了会学

当学生们按照活动中解密造字的方法分析出自己名字的造字本义而惊讶不已时，可以看出他们掌握了探究汉字的方法，"会学"了。

纵观整个实践活动，是学生从"想学—乐学—会学"的过程，也是学生从"了解汉字的基本信息—感悟汉字的博大精深—热爱汉字文化"升华民族自豪感的过程，而这个提升的过程则是在校内外实践活动中的真实体验和在真实体验中的情感升华。

附：学生学习作品（图 2-3-1 至图 2-3-4）。

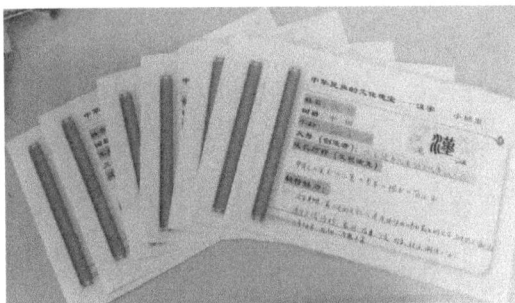

图 2-3-1　汉字小档案

图 2-3-2　汉字成长历程图

图 2-3-3　甲骨文能作画

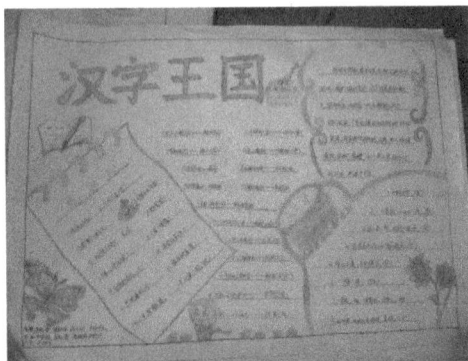

图 2-3-4　汉字主题小报

（设计者：李丽　北京市朝阳区安慧里中心小学）

基于"独特的中国汉字"案例的研究与分析

李丽老师在"独特的中国汉字"一课的教学中，针对教学内容进行了学科实践活动的尝试，将实践活动主题和品德与社会课程对接，和其他学科相融合，和学校的主题活动相结合，引导学生在开放的学习环境中，通过一系列活动进行积极主动的学习，感受并体验知识的形成，获得情感的体验，取得了较好的效果，主要表现在以下两个方面。

（一）拓展了学习的时间和空间，激发了学生学习的兴趣，学生在主动学习中获得知识和感悟

教师将本课的教学与社会实践基地、相关学科以及学校德育活动等紧密结合。同一主题，开放的设计，多元的展示活动，将课内学习延伸至其他学科的学习和校内主题活动中，从中捕捉、挖掘鲜活的素材，调动学生在课外学习和活动中获得的经验和知识，充实本课的教学过程，拓展了教学的空间，引导学生在一个更为开放的学习环境中进行学习，让学生了解获取知识的多样方法，拉近了学生与教学内容的距离，极大地调动了学生学习的积极性和主动性，激发了学生的学习兴趣，学生在丰富多样的学习环境中享受学习的乐趣，在富有挑战的活动中得到锻炼。在活动中慢慢走近博大精深的中国文化，激发了学生对祖国文化的热爱，提高了教学的实效性。

在校外实践活动中，教师通过任务学习的方式，放手让学生在博物馆不同的展厅中寻找问题的答案，完成汉字小档案的初步撰写，在此基础上，通过学生间的相互交流、互相补充，不断完善汉字小档案；在校内拓展活动中，组织学生自主进行展板的布置、资料的选择、作品的构思、讲说词的撰写，校园报道等系列活动，让学生有足够的时间去参与、去互动、去体验、去感受、去表达。学生在实践活动中，不断完善对汉字的认识，感受汉字的独特魅力，加深对汉字的兴趣和理解，激发了他们对祖国的历史与文化的珍爱之情和民族自豪感。

（二）采用多样的实践活动，关注学生综合能力的培养

学科实践活动不仅丰富了学生多样化的学习方式，拓展了研究性和体验性学习的经历，同时也促进了学生综合能力的提高。

比如，在进行汉字小档案的撰写时，教师指导学生认真观看展览和展柜的文字和图片资料，从中发现问题，寻找答案；在准备展板的展示内容时，教师引导学生根据不同的内容主题，从网络、书籍、报纸、杂志等多个角度搜集资料、归纳整理，进行选择。学生在完成学习任务的同时，搜集信息、归纳信息、整理信息的能力得到了提高。

而在布置校内展墙，创意讲解，校园报道，开展"我是汉字文化小使者"等系列活动中，学生既是活动的设计者和组织者，也是活动的参与者，教师鼓励学生充分发挥不同的特长，整个活动不仅巩固了学习成果，拓展了知识，情感获得了提升，学生的写作能力、口头表达能力和创造力同时也得到了相应的提高。

最后，学生在小组探究，展开讨论，同伴合作完成学习和活动的过程中，在与同伴交流中，也在不断学习如何清楚表达自己的感受和意见，注意倾听他人的意见，与同学平等地交流与合作的方法。活动不仅让他们从中收获了更多的知识，获得了情感的体验，也提高了他们与人和谐相处、团结协作的能力。

（分析者：赵跃　北京教科院基教研中心）

举办拍卖会，探寻价格的秘密

——小学品德与社会学科实践活动案例

一、主题内容设计

"探寻价格的秘密"是首都师范大学出版社出版的《品德与社会》四年级上册第一单元"由购物想到的"中的一个主题内容。本单元教学引导学生探究购物活动的特点、规律，初步培养学生适应社会生活的能力，为他们今后能更好地适应社会生活打下良好的基础。

商品价格的变化有着深奥的学问，教材从学生的实际出发，引导学生观察社会，发现不同的季节、不同的商业场所、不同的时间等多种因素会影响到价格的变化。虽然教材选取的均是典型事例，但是现实生活中还有诸多因素也同样会引起价格的变化，因而，教师设计教学时就要充分考虑社会现实生活，教材是为教师设计教学时提供了一个话题、一种学习方式，而它更为重要的是，为我们打开了一扇门，提供了一个开放的空间。

记得在调查讨论时有的学生提出：为什么月饼的价格会在一夜之间发生如此巨大的变化？为什么每有一款新的旋风陀螺（儿童玩具）出现时，旧款马上就会降价呢？妈妈为什么一看到天气预报有大雪时，就说菜又要涨价呢？面对学生提出的问题，教师要鼓励学生找到答案，以此培养他们的探究精神。这与课程标准倡导我们的：鼓励学生参与社会活动，引导他们尝试探究和解决生活中的问题是相吻合的。在解决问题的过程中，不但能满足学生的求知欲，而且能帮助他们了解社会现象，走进社会生活，进而为学生适应社会生活奠定基础。

因此，课前走进社会调查商品价格的实践活动势在必行。那么，为什么还要设计拍卖，举办拍卖会的实践活动呢？从表层看，首先是考虑如何把"价格"这一内容形象化、具体化；其次是小学生的年龄还较小，在学习方式上也要生动、活泼，易于学生接受。其实，我们深入思考，不难发现，在实践中能够促进思维能力的形成，有利于解决现实中发现的问题。

一般来讲，解决书本上的问题，大多有标准答案可以作为参考，解决问题的过程也就更多的是把学生的思维相统一，只要得到众口一词的标准答案，问题的解决也就告一段落，思考也就结束了。如果，我们在研究影响商品价格波动因素的问题时，设计拍卖活动，每个学生都以竞拍者的身份参与到活动中，在实践中亲身经历感受到了价格的变化，因而更愿意主动地对问题进行探索、研究，也逐渐清晰地认识到影响价格变化的主要因素是购买力和商品数量的本质。

可以说，这正是教师期待的，通过开展课堂实践活动，让学生参与到学习过程中，积极主动地、独立自主地提出问题，并分析解决问题，理解和掌握品德与社会课程知识的形成。于是，教师在此基础上，设计了"举办拍卖会，探寻价格的秘密"为主题的实践性学习方案。

二、教学目标设计

实践过程中，学生乐于探寻、发现价格的秘密，进而乐于关注、参与社会生活。

举办拍卖会，在实践过程中体验市场商品价格的波动。

学生初步了解市场中商品价格的高低受商品数量和购买力的影响，当购买力不变时，商品数量越少价格越高；当商品数量不变时，购买力降低，价格也会随之降低，反之亦然。在学习活动中，初步培养学生观察拍卖记录单、分析价格变化问题的能力。

三、教学资源与实践条件设计

拍卖材料：教师准备卡通玩具、多彩超轻黏土、《社会百科全书》等学生喜爱的玩具、学具、书籍等实物，吸引学生参与活动，有利于活动的顺利进行。

表 2-4-1 为拍卖行情表，表 2-4-2 为拍卖记录单。

表 2-4-1　拍卖行情表

	卡通娃娃	彩色黏土	钢笔	《社会百科全书》
数量	2个	2盒	2支	2本
单品底价	50元	40元	20元	20元
每次竞拍加价	20元	20元	10元	10元
成交价				

表 2-4-2　拍卖记录单

	竞拍物品	希望价	成交价	余额	最终拍得物品
1					
2					
3					
小组竞拍总资金：					

在拍卖活动中使用"拍卖行情表"和"拍卖记录单"，放在一起对比使用，有利于学生发现变化的内容，从而理解价格波动受什么影响。

四、教学过程设计

(一)重在课前的实践

活动意图：鼓励学生课前实践，在百货商场、超市、小商品批发市场等不同的商业场所，搜集一些商品的价格。学生通过考察、数据分析等实践性学习，他们发现商品的价格不仅仅受时间、地点、环境影响那样简单，似乎还有其他的秘密，引发了"究竟还有哪些因素会影响商品价格的波动？"的思考。这是一种以学生的实践和经验为基础，以积极的情感体验和深层次的认知参与为核心的学习方式，和品德与社会课程倡导学生认识社会、参与社会、适应社会的理念相吻合。

1. 活动主题

在学校或者家庭附近，走进各种不同的商业场所，做一个商品价格的调查吧。

2. 调查提示

在我们身边，有哪些不同的商业场所呢？

你想调查哪几种商品的价格？

想一想，同一种商品在不同的商业场所，价格会相同吗？

3. 调查记录（表 2-4-3）

表 2-4-3　调查记录表

我的调查记录			
调查时间	商品名称	商业场所	价格
我发现的秘密及思考			

4. 讨论

价格中的小秘密有哪些呢？说一说你的发现。

5. 总结

我们在超市、批发市场、专卖店等不同的商业场所进行调查，发现商业场所、时间等因素都会影响到商品价格的变化。还有哪些因素会影响商品价格的波动？

(二)课堂的拍卖活动

活动意图：学生在课前实践中有了直接经验的积累，发现了"究竟还有哪些因素会影响商品价格的波动?"的问题。于是,教师设计了三次"模拟拍卖"的体验性实践活动。学生在竞拍活动中,不断体验到商品价格的波动。同时,使用记录单对影响价格变化的主要因素进行对比,逐渐清晰地认识到影响价格变化的主要因素是购买力和商品的数量。

学生从力所能及的课堂活动中,从问题情境中"亲历实践,深度学习",获得对影响价格变化的诸多因素的整体认识和深刻感受。

1. 了解拍卖活动,创设活动情境

(1)了解拍卖活动

环节设计意图:学生了解拍卖会及拍卖会的基本流程,为参与竞拍的实践活动做准备,鼓励学生关注社会生活。

①出示拍卖会参与竞拍和拍卖师的图片,提问:

图片1:能说说这些人在做什么吗?你是怎么知道的?

图片2:你知道这个人的职业吗?

②小结。

大家会根据拍卖会提供的信息(行情表),看到有自己喜欢的、想要的物品,参加拍卖活动。而且在拍卖过程中,人们都想以适合的价格得到它。

在拍卖时,大家可根据"单品底价",反复举牌竞拍,无次数限制。每举牌一次,都相当于加上"每次竞拍加价"一次。所以,举牌后要及时放下竞拍牌号。我们设定的"加价"为20元、10元不等,请大家每次都要注意倾听拍卖师叫价。

(2)创设拍卖活动情境

环节设计意图:创设拍卖活动情境,展示竞拍物品,激发学生参与竞拍的兴趣,使竞拍活动顺利进行。

①创设拍卖情境,模拟一场"小小拍卖会"。

②展示拍卖物品:卡通娃娃、彩色超轻黏土、《社会百科全书》、钢笔等。

2. 组织拍卖活动,了解价格变化因素

(1)出示活动要求及规则

环节设计意图:知道竞拍实践活动的要求及规则,保障实践活动的顺利进行。

①以小组的方式参加竞拍活动。

②每个小组选一位竞拍代表。

③竞拍活动前,组内填写竞拍表格。

(2)出示竞拍记录表,组织第一次拍卖活动

①推出"拍卖行情表",说明资金。

环节设计意图:学生准备参与竞拍活动,知道小组竞拍资金及如何使用活动记录单。

②组织拍卖活动。

学生以小组为单位，选定竞拍物品，参加竞拍活动，并记录成交价格。

③讨论。

环节设计意图：学生参与竞拍活动，虽然是第一轮竞拍，但一次次的举牌追加价，已经使价格波动，他们初步感受到市场中的价格变化。

你对本组最终拍得物品的成交价是否满意？为什么？

成交价与希望价一样吗？为什么？

④小结。

拍卖的成交价与希望价不相符，也高于底价，大家认为是有竞争者，那么，是竞争越激烈价格越高吗？

(3)组织第二次拍卖活动

①推出"拍卖行情表"，说明资金。

本次拍卖，教师减少每类拍卖品的数量，而保持资金不变(即拍卖数量减少1个，各组竞拍资金不变)，使供应数量发生变化。希望通过这样的设计，学生会将关注的重点放在供给数量的变化和由此引起的市场价格的变动，也就是购买力不变，而供给数量减少的情况下，价格会上涨。

②组织拍卖活动。

学生再次以小组为单位，选定竞拍物品，参加竞拍活动，并记录成交价格。

③讨论。

环节设计意图：学生参与了本次实践活动后，亲历了由于商品数量的减少，价格随之攀升的过程，从而了解市场中商品价格的变化受商品数量的影响。

你对这次的成交价满意吗？为什么？

请你试着对比两次拍卖的成交价有什么不同？你能解释其中的原因吗？

④小结。

这次拍卖，由于拍卖物品的减少，使大家不得不为更有限的物品进行竞拍，但大家手中的资金却没变，也就是购买力不变。货物数量越少，市场中的价格则越高。那么，当资金发生变化时，商品的价格会发生变化吗？

(4)组织第三次拍卖活动

①推出"拍卖行情表"，说明资金。

在本次拍卖中，教师再次调控，减少每个小组的拍卖资金，而保持拍卖品的数量不变，使需求方面发生变化。希望通过这样的设定，学生会将关注的重点放在需求的变化和由此造成的价格变动，也就是供应数量不变而需求降低的情况下，价格会下跌。

②组织拍卖活动。

学生第三次以小组为单位，选定竞拍物品，参加竞拍活动，并记录成交价格。

③讨论。

你对这次的成交价满意吗？为什么？

你试着把这次的成交价与第一次竞拍的成交价对比，有什么不一样吗？你能解释其中的原因吗？

④小结。

这次我们竞拍物品数量不变，但手中的资金减少了，也就是大家的购买力降低，价格也下降。相反，大家需求量增高了，价格也会提高。

(三)课后的延伸与拓展

活动意图：关于商品的价格、影响商品价格的诸多因素这些学习成果作为一种体验，耳濡目染，渗透于心，不断地丰富学生的内心世界。教师继续鼓励学生走进社会，和家长参加一些小型的拍卖会，或是和同伴继续调查价格的秘密，如网络与现实中价格的秘密，把学习到的知识运用到生活中。

讨论：在生活中，你或者你的家人有过网络购物的经历吗？和同伴说一说。

选择几种商品，调查一下他们在网络商城和实体商店的售价，如果价格不同，你能运用所学的内容解释这种现象吗？再想一想，这里面还会有哪些价格的秘密呢？

调查提示：

①可以和同伴分工合作，共同完成调查任务。

②网络平台较多，选择几个具有代表性的网络商城。

③调查时，注意数据的搜集与整理，可以在组内先设计调查记录表。

④在使用网络平台时，还可以和家人一起进行调查，注意网页安全。

试一试：你家有想要购买的商品吗？关注一下它的价格，为家人出谋划策。

五、教学效果分析

(一)研究价格本质，整体设计实践活动

正是由于教师重视课前实践活动，引导学生在调查中不断发现影响价格变化的诸多因素，从而对问题的研究不断深入。而课堂中三次竞拍的体验活动，则是在实践中亲历价格的波动，深入思考中了解购买力和商品的数量是影响价格变化的基本要素。学生在实践中有所感，有所得。课后继续开展实践活动，则是回归社会生活。在后续调研中，学生会运用学习所得解决实际问题，检测认知；学生会在日常的生活中为家人出谋划策，感受快乐。

（二）实践中，关注解决问题，提升学生认知

当然，开展实践活动绝不仅仅是热闹的场面，欢乐的氛围。学生要通过活动过程得到亲身体验和感受的同时，不断生成对新知识的需求。在拍卖活动的同时，教师就更为关注"究竟还有哪些因素会影响商品价格的波动？"这样的问题，引导学生进行深入的思考。每次拍卖活动结束后，教师通过让学生填写、观察拍卖记录单，帮助他们把注意力从竞拍活动中转移出来，集中精力讨论拍卖结果所体现的"市场价格"概念。学生在参与学习实践的过程中，能够积极主动地思考并分析解决问题，使学习和生活紧密地联系到一起，不断提升认知水平。

（设计者：陈晓英　北京市宣武师范学校附属第一小学）

基于"举办拍卖会，探寻价格的秘密"的研究与分析

作为一门综合性很强的课程，品德与社会课程倡导教学的实践性、开放性和探究性。陈老师的这节"探寻价格的秘密"无论是课前学生的调查，还是课堂中拍卖活动的模拟活动以及课后的拓展延伸，都非常注重引导学生在不同的实践活动中体验、发现、探寻价格的秘密。因此，陈老师上完课后，学生才会有感而发："我和这节课，就像铁和磁石的关系一样，被深深地吸引了。""我会记住价格里的秘密，我还要到生活中去寻找价格的秘密，我会更爱我的生活！"

（一）在实践活动中打通学科世界和生活世界的界限

陈老师通过课前、课上和课后不同的阶段，鼓励并引导学生在实践中学习、体验，拉近所学内容与学生生活的距离，找到学科世界与学生生活世界的结合点，在学生不同实践活动的基础上，引导学生在发现、体验、感悟中认识社会、参与社会、适应社会。因而，教师鼓励学生课前实践，走进社会、观察社会，在百货商场、超市、小商品批发市场等不同的商业场所，搜集一些商品的价格。在课上，教师没有简单地介绍生活场景中的价格问题，而是选择其中一种特殊但又能直接体现价格秘密的方式"拍卖"活动，创设模拟情境，让学生实际感受价格的秘密。正是这样的情境创设，让学生初步体会到原来课堂所学的内容能让我们进一步认识生活中的价格问题。最后，教师还通过课后的拓展活动，又回到学生的生活中去，进一步将所学内容运用到实际生活中去。

（二）在实践活动中提高学生发现问题、解决问题的能力

发现问题、解决问题能力的培养一直是品德与社会课程所倡导的。在这个主题学习中，教师选择了让学生直接面对实际问题，学习、研究并尝试提出某种解释问题或解决问题方案的学习方式。针对生活中的价格问题，教师鼓励学生走近不同的与价格

相关的生活场所，通过查询资料、访问调查，发现商品的价格不仅仅受时间、地点、环境影响那样简单，似乎还有其他的秘密。引发了"究竟还有哪些因素会影响商品价格的波动?"的思考。

在课堂中，教师共设计了三次"模拟拍卖"的体验性实践活动。学生在竞拍活动中，不断体验到商品价格的波动（价格变化是对商品数量和竞拍资金的不断改变来实现的）。同时，在教师引导下，使用拍卖记录单对影响价格变化的主要因素进行对比，逐渐清晰地认识到影响价格变化的主要因素是购买力和商品的数量。

三次拍卖活动使学生在一次次的实践中，从力所能及的课堂活动中，乃至精心设计的问题情境中，进行了"亲历实践，深度学习"，从中获得对影响价格变化的诸多因素的整体认识和深刻感受。学生正是在寻求解释价格秘密的过程中，学会综合地、关联地、多角度地、切合实际地分析和思考问题的一般方法，形成关心社会的态度和参与社会生活的行为方式。

（分析者：顾瑾玉　北京教科院基教研中心）

古代的机械与工具
——小学科学实践活动案例

作为科学课程实践活动的开发，我们首先要从科学课程的性质进行分析，了解"实践"与课程的关系。从正在修订中的"小学科学课程标准"中，我们可以看到，科学课程的定位是"一门以培养学生科学素养为宗旨的基础性课程"。科学课程的性质是"强调活动性、实践性、综合性，以及与其他学科的密切联系"。此外，修订课标中对于实践性的解释是："实践性强调从学生熟悉的日常生活出发，与生活中的实际应用相联系，尝试解决简单的生活实际问题。"由此可见，科学课程本身就不失"实践"的特性，实践活动也不应失去课程本身的特性。

"古代的机械与工具"这个案例是以首都师范大学出版社出版的《科学》五年级下册"简单机械"单元中的"杠杆""轮轴"为基础进行设计的。在这两课的学习中，学生需要建构杠杆和轮轴的概念，并能够识别生活中的杠杆，并分析出重点、支点、力点三个要素及其省力、费力的关系；能够识别轮轴，并找出轮和轴两个重要组成部分，能够分析出轮带动轴转时省力，相反费力的关系；知道人类使用机械是为了更好地为我们的生活和生产服务。

上面是教材中的目标定位，在此基础上我们想要从两方面尝试实践活动的设计：

第一，在重演概念的发展中创建实践活动。

科学概念的发展本身就是源于人类的生活实践，杠杆与轮轴的发明应用以及原理的认识，都是源于实践。杠杆在应用于需要围绕一点进行旋转的场合时，就成了变形的轮轴。这个转化的过程是人类认识轮轴的实践过程，所以重演杠杆发展为轮轴的认识过程，就是实践活动的要素。

第二，生活的需求促进技术的创新发展实践活动。

桔槔和辘轳都是古老的取水工具。伴随人们对这种工具功能的需求，人们开始在生活中改造完善它。这也使得我们有了可以利用的实践活动的要素。

本次实践活动将以桔槔、辘轳的发展、发明过程为载体，在探究活动中认识简单机械"轮轴"和"杠杆"在生活中的应用，从而增强科学课的实践性表现，促使学生在实践中学习知识，在创新中建构概念。

一、目标设计

学生在井中打水的活动情境中，能够使用材料制作辘轳和桔槔的模型；能够运用杠杆和轮轴的原理，对模型进行改进。

学生使用测力计进行数据测量，通过数据分析确定"辘轳"模型省力的情况。

学生在探究辘轳和桔槔的产生及作用的过程中，感受到技术的改进是与人们生活中的需求有关系的，提升学生参与科学实践活动的兴趣。

二、资源与实践条件设计

(一)教学资源

制作辘轳和桔槔的材料：材料因地制宜，可以选择竹棍、木棍、皮筋、金属钩、钩码、线绳、铁架台等用具。

辘轳和桔槔的图文资料：生活中运用轮轴、杠杆原理的实物、图片等

(二)实践条件

知识储备：了解杠杆和轮轴的基本原理。

场地条件：如果场地允许，可以按照活动中的要求，挖一个直径 1 米深 1.5 米的坑，用以体验井中提水的过程和困难。如果条件不允许，可以利用挂图来表现实际场景。

(三)课时安排

本活动共三课时，每课时 40 分钟

三、过程设计

(一)第一课时(40 分钟)

学生应用杠杆原理设计制作桔槔模型，解决井中提水的问题。

1. 生活中的问题——水井提水

在活动区挖一个直径 1 米的井，井深 1.5 米，准备一个装大约 25 千克水的桶，一根长约 2 米的绳子。

提出问题：怎样才能方便、省力的把一桶水从井中提上来？

2. 学生利用"杠杆"解决问题

学生分组进行机械工具的设计，并都要经历设计、论证的过程。

(1)方法一：用绳子直接把水从井中提上来

组织学生组内论证，他们会发现，一桶水大约 15 千克，这样的提水方法，对他们来说很困难。这个方法可行，但是在使用中一点也不省力，并不是一个良好的设计。

(2)方法二：用杠杆把水桶从井中"撬"出来(图2-5-1)

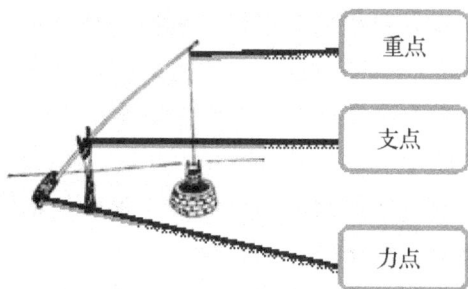

| 重点 |
| 支点 |
| 力点 |

图 2-5-1　桔槔装置图

①设计。

学生通过画图和模拟装置的制作，利用掌握的杠杆原理会发现，这种方法能够比较省力的把水从井中提出来。

②论证。

学生通过画图和模型的分析会发现，这个机械能够将水桶提起，但是存在难以解决的问题，水桶不能垂直提起，水桶提起高度十分有限，提起高度有限也导致难以省力。

(3)效仿古人利用桔槔取水

①介绍桔槔。

桔槔是我国古代提水的器具，创造于春秋时期。《庄子》一书记载：孔子的弟子贡路过汉阴，向一老农介绍，有一种汲水的器械用力小，功效大，可日灌四百畦。他介绍的就是这种名叫桔槔的汲水器具。它利用杠杆的原理，在一根竖立的架子上加上一根细长的杠杆，当中是支点，末端悬挂一个重物，前端悬挂水桶。当人把水桶放入水中打满水以后，由于杠杆末端的重力作用，便能轻易把水提拉至所需处。2015年10月12日，桔槔入选世界灌溉工程遗产名录，是中国古代水利工程活化石。

图 2-5-2　桔槔模型

②制作桔槔模型(图2-5-2)，尝试取水。

学生分组制作桔槔模型，尝试进行取水活动。

(二)第二课时(40分钟)

学生制作辘轳模型，尝试用辘轳完成"井中提水"的任务，运用模型进行辘轳是否省力的研究。

1. 学生尝试利用"辘轳"解决问题

(1)出示图片(图2-5-3)，提出问题

这是什么工具？能用它把水桶提出来吗？

图 2-5-3　生活中的辘轳

（2）学生尝试使用工具提水

教师提供实验器材：铁架台相当于木架，重物代替水桶，能够转动的竹筒相当于能转动的木桶。

学生通过实践发现，这个装置转动不方便，需要加一个转动圆筒的"把儿"。

（3）尝试改装"辘轳"

学生使用竹棍作为想安装在圆筒上的"把儿"。把竹棍插在竹筒的孔上，发现转动竹棍能够把重物提起来。

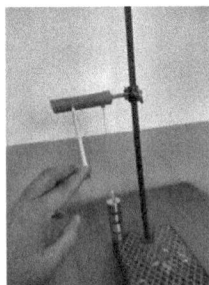

图 2-5-4　辘轳实验装置

2. 探究辘轳是否省力

（1）测量竹棍上的力

实验方法（图 2-5-4）：

转动竹棍，把重物提起来，静止后在竹棍根部、中部和最外端测量力的大小。

（2）收集和整理测量数据（表 2-5-1）

表 2-5-1　辘轳实验数据表

直接提起重物	A 点（离竹筒最近）	B 点（在竹棍的中间）	C 点（离竹筒最远）
我发现：＿＿＿＿＿＿＿＿＿＿＿＿＿＿＿＿＿＿＿＿＿＿＿＿＿＿＿＿＿＿。			

（3）总结

学生通过实验数据分析发现：测量点离竹筒越近越费力，离竹筒越远越省力。

小结：在转动小棍提起重物的过程中，小棍距离竹筒越远越省力。

（4）应用发现进行推论

是不是竹棍越长越省力呢？实际应用中选择的竹棍是不是越长越好呢？

①提供一根更长的竹棍，供学生进行实验。

学生运用前面的测量方法进行测量和数据分析，通过实验得到结论：竹棍越长越省力。

②学生换上一根特别长的竹棍，转动竹筒。

发现：竹棍的长度过长，确实省力，但是在转动过程中会碰触地面、水井边缘导致不能转动。

小结：装在竹筒上的竹棍越长越省力，但是在实际使用中，竹棍的长度要适合，不能无限延长。

(三)第三课时(40 分钟)

根据"辘轳"模型使用中发现的不方便的问题,学生进行辘轳的改进,感受人们对实践活动的需求推动了技术发展。

1."辘轳"的改进

(1)"辘轳"目前存在的问题分析

转动竹棍把重物提起来的过程中,有什么不方便的地方?怎样才能更方便一些?

学生们会提出,因为原来的辘轳上只有一根竹棍用来转动辘轳,转动一周的过程中,人来回走动,十分不方便。

(2)提出解决问题的方案

①方法一:制作大轮盘(图 2-5-5)。

教师提供更多的竹棍,学生可以在竹筒上多加一些小棍,这样在两只手交替的过程中距离缩小了,转动辘轳就方便了。

在这个过程中,学生会发现这个装置是一个轮轴,用线连接起来的竹棍形成轮,能够转动的竹筒是轴,这个装置也符合轮越大越省力的轮轴原理。

图 2-5-5　大轮盘辘轳

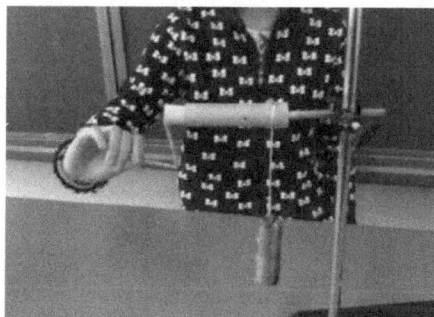

图 2-5-6　加装摇把的辘轳

②方法二:加装摇把(图 2-5-6)。

根据学生的生活经验,他们会在竹筒的一侧加装一个摇把,来解决转动不方便的问题。

2.制作简易辘轳模型

(1)制作前的准备工作

设计制作一个简易的辘轳,你需要哪些材料?打算怎样制作?(表 2-5-2)

表 2-5-2　简易辘轳设计表

需要的材料	制作方法(图文均可)	备注

（参考材料：塑料瓶、小棍、铁丝、细绳、小桶等）

参考图例（图 2-5-7）：

图 2-5-7　学生自制辘轳模型

（2）制作辘轳模型

分组进行制作，教师可以提供范例、器材。

制作完成后，按照评价表（表 2-5-3）进行评价。

表 2-5-3　活动评价表

评价要点	评价等级	备注
各部分连接完好	☆☆☆☆☆	
能够把水提出井口	☆☆☆☆☆	
结实耐用	☆☆☆☆☆	
外形美观	☆☆☆☆☆	

3. 生活中的轮轴——辘轳

欣赏一些不同的辘轳（图 2-5-8）。

图 2-5-8　生活中的辘轳

学生讨论：这些辘轳都是轮轴，摇把儿是轮，连接的能转动的木桶是轴，轮带动轴动。

教师讲解：在我国辘轳的起源很早，大约在三千多年前人们就已经开始使用辘轳作为取水的工具了。直到新中国成立前仍在广大的农村地区广泛使用，现在在一些农村地区还有应用的。所以，在人类取水灌溉的历史上，辘轳算得上使用时间最长的机械之一。

4. 生活中辘轳的应用（可作为课后作业使用）

生活中安装辘轳也是一个工程问题。如果井深是 7 米，辘轳上木桶的直径是 50 厘米，请你算一算，我们需要准备多长的绳子？在提水的过程中，辘轳转动几圈能把水提上来？

学生分组进行计算：

在计算过程中应用了长度、圆的周长计算、估数等数学知识，并需要结合实际情况灵活应用。

井深 7 米，辘轳上木桶的直径是 50 厘米，周长就是 1.57 米，再把固定以及在桶上打结等需要的绳子，我们需要准备的绳子至少是 9 米。

四、效果分析

本活动在设计过程中突出了学科实践活动，根据学习内容安排了丰富的学生活动，引导学生在活动中发现问题，在活动中发明创造，在思考中完善，最终发现了辘轳的秘密。

在活动中，学生充分利用已有知识、能力和生活经验解决问题。例如，学生根据学过的杠杆原理，提出了用杠杆取水的方法，这和古人设计的桔槔有异曲同工之妙。在探究辘轳的秘密过程中，学生能够指出转动摇把儿，带动木桶转动取水的辘轳是一个变形的轮轴。在改进辘轳的设计过程中，学生们能够从需要出发，带着"让取水装置更方便、更省力"的问题，不断改进装置，感受到了技术不断完善的过程。

学生在活动中亲身经历了桔槔、辘轳的发明、改进过程，体验到了科学与技术的关系，认识到技术能够使生活更方便。

（设计者：江卫园　沈文炎　通州区永顺镇中心小学）

基于"古代的机械与工具"案例的研究与分析

在这样一个科学课程实践活动的开发过程中，设计者充分考虑教育综合改革背景下的校内外实践活动的设计，将所学内容与生活实际、生产、技术工程相联系，做到以贴近生活的方式，结合课程做学习内容，自然呈现跨学科、整合相关联的内容。

在这个案例中，我们首先能够看到科学课上，科学概念得到了一个在实践中发展的过程。科学概念是人类通过生产生活实践、积累下来的对客观世界的认识。这个认识过程的本源就是实践活动，活动设计者在整体的活动设计上给学生们提供了接近生活的井中提水的情境，使学生能够有机会身临其境的探索机械、工具出现以及发展的过程，从中感受"杠杆""轮轴"这些概念生成的生活背景，并且应用已知的相关概念来进行分析。这种以学科本质为基础的实践活动设计，没有脱离学科而是在原有基础上加强了学科的"实践性"，这是一个有益的尝试。

此外，我们还能够发现，设计者在努力表现科学课程中"工程与技术"领域的教学思想。在这个实践活动中，学生不光是认识了桔槔和辘轳两种机械，更进一步的是让学生通过实践中的应用，发现应用中的问题。在改进工具中意识到，技术的发展是依托于人类生产生活中的需求的，科学技术的发展推动了人类的发展。这个认识的价值对学生的影响是深远的，他让学生有机会深刻地感受到人类文明发展的动力源泉，这也是实践活动留给学生们更深一层次的认识。

本活动设计以学生在课堂常规教学活动中获得的科学概念和方法入手，通过挖掘概念之间的联系和重演概念发展的过程，构建了一个贴近生活，利于动手的实践活动，这样的设计表现了科学学科实践活动设计的一种形式，值得发展和借鉴。

（分析者：贾欣　北京教科院基教研中心）

探索钟摆的奥秘
——小学科学学科实践活动案例

一、主题内容设计

在"探索钟摆的奥秘"教学活动设计上，我们尝试利用STEM（科学、技术、工程和数学英文首字母的缩写）教学理念进行学科整合研究。STEM教育是一种通过整合科学、技术、工程和数学领域内容，引领教学、学习途径和方法。STEM教育具有综合性、开放与动态性、回归性、实践性、丰富性等诸多特性，与学科实践活动的课程特性相一致。

STEM教育形成发展于科学教育。STEM教育是科学教育改革的新思路。东南大学科学教育专家叶兆宁教授认为：在科学、技术、工程、数学之间存在着一种相互支撑、相互补充、共同发展的关系。如果要了解它们，尤其是它们之间的关系，就不能独立其中任何一个部分，只有在交互中，在相互的碰撞中，才能实现深层次的学习、理解性学习，也才能真正培养儿童各个方面的技能和认识。

从科学课程性质的角度看，修订中的科学课程标准在表述课程性质时明确提出：小学科学课程是一门以培养学生科学素养为宗旨的基础性课程；是一门活动性和实践性课程；是一门综合性课程；是一门与其他学科有密切联系的课程。不难发现，STEM教育与小学科学课程的定位同样有着天然的契合度。

作为STEM教育探索主题下的学科实践活动内容，"钟摆的奥秘"只是我们初步的尝试。学生在四年级科学课上已经初步研究过单摆，了解的科学知识包括：同一个摆，摆动的快慢是一定的；不同的摆，摆动的快慢与摆线的长短有关系，摆线越短，摆动的越快。学生已初步具备的技能包括：使用机械秒表计时，测量单摆的摆动次数，用二维表格记录相关数据。在这个实践活动中，我们希望将科学、技术、工程、数学等教育要素融合在引导学生探究钟摆的奥秘过程中。其中，科学领域让学生运用摆的运动与摆长有关的科学概念；数学领域通过定量研究将单摆的等时性用数量关系呈现出来；技术领域促使学生选择制作单摆的材料与方法；工程领域给学生提供了应用单摆等时性以及摆长影响摆动频率的关系的环境。

二、目标设计

学生基于已有科学知识，大胆推测、实际测量，记录不同摆长的单摆在15秒内摆动的次数。

学生基于已有的数学经验，通过对几组数据的比较、分析、推理过程，发现一定时间内，摆线长度缩小 4 倍，摆动次数扩大 2 倍的单摆运动规律；尝试运用规律，根据已有数据推测某个摆的摆长或摆动次数。

学生基于摆的研究活动初步体会科学、技术、工程、数学之间的融合关系，能将研究活动与钟摆的快慢调节联系起来，并愿意自制一个摆动次数固定的摆。

三、资源与实践条件设计

(一)教学资源

演示材料包括：教师用演示文稿；摆长分别为 25 厘米、160 厘米长的单摆及相关辅助材料；板书(板贴)所用磁力材料。

分组材料包括：每组一个带小铁环和夹子的铁架台；90 厘米长带有刻度线并固定了摆锤的摆线；机械秒表；实验记录单。

(二)实践条件

有实验桌椅的实验教室。

四、过程设计

(一)第一课时(40 分钟)

1. 由"钟摆"引出实践话题

讲述并提问：摆线和摆锤组成了摆，这个结构和我们生活中的钟摆很像。根据我们以前学过的内容，请大家思考一下，如果钟摆的长度可以调节，一个钟表慢了，应该怎样调？快了，应该怎样调？

意图：启发学生根据已有经验说出自己的想法，将钟摆和单摆建立联系，明确学习的方向。

基于学生的汇报，将本课探究的问题聚焦到寻找调整钟摆快慢的窍门上来(注：让学生找窍门，而不直接说找规律，意在降低实践活动的难度。在下文的描述中，也会出现找规律的说法)。

板书课题：钟摆的奥秘。

2. 推测并实际测量摆长 40 厘米的摆，15 秒摆动的次数

教师出示一个摆线长 40 厘米的单摆，启发学生将其看作一个实际的钟摆。然后提问：现在依你对摆的研究，猜猜这个摆长 40 厘米的摆在 15 秒里会摆动多少次？

学生纷纷提出自己的推测并说明理由后，要求学生通过实际测量验证自己的猜想。为了保持数据的准确，启发学生要至少测量 3 次。

学生操作过程中，教师在组间巡视，发现学生测量中出现的有可能影响数据准确

的问题并做适时指导。

汇报阶段，预计会有一部分组的数据不是标准数据。针对有可能出现的不同数据，引导学生思考造成数据误差的原因有哪些。例如，计时与放摆时机不一致，固定摆线的方法不当，造成摆线长度并非是 40 厘米……

如有必要，可让出现误差较大的组再做一遍，全班同学帮他们找出造成误差的原因。最终让学生确认，摆长 40 厘米的摆，15 秒内摆动 12 次。教师择机将摆长 40 厘米的摆直接贴到黑板呈现的坐标图上，如图 2-6-1 所示。

图 2-6-1　摆长 40 厘米的摆 15 秒内摆动 12 次

意图：本活动重在帮助学生练习准确测量摆在 15 秒内摆动次数的方法，为后续活动扫清障碍。

3. 分别推测并测量摆长 20 厘米和 80 厘米的摆，15 秒内摆动的次数

提问：如果我们将摆线长度缩小为原来的一半，变成 20 厘米，你认为这个摆在 15 秒内会摆动多少次？如果我们将摆线长度扩大 2 倍，变成 80 厘米，你认为这个摆在 15 秒内会摆动多少次？

学生提出各自推测的数据并说明推测的理由后，请各组学生分别选择摆长不同的摆进行实际的测量和记录，验证推测的数据是否准确。

学生汇报数据过程中，教师适时将不同摆长的摆贴到黑板的相应位置。学生实际测量时会惊异的发现，摆线的长度发生变化，摆动次数的变化并不像推测的那样简单。实际情况是：摆长 20 厘米的摆，15 秒内摆动的次数是 17 次；摆长 80 厘米的摆，15 秒内摆动次数是 8.5 次。认知冲突的出现，为后续教学活动提供了契机。教师适时提问：摆线长度扩大 2 倍或缩小一半后，摆动的次数发生了哪些变化？看看，从这些数据之间还能读出什么，发现它们之间还有哪些联系？

如果学生的思维仍停留在"摆线长度越长，摆动得越慢"水平，教师可以表扬学生：

实验再一次验证了我们四年级时的发现是正确的，鼓励学生继续观察黑板上的数据。

如果学生能关注到几条摆线长度之间是缩小一半的关系，教师顺势板书"÷2"，并追问：那摆动次数呢？帮助学生找到 8.5 和 17 这对有联系的摆动次数。8.5 次扩大 2 倍变成了 17 次，造成摆动次数变化的原因是什么？逐步引导学生在分析现有数据的基础上，发现摆线长短变为原来的 1/4，摆动次数就会扩大 2 倍的事实。板书呈现如图 2-6-2 所示。

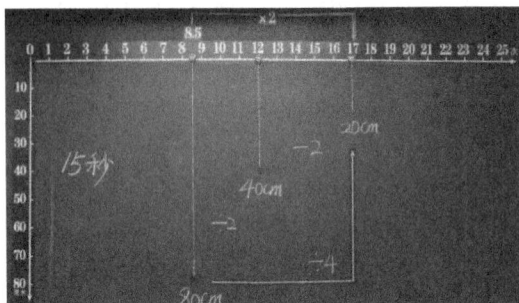

图 2-6-2　板书记录

意图：利用本活动出现的一组数据（80 厘米，20 厘米；8.5 次，17 次），引导学生用数学的方法来比较、分析和表达，为学生发现摆线长度与摆动次数之间相互变化的规律奠定基础。显然，一组数据不足以说明问题，为能让学生找到窍门还需提供更多的数据支撑。

4. 分别推测并测量 15 秒摆动 24 次、15 次的摆，摆线的长度

提问：同学们发现，摆线长度变为原来的 1/4 时，摆动的次数就会扩大 2 倍，这只是偶然出现的吗？你能结合我们的发现进一步推测出 15 秒摆动 24 次的摆，摆线会是多长吗？（图 2-6-3）请大家在小组内讨论，并将你们的想法画在记录单上。

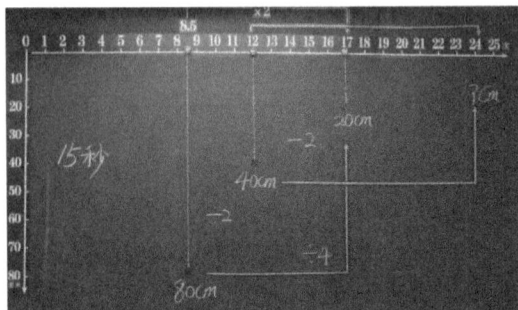

图 2-6-3　板书记录

学生分组讨论后，再汇报交流各组的想法。教师继续鼓励学生说说自己是怎样想的，理由是什么？

通过实际测量，学生会确认 15 秒，摆动 24 次的摆，摆线长是 10 厘米。此时，可以再次让学生描述实际推测的过程，教师给予必要的帮助。初步的成功需要进一步的强化，教师接下来再次提出一个新问题。

提问：通过实验，教师发现 100 厘米长的摆，15 秒摆动 7.5 次。你们能根据刚才发现的窍门，推测出 15 秒摆动 15 次的摆，摆线是多长吗？（图 2-6-4）

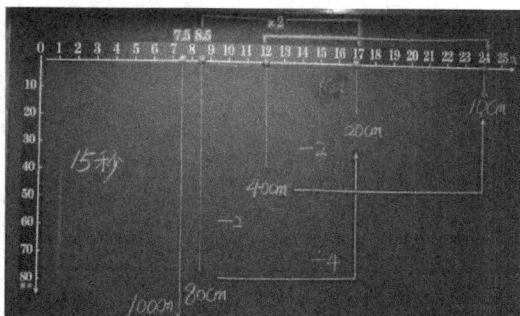

图 2-6-4　板书记录

学生分组讨论，再汇报交流各组的想法。学生汇报思路时，教师一定要让学生说说自己的理由。

变换一种形式，教师直接操作，证实同学们的推测。学生确认 15 秒摆动 15 次的摆，摆线长是 25 厘米。

意图：本活动由让学生从摆长推测摆动次数，转换为由摆动次数推测摆长，这不仅是思维方式的改变，还是技术和工程思想的体现。15 秒摆动 24 次的摆，摆动 15 次的摆都是工程的目标，选取多长的摆线才能达成目标呢？这自然需要设计的过程，属于技术的范畴。如此看来，科学、技术、工程和数学间的融合已经初步实现。

5. 研究数据，确认窍门

学生历经 3 个层次的活动，逐渐形成 3 组互相联系的数据。先请学生尝试独立分析研究这些数据，如不能达成既定目标，可以为学生提供示范。

（1）教师示范

摆线长度是 80 厘米的摆，摆长变为原来的 1/4，变成 20 厘米时，摆动次数 8.5 扩大 2 倍，变成了 17 次。

教师板书：

$$80 \div 4 = 20 \quad \rightarrow \quad 8.5 \times 2 = 17$$

用虚线建立 80 与 8.5，20 与 17 间的联系。

（2）学生模仿

学生在教师的启发下，逐步梳理出下列 2 组数据：

$$40 \div 4 = 10 \rightarrow 12 \times 2 = 24$$
$$100 \div 4 = 25 \rightarrow 7.5 \times 2 = 15$$

期望学生能通过上述 3 组数据，确认最初窍门的成立，并能用语言将窍门所反映的规律表达出来。例如，15 秒内，摆线长度变为原来的 1/4 时，摆动的次数就会扩大 2 倍。教师适时板书，如图 2-6-5 所示。

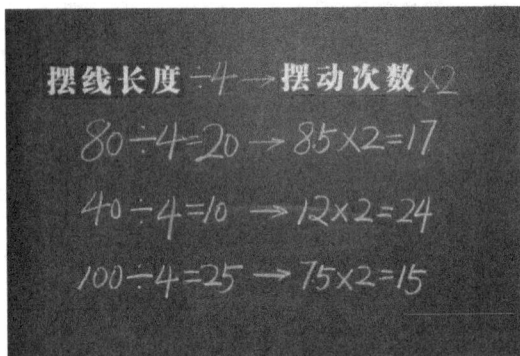

图 2-6-5　板书记录

6. 应用窍门，解决问题

(1)推测并制作 15 秒摆动 6 次的摆

提问：现在我们知道了摆线长度是 40 厘米的摆，15 秒摆动 12 次，能不能反向推算出 15 秒，摆动 6 次的摆，摆线长度是多少厘米？

预计学生依据规律能很快计算出 15 秒，摆动 6 次的摆，摆线长度是 160 厘米，教师请学生代表到前面验证大家的推测。一人操作，11 个组同时计时。

小结：这其实相当于一个摆长是 160 厘米的钟摆，通过摆线的长短来调节钟表的快慢，是不是比一点一点地试着调整更快捷、更科学？这就是我们今天要找的窍门。

(2)解决实际问题

工匠要做一个钟摆，15 秒摆动 15 次。现在有三块材料，请问选择哪一块合适？请选择并说说本组的理由。

A. 10 厘米　　　　　B. 25 厘米　　　　　C. 40 厘米

(3)实践活动的延伸

制作一个摆，让它每分钟摆动的次数和你的脉搏每分钟跳动的次数相等。

五、效果分析

这个实践活动贴近学生实际，又具有一定挑战性。学生在整个活动的始终都处于一种积极参与的状态。

"摆长 40 厘米的摆，15 秒摆动多少次？""摆长 20 厘米、80 厘米的摆，15 秒摆动多少次？""推测 15 秒钟摆动 24 次、15 次的摆，摆线各多长？"……针对这一系列逐步递进的问题，学生的思维活跃，语言表达清晰。特别难能可贵的是，多数学生在回答问题的过程中都能做到有根有据的表达自己的想法，无法准确区分科学、数学、技术与工程的界限。

尽管有些发言会时不时暴露出学生对于影响摆的快慢因素的已有认识并不深刻，认为摆的角度、时间都会对摆的快慢造成影响，有的学生还不能自觉运用刚刚获得的规律推测某个摆的相关数据，但每个学生都能兴趣盎然地参与到学习过程中，都有实实在在的收获。

（设计者：郭建华　北京市密云区第六小学）

基于"探索钟摆的奥秘"案例的研究与分析

基于学生已有单摆具有等时性，在单位时间内的摆动次数与摆线长短有关系等知识，郭建华老师在组织"探索钟摆的奥秘"实践活动中，努力尝试科学与数学的深度融合，启发学生基于具体的问题（任务），综合运用科学、技术、工程、数学等领域的经验解决问题，初步探索 STEM 教育在科学课中的运用方式。

（一）实践活动的主题选择与课程改革的大背景相契合

新一轮的课程改革更进一步倡导课程的综合性和实践性，《北京市实施教育部〈义务教育课程设置实验方案〉的课程计划（修订）》的课程设置计划强调要专门拿出 10% 的时间用于学科实践活动，以解决"实践能力弱""综合实践活动课程流于形式""课程结构过于强调学科本位、科目过多和缺乏整合"等一系列问题，帮助学生建立综合学习与实践的意识。科学学科本身就是一个综合性、实践性较强的学科，将 STEM 教育理念引入科学课堂将会如虎添翼，更加有利于学生科学素养的提升，有助于将科学课程改革引向深入。

（二）实践活动的问题解决有助于综合运用学生多方面的经验

严格来说，"钟摆的奥秘"并非规范的 STEM 教育课程，只是将 STEM 作为研究的方向，努力通过一些具体问题或任务的设置，引导学生综合运用相关知识经验解决问题。

针对每一次具体问题的解决，学生都要经历根据已有科学知识或经验，对具体问题做出分析、判断和推理的基础上提出大胆的推测过程；对于每一次的推测数据，都要经历制作相应的摆，测量并记录其 15 秒内摆动的次数的过程；每次实际验证的数据不管是否与推测相符，都会引发学生新的思考，逼迫学生打破已有的思维定式，意识到 15 秒内，摆线长度和摆动次数之间的变化关系并不简单。在积累了一定量的数据后，教师启发学生用数学的方法观察、比较和分析这些数据，最终发现摆线变为原来长度的 1/4，相应的摆动次数就会扩大 2 倍这一略有难度的规律，并能利用这一规律做新的推测，直至去自己制作一个属于自己的摆……实际上，这就是科学、技术、工程和数学不断融合推进的过程。

3. 实践活动的过程充分展现了学生思维发展变化的过程

实践活动从寻找调整钟摆快慢的窍门开始，终于自制一个 1 分钟内摆动固定次数的摆。但实践活动的主体却是在实践过程与思维过程相互推进的进程中逐步实现的，清晰展现学生的思维发展变化过程是本案例的一大亮点，这在具体案例中有清晰表现，不再一一赘述。

STEM 教育的探索刚刚起步，尚有诸多问题未能得到较好地解决。例如，到底怎样区分常态课堂教学与学科综合实践活动？如何选择设计更适合于主题的活动内容？怎样为学生提供更多的自主实践机会……让我们共同研究。

（分析者：李伟臣　密云区教师研修学院）

走进河北梆子
——小学音乐学科实践活动案例

一、主题内容设计

作为小学音乐课程实践活动的开发，我们首先要从音乐课程性质进行分析，了解"实践活动"与音乐课程的关系。《义务教育音乐课程标准（2011年版）》中指出，音乐课程的总目标是"学生通过音乐课程学习和参与丰富多样的艺术实践活动，探究、发现、领略音乐的艺术魅力，培养学生对音乐的持久兴趣，涵养美感，和谐身心，陶冶情操，健全人格"。课程性质体现在三个方面，分别是"人文性、审美性和实践性"，特别强调"音乐课程各领域的教学只有通过聆听、演唱、探究、综合性艺术表演和音乐创编等多种实践形式才能得以实施"。由此可见，音乐课程本身就具有"实践"的特性，所以音乐学科实践活动也不应失去课程本身的特性。

"弘扬民族音乐，理解音乐文化多样性"是音乐学科课程基本理念之一。戏曲艺术是中华优秀传统文化的一部分，承载着中华民族的基因，是中国民族音乐重要的组成部分。在音乐课程标准感受与鉴赏领域的教学中，要求3~6年级的学生"聆听中国民族民间音乐，了解有代表性的地区和民族的民间歌舞、民间乐器和以京剧为代表的中国戏曲及曲艺音乐，体验其不同的风格"。而密云地区流传的戏曲以河北梆子为主，因此走进并学习河北梆子是学生们学习民族音乐的有效方式。通过"走进河北梆子"音乐实践活动，学生们能够了解密云地区的传统音乐形式，通过学习演唱和演奏来体验河北梆子的唱腔和伴奏乐器特点，从而认识本地区传统戏曲音乐的风格特征。

本次活动学生们首次走出音乐课堂，走进密云文化馆，在音乐实践活动中完成各项教学内容，是基于音乐学科的一次拓展性实践活动。"知道常见的中国民族乐器和西洋乐器，并能听辨其音色"是音乐课程感受与欣赏领域中的一项内容。学生们在本次实践活动中能够加深对熟悉的民族乐器二胡、笛子和笙的认识，了解这些乐器在河北梆子伴奏中的地位，并学习演奏一句伴奏音乐。同时还能够认识河北梆子中最具特色的民族乐器，如板胡、梆子、丹皮等，从而丰富他们的民族乐器知识。

"主动参加社区或乡村音乐活动，并能同他人进行音乐交流；乐于听音乐会或观看当地民俗活动中的音乐表演"是音乐课程标准中音乐与相关文化方面的教学内容。通过本次音乐实践活动，学生们不仅观看了河北梆子的表演，还学唱河北梆子的唱腔，而且对河北梆子这种戏曲形式有了全面的了解，感受到了戏曲音乐的独特魅力，有助于扩大学生们的音乐文化视野，传承中华民族传统文化。

二、教学目标设计

学生通过了解与感受河北梆子的起源、发展、唱腔和伴奏等音乐知识，乐于参与河北梆子的各种音乐实践活动，如观看表演、演奏乐器、学习唱腔等，从而对我国的戏曲音乐产生主动接触和体验的意愿，弘扬祖国优秀的传统文化。

学生通过听讲解、分组学习等方式，掌握河北梆子主要伴奏乐器的特点；加深对已知乐器二胡、笛子和笙的了解；认识河北梆子伴奏中的板胡、梆子、丹皮等乐器；能够用二胡、笛子和板胡等乐器来演奏一句河北梆子音乐。

学生通过学唱河北梆子唱腔来体验其高亢的唱腔特征，感受本地区传统戏曲的艺术魅力。

三、教学资源与实践条件设计

(一)本课所涉及的教材资源与实践条件设计

果园小学采用的是北京出版社出版的小学《音乐》教材，五年级学生们已经掌握的民族音乐方面的知识，如表 2-7-1 所示。

表 2-7-1　果园小学五年级学生已掌握的民族音乐方面的知识

年级	册数	课数	民族乐器知识	民族戏曲知识
二年级	上册	第6课	葫芦丝	
三年级	上册	第8课	笛子	
三年级	下册	第3课	二胡	
三年级	下册	第7课	唢呐	
四年级	下册	第4课	笙	
四年级	下册	第8课	琵琶	
二年级	上册	第7课		京剧的脸谱
四年级	上册	第8课		京剧的文场和武场

这些教材资源是学生们已有的知识积累，有了这些知识，本次音乐实践活动才能设计出巩固已有知识环节(能够加深对熟悉的民族乐器二胡、笛子和笙的认识，了解这些乐器在河北梆子伴奏中的地位，并学习演奏一句伴奏音乐)和学习新知识环节(能够认识河北梆子中最具特色的民族乐器，如板胡、梆子、丹皮等，学习演唱河北梆子的唱腔)。

(二)本课所涉及的学生资源与实践条件设计

果园小学属于民族管弦乐实验校，大部分学生都是校民乐兴趣小组成员，具有一定的民乐演奏基础，五年级（2）班就有学二胡和笛子的同学，能够演奏一些小型乐曲，所以本次活动中设计了对比二胡与板胡的异同并学习用板胡和笛子来演奏一句河北梆子伴奏音乐的任务。

（三）本课所涉及的地域资源与实践条件设计

密云区与河北省临界，属于河北梆子重要的流传地，因此有着广泛的群众基础，学生们的家长中有许多就是河北梆子爱好者。每天晚上，密云的几个公园都有河北梆子票友的聚会，学生们在这样的环境里受着河北梆子的熏陶，所以河北梆子的音乐和唱腔对他们来说并不是全新的内容，这些为本次实践活动的演唱和演奏提供了可能。此外，密云文化馆有河北梆子排练厅，而且文化馆领导非常重视河北梆子的传承工作，为我们的课外音乐实践活动提供了很好的场地和服务支持。

（四）本课所涉及的人力资源与实践条件设计

密云区原河北梆子剧团的演员们每个人都具有很好的专业功底且非常乐于将这种古老的戏曲传承下去，所以他们精心准备了表演曲目和要教授学生的内容，为我们本次实践活动提供了最重要的教师资源。

四、教学过程设计

（一）学习内容

河北梆子乐队及唱腔特点。

（二）教学对象

果园小学五年级（2）班学生。

（三）教学时间

2015 年 11 月 28 日 19：00—20：00。

（四）教学地点

密云县文化馆排练厅。

（五）教学准备

1. 分组

根据河北梆子伴奏乐器的三大件——板胡、笛子和笙，把学生们分成四个组，分别是板胡组、笛子组、笙组及其他乐器组。

2. 制作各组任务单和活动记录单

（六）活动流程

1. 集合

18：50 文化馆门口集合，分小组站队，以组为单位发放任务单和活动记录单。

活动导入：同学们，我们常听说这样一句话，民族的就是世界的！我们中华民族的戏曲艺术承载了古老的民间音乐文化内涵，在我们密云民间广为流传的戏曲形式是河北梆子。今天，我们就一起走进密云文化馆，来感受河北梆子的别样精彩。

2.步入排演厅

向排练的叔叔阿姨问好。

3.王团长简要介绍河北梆子的全貌、起源、发展和流传地区等

4.了解河北梆子中的主要伴奏乐器

教师：同学们，我们之中好多同学都在学习着各种民族乐器，那么我们先来看一看河北梆子中都用到了哪些民族乐器呢？请伴奏人员分别为我们展示一下他们手中的乐器。这位老师，请问您贵姓？您手中的乐器叫什么名字？您能简单为我们介绍和演奏一下这种乐器的特点吗？

杜光辉老师首先为我们介绍板胡。板胡是河北梆子重要的演奏乐器，烘托气氛刻画人物形象非他莫属。华卫国老师为大家介绍的笛子也是旋律乐器，和板胡一起作为乐队的主奏。堵久军老师介绍河北梆子中的笙属于伴奏中的和声乐器。随后三位老师都奉上了精彩的演奏。

教师：河北梆子中的梆子指的是什么乐器？主要作用是什么呢？

杜光辉老师不仅从外观、材质上悉心讲解了梆子的特点，还让学生们聆听了梆子的音色，讲解了梆子的击节作用，也就是打强拍，目的是增强戏剧气氛。

教师总结：河北梆子最重要的伴奏乐器有三大件，他们分别是板胡、笛子和笙。此外还有梆子、丹皮、唢呐、二胡、扬琴、古筝和阮等伴奏乐器，现在还引进了西洋乐队中的大提琴。

5.分组学习，完成任务，填写任务单

教师：听完了刚才的介绍，我们对河北梆子有了更加全面的了解了。那么，根据我们平时学过的乐器，今天我们来了解一下河北梆子的伴奏乐器。请组长宣读本组任务。

(1)板胡组

板胡与二胡外观有什么不同？板胡的定弦是什么？学习演奏一句河北梆子音乐。

(2)笛子组

河北梆子所有的笛子属于梆笛还是曲笛？常用调是什么调？学习吹奏一句河北梆子音乐。

(3)笙组

笙属于哪类民族乐器？是单声部还是多声部乐器？

(4)其他乐器组

除了三大件，河北梆子还有哪些伴奏乐器呢？列举出2～3种。如果有你学过的乐

器，学习演奏一句河北梆子音乐。

6. 分组展示学习成果

（1）板胡组

回答问题：板胡下面是大大圆圆扁扁的，二胡下面是个圆柱筒。琴皮材料上，二胡使用蟒皮或蛇皮，板胡用木板，它也因此而得名板胡。另外，板胡琴弦也比二胡硬。板胡定弦：外弦定 E，6，3 弦。二胡定弦：外弦定 G，1，5 弦。由一名同学用板胡演奏一句河北梆子伴奏音乐。

（2）笛子组

回答问题：河北梆子中的笛子多是梆笛，G 调，筒音做 2。由一名同学用笛子来演奏一句河北梆子伴奏音乐。

（3）笙组

回答问题：笙属于吹管乐器，气流通过簧片引起管柱振动，是多声部乐器。

（4）其他乐器组

除了板胡、笛子、笙这三大件，河北梆子乐队中还有梆子、丹皮、唢呐、二胡、扬琴、古筝和阮等伴奏乐器。

7. 观看河北梆子片段，了解河北梆子的唱腔特点

教师：同学们，刚才我们认识了河北梆子的伴奏乐器，下面我们请叔叔阿姨们为我们表演一段，好不好？

赵春玲老师为学生们演唱了一段由杜光辉老师作曲、李路山老师填词的原创作品《笔笔血债要算清》。这是根据密云石城镇抗日母亲邓玉芬的真实事迹而创作的河北梆子作品。高亢、凄凉、哀婉、悲忍的唱腔和乐队营造的悲壮气氛赢得了学生们热烈的掌声。

8. 了解河北梆子的相关知识

教师：同学们，你们觉得河北梆子的唱腔有什么特点？

学生回答后教师总结：河北梆子唱腔固有的风格特点是高亢、激越、慷慨、悲忍，擅于表现慷慨悲愤的感情，听来给人热耳酸心、痛快淋漓之感。

9. 学习河北梆子唱腔，感受民族戏曲音乐的独特魅力

由原剧团演员现任蓝天幼儿园园长王静老师教学生们学唱《铺红毯挂红彩》中的一句，学生们对这种音乐形式充满了好奇，学得趣味盎然。

10. 活动总结

河北梆子是我们北方代表性的地方剧种之一，历经几度兴衰，以其独特的艺术个性和丰厚的文化底蕴，滋润了一代又一代华夏儿女。通过本次音乐实践活动，我们了解了河北梆子高亢的唱腔特点，知道了河北梆子的三大件伴奏乐器，还学习演奏了一

小段音乐，收获真不少。今天我们充分感受了地方戏曲音乐的艺术魅力，希望同学们能够传承中华民族的戏曲文化，让祖国的传统文化扬帆远航！

让我们牢记：弘扬民族文化，传承河北梆子，果小师生在行动！

11. 拍照留念

12. 活动结束

五、教学效果分析

有效教学不只是系统而静止的教学，更是动态与生成性的教学。通过本次走出课堂的音乐学科实践活动，同学们不仅巩固了音乐课中学过的知识，还直观感受了河北梆子这种传统戏曲音乐的文化精髓。这样的教学方式，打破了传统课堂教师讲、学生听的枯燥形式，让学生们在音乐实践活动中，有效地掌握了本节课程的教学内容，加强了对祖国民族音乐的认识，更唤醒了学生的民族自信心和自豪感，为传承中华民族的传统文化播下了火种。教学效果是学校音乐课不能比拟的，具有很好的教学价值。

（设计者：金士娟　北京市密云区教师研修学院

张合伶　北京市密云区果园小学）

基于"走进河北梆子"案例的研究与分析

音乐学科本身就具有实践性，无论唱、奏、动、创都是在音乐实践过程中去感受、体验、表现，进而形成认识，获得经验。如何在音乐传统课程基础上，将课内外、校内外的资源加以整合利用，将音乐知识与技能学习的时空进行拓展，形式进行拓展，内容进行拓展，方法进行拓展，从而更好地为提高学生音乐素养服务，成为我们音乐学科实践活动思考的角度。

"走进河北梆子"主题实践活动，意在通过课内外、校内外音乐学习之间的相互联系，巩固已有知识，进而建构新的知识。

（一）教学时空的拓展性

2015年11月28日，密云区果园小学五年级（2）班学生在音乐教师和学科教研员的带领下，走出校门，踏入密云文化馆排练厅，进行了第一次走出课堂的音乐实践活动。纵观本次活动可以看出，设计者在设计本次实践活动时充分考虑音乐课内课外的有机融合，将音乐课堂搬到了文化馆，河北梆子剧团的演员们成了教师，教学时间也不仅仅局限于一节课，使教学时空得以拓展。

（二）教学内容的拓展性

本次音乐实践活动教学内容的设计一方面以学生已经掌握的音乐知识为基础，利用学生已知的民族乐器知识去深入学习这种乐器在河北梆子中的运用；另一方面在他们原有的知识技能基础上进一步深化，如河北梆子的历史、发展、流传地区以及声腔特点，伴奏乐器特征等，这些都不是我们传统音乐课所能够给予学生的，通过此次实践活动使教学内容得以拓展。

(三)教学方法和形式的拓展性

本次音乐实践活动自始至终以学生为活动主体。从最初的分组领任务单开始，学生们经历了"听河北梆子介绍—了解河北梆子主要伴奏乐器—分组学习完成任务单—分组展示乐器学习成果—观看河北梆子演出—了解河北梆子相关知识—学唱河北梆子唱腔"等多个教学环节。在每个环节中，学生们都充分调动了一切可以参与学习的感官，听、问、学、唱、奏等实践活动贯穿始终，使得教学方法和形式得以拓展。

总之，本次音乐实践活动实现了教学时空的拓展、教学内容的拓展和教学方法形式的拓展。学生们真真切切地体验到了河北梆子的独特魅力，实现了将课内外、校内外资源的有机整合利用。

(分析者：程郁华　北京教科院基教研中心

金士娟　北京市密云区教师研修学院)

音的高低

——小学音乐学科实践活动案例

一、主题内容设计

《义务教育音乐课程标准(2011年版)》中指出,音乐课程性质主要体现在"人文性""审美性""实践性"三个方面。"音乐课程各个领域的教学只有通过多种实践形式才能得以实施。学生在亲身参与实践活动的过程中,获得对音乐的直接经验和丰富的情感体验,为掌握音乐相关知识和技能、领悟音乐内涵、提高音乐素养打下良好的基础。"由此可见,音乐课程本身就具有很强的"实践"特点。

在北京出版社出版的小学《音乐》教材中,涉及"音的高低"的知识点教学。案例的教学内容有机结合课程标准中"感受与欣赏"领域的音乐表现要素;"表现"领域的演唱、识读乐谱;"创造"领域的探索音响与音乐、即兴编创、创作实践;"音乐与相关文化"领域的音乐与生活进行设计的。

依据以上的思考,我们主要从两个方面进行实践活动的设计:

第一,课外资源延伸拓展的实践活动。

人类音乐的发展源于人们对声音本身的认识和人们在长期生活实践中的运用,这些都源自于实践。因此在科技馆里的实践活动有助于学生对"音的高低"的再认识,实践的过程就是学生通过多种形式理解"音的高低"的过程。

第二,课内资源巩固提高的实践活动。

学生将场馆实践的学习成果带入到课堂中,将场馆里即兴编创的作品在课堂中书写并演唱,将五线谱的识读能力运用到歌曲学唱中,将学习感悟在课内与同伴分享。利用课内资源巩固了学生所学知识,有效提高了识读乐谱的能力和创作能力。

本次实践活动遵循课标中"强调音乐实践,鼓励音乐创造"的基本理念,力图通过在科技馆中探索声音的装置,在生活中收集高低不同的声音,将学生的生活经验与场馆和课堂中的实践活动有机结合,启发学生感受、表现、创作高低不同的声音,从而增强音乐的实践性表现,促进学生在实践中学习知识,在创新中学以致用。

二、教学目标设计

探索声音高低与发声体变化因素的相应关系,感受音的高低。

了解五线谱记谱法,在情境中识读乐谱,表现音的高低。

知道用高低不同的声音描绘生活情境,进行音乐创造。

三、教学资源与实践条件设计

中国科技馆是我国唯一的国家级大型综合性科普教育场馆。馆内设有五大主题展厅，其中科学乐园中的创意工作室里有许多展品与音的高低有着密切的联系。

图 2-8-1 是"玻璃瓶转盘"展台。扭动转盘时，带动中间的小槌逐个敲击玻璃瓶，玻璃瓶会发出高低不同的声音。同样的瓶子，里面的水越多，瓶内空气柱就越短，音就会越高；相反，里面的水越少，瓶内空气柱就越长，音就会越低。

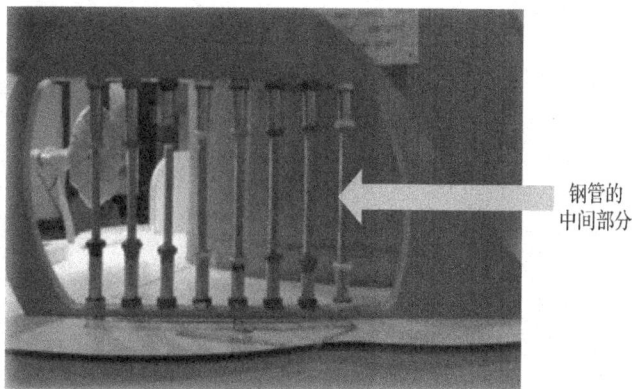

图 2-8-2 是管钟模拟装置，音的高低变化和中间钢管的长度有着密切的关系。敲击钢管中间部分会发出高低不同的声音，中间部分钢管越长，声音越低，中间部分钢管越短，声音越高。

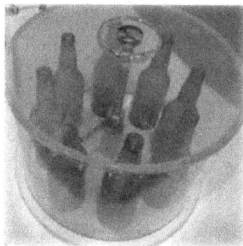

钢管的
中间部分

图 2-8-1　玻璃瓶转盘　　　　　　　图 2-8-2　管钟模拟装置

图 2-8-3 是五线谱作曲墙，上面的彩色线条就好像是五线谱平行的线，上面有十五个可调节声音高低的彩色小音符。上下移动轨道上的音符，点击播放按钮，就能听到高高低低的声音。音符在五线谱墙上的位置越高，音就越高，位置越低，音就越低。它展示的正是五线谱记谱法的记谱原理，能够帮助学生形象地理解线谱的线间位置关系。

图 2-8-4 是钢片琴模拟装置。用配套的小槌敲击"琴键"，它会发出高低不同、清脆悦耳的声音。学生通过亲手操作，发现钢板越长，声音越低，钢板越短，声音越高。这个装置相比其他展品更像乐器，学生可以自由敲击，进行创作。

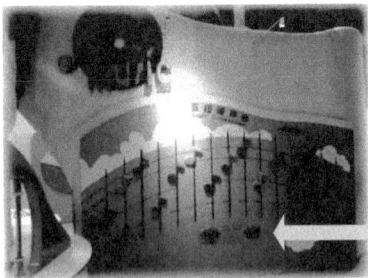

图 2-8-3　五线谱作曲墙

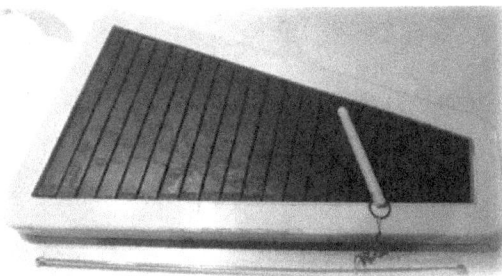

图 2-8-4　钢片琴模拟装置

图 2-8-5 是笛子模拟装置。按压启动键，笛子吹孔就会模拟人嘴自动吹气，按住笛子上不同的小孔，就能发出高低不同的声音。

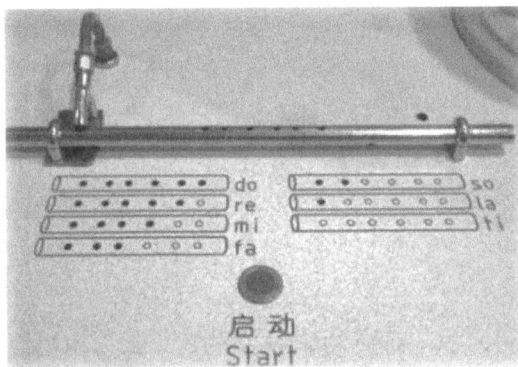

图 2-8-5　笛子模拟装置

图 2-8-6、图 2-8-7 是科学城堡里的一个有两层楼高的传递声音的装置。站在楼上的人对着话筒说话，楼下的人能从小喇叭里听到。

图 2-8-6　两层楼高的传音喇叭全景

图 2-8-7　楼下的传音喇叭口

图 2-8-8 是声波模拟装置。学生摆动源头的方向盘，铁环就会形象地模仿声波运动的样子。

图 2-8-8　声波模拟装置

四、教学过程设计

本课教学由课内和课外两部分组成。

(一)课外部分

课外部分由"导入""听一听、看一看""摆一摆、写一写""敲一敲、创一创""小结"5个环节组成。具体过程如下。

1. 导入

环节目标：导出课题——音的高低。

设计说明：直截了当，开门见山。

活动：围绕话题，师生谈话。

带领学生走进中国科技馆的创意工作室(图 2-8-9)，探究声音的奥秘。通过对"音乐是声音的艺术"进行谈话，引出本实践活动主题——音的高低。

图 2-8-9　创意工作室

2. 听一听、看一看(对玻璃瓶转盘和管钟模拟装置进行探究)

环节目标：观察"玻璃瓶转盘"和"管钟模拟装置"，聆听音高，思考声音高低与玻璃瓶里空气柱长短的关系，感受音的高低。

设计说明：引导学生感受音的高低，进一步探究产生声音高低变化的原因。

活动一：探索玻璃瓶转盘。

学生实践：扭动玻璃瓶中间的转盘（图 2-8-1），使小槌逐个敲击玻璃瓶发出声音。

学生讨论：玻璃瓶发出的声音高低是否一样？声音高低与玻璃瓶里的什么变化有关？（图 2-8-10）

图 2-8-10　玻璃瓶里的水有多有少

学生结论：声音高低与玻璃瓶里的水的位置有直接关系。瓶内水位越高，空气柱越短，声音越高；瓶内水位越低，空气柱越长，声音越低。

活动二：探索管钟模拟装置。

学生观察：观察管钟模拟装置（图 2-8-11）中钢管中间部分的长度，从左往右，钢管中间部分的钢管越来越长。

学生思考：音的高低与这些长短不同的钢管有怎样的关系？

学生实践：以小组为单位敲击钢管，仔细辨别音的高低。

学生结论：钢管中间部分越长，声音越低。

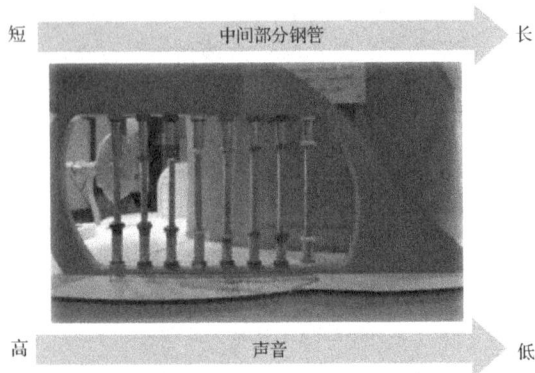

图 2-8-11　管钟模拟装置

3. 摆一摆、写一写（对五线谱墙进行探究）

环节目标：了解五线谱线、间位置关系，激发学生想象力，进行音乐创作。

设计说明：学生通过在五线谱作曲墙上的实践活动，知道音符在五线谱上位置与音高的对应关系。有机结合创作领域的相关内容，提高学生音乐素养，增强其音乐表现的自信心。

活动一：观察展品，找出线、间。

学生观察：五线谱墙上有线、间、音符和音符移动轨道（图 2-8-12），发现五线谱墙上的线比五线谱多了两条线。

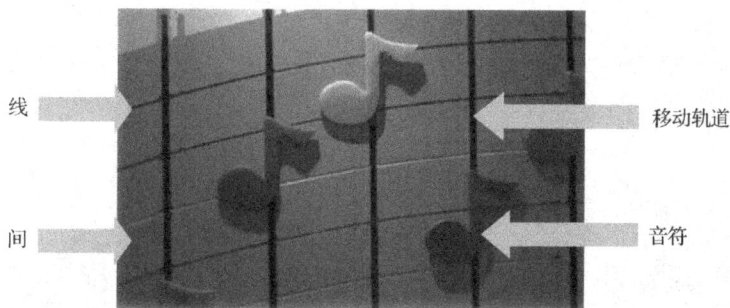

图 2-8-12　五线谱作曲墙

活动二：动手操作，聆听音高。

学生实践：上下移动音符位置，按下播放按钮聆听。

学生结论：音符在线谱上的位置越高，声音越高；音符在线谱上的位置越低，声音越低。

活动三：认识关系，情境创编。

①跟唱音阶。

学生活动：学生随教师跟琴演唱 C 自然大调上下行音阶各音唱名（图 2-8-13）。

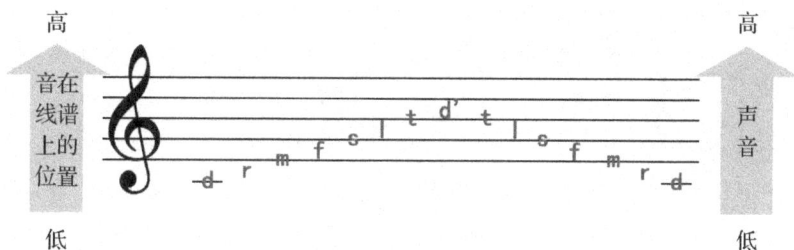

图 2-8-13　C 自然大调音阶

②认识关系。

教师操作：讲解 do、re、mi 是音阶中相邻的三个音，它们在一线谱中上行排列时，由下向上一间一线一间依次标记；下行排列时，由上向下一间一线一间依次标记。

学生活动一：请你把 do、re、mi 的唱名填写在下面的方框里（图 2-8-14）。

图 2-8-14

学生活动二：联系生活想一想上行排列的 do、re、mi 三个音表现了怎样的情境，在正确答案下画"√"（图 2-8-15）。

下雪了　　　　　　小鸟飞起来　　　　　　朝阳升起
（　　）　　　　　　（　　）　　　　　　　（　　）

图 2-8-15

学生活动三：音阶中其他相邻的三个音也能表现这样的情境，请你把它们填写在下面的方框里（图 2-8-16）。

do　re　mi　fa　sol　la　ti

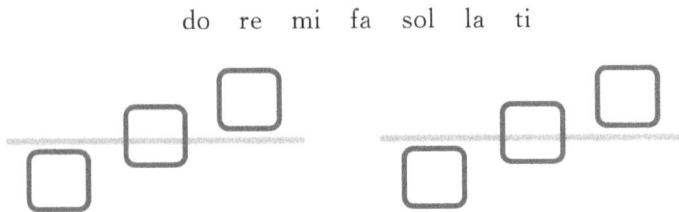

图 2-8-16

③情境创编。

教师操作：在五线谱墙上分别摆出几组音。

学生活动一：思考五线谱墙上的小音符表现了生活中的哪些情境，试着连一连（图 2-8-17）。

树叶周边的锯齿

波浪

下雨了

图 2-8-17

学生活动二：请你在五线谱墙上移动小音符的位置创作出一句旋律，请老师或家长帮你把作品拍下来，回家抄写在下面的线谱上吧！

4. 敲一敲、创一创（对钢片琴模拟装置进行探究）

环节目标：通过在钢片琴模拟装置上的实践活动，提高学生的创编能力，鼓励学生勇于创新，敢于表现。

设计说明：了解钢片琴模拟装置的发声原理，探索音响，进行即兴创编。

活动：探索音响，创作实践。

学生实践：以小组为单位用小槌敲击钢片琴模拟装置，仔细辨别音的高低。

学生结论：钢板越长，音越低；钢板越短，音越高。

学生创编：学生轮流在钢片琴模拟装置上用多种方法演奏，将下面的演奏方式和相应的图片连起来（图 2-8-18）。

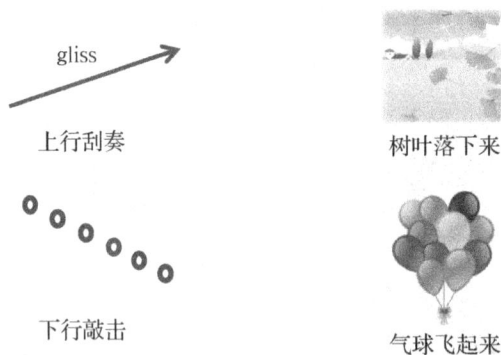

gliss

上行刮奏

树叶落下来

下行敲击

气球飞起来

图 2-8-18

5. 小结

环节目标：拓宽视野，多方面感受音的高低。

设计说明：学生对场馆与音乐有关的其他展品进行自主探究。

学生自由活动：学生可以自主探究其他有关声音的展品，如笛子模拟装置、传音喇叭装置、声波模拟装置等。

教师小结：今天我们参观了中国科技馆，完成了与音的高低相关的实践活动。其实高低不同的声音在我们的生活中随处可见，如马路上、校园中，还有每个人说话的声音都有高低之别。同学们回家了，请爷爷、奶奶、爸爸、妈妈、弟弟、妹妹用高低不同的声音各说一句"我爱你"，你们用手机录下来，发到我们班的微信群里。回到音乐教室，我们一起分享吧！

（二）课内部分

课内部分由"听一听、唱一唱""听一听、比一比""小结"3个环节组成。

1. 听一听、唱一唱（分享实践活动学习单）

环节目标：加深感受音的高低，再次表现音的高低。

设计说明：展示学生对五线谱墙探究后的学习单，利用教室资源，演唱、聆听、感受学生作品。

活动一：展示作品，再次表现。

学生展示一：联系生活想一想上行排列的 do、re、mi 三个音表现了怎样的情境，在正确答案下画"√"（图 2-8-19）。

教师操作：启发学生想象，还能想到哪些情境。

学生发言。

学生展示二：音阶中其他相邻的三个音也能表现这样的情境，请你把它们填写在下面的方框里（图 2-8-20）。

下雪了   小鸟飞起来   朝阳升起
（ ）   （ ）   （ ）

图 2-8-19

音阶：do re mi fa sol la ti

图 2-8-20

教师弹奏，学生随琴演唱。

学生展示三：五线谱墙上的小音符表现了生活中的哪些情境？试着连一连（图 2-8-21）。

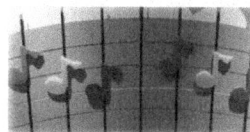   

树叶周边
的锯齿

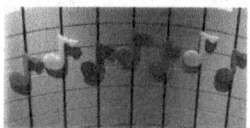   

波浪

下雨了

图 2-8-21

学生展示四：请你在五线谱墙上移动小音符的位置创作出一句旋律，请教师或家长帮你把作品拍下来，回家抄写在下面的线谱上吧！（预设学生答案，图 2-8-22）

学生借助动作说明创作意图。

学生作品 1   学生作品 2

图 2-8-22

教师钢琴弹奏，学生聆听感受。

学生展示五：学生轮流在钢片琴模拟装置上用多种方法演奏，将下面的演奏方式和相应的图片连起来(图 2-8-23)。

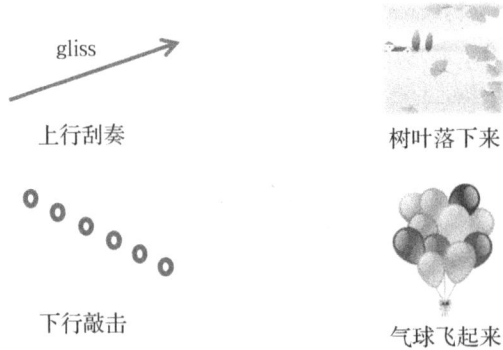

图 2-8-23

活动二：小结规律，学生试唱。

师生小结：在五线谱墙上创作的音乐，只能记录声音的高低，不能记录声音的长短。

教师弹奏，学生看字母谱试唱，再次感受音的高低。

活动三：填写歌谱，学唱新歌。

①学生填谱。

歌曲《摇啊摇》是由三个音符在一线谱上创作的旋律，如果第一个音符唱"do"，把其他音符的字母谱填写在下面的"□"里。

教师公布正确答案(图 2-8-24)，学生自查。

学生看谱唱谱，教师弹奏并指导纠正。

学生看词唱词，教师弹琴伴奏。

摇啊摇

儿童歌曲

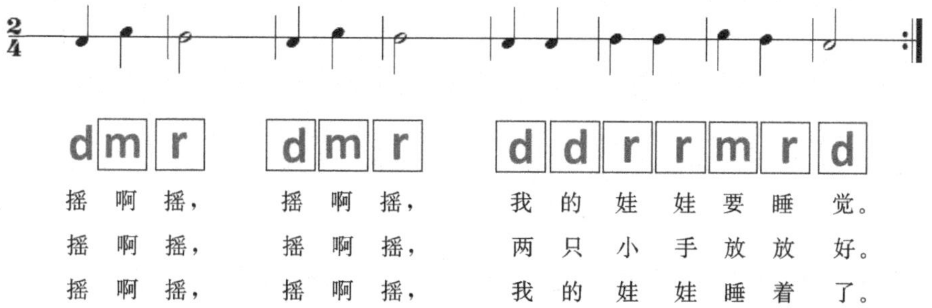

图 2-8-24

师生、生生评价。

2. 听一听、比一比（分享来自亲人的录音）

教师操作：播放学生们搜集到亲人说"我爱你"的录音。

学生聆听：比较声音的高低。

学生回答：举例并示范生活中还有哪些高低不同的声音。

3. 小结

引导学生继续关注生活中的声音，不断探索声音与音乐的奥秘。

五、教学效果分析

（一）趣味化地感受音的高低

学生通过对科技馆玻璃瓶转盘、管钟等模拟装置实践活动的亲手操作、比较分析，从科学的角度增强了对声音高低的认知。由于在场馆开展活动，学生对展品充满了新鲜感。他们在玩中学，始终兴致盎然，趣味化地感受到了音的高低。

（二）情境化地表现音的高低

通过对五线谱墙的操作实践，学生了解了线谱的线间关系。新歌学唱环节，学生能将所学知识应用到歌曲学唱中，识读乐谱的能力得到巩固提高。学生用音乐表现生活情境的实践活动，加强了音乐与生活的联系，形象思维和创造性思维得到了很好的开发。

（三）生活化地创造有趣的音

在科技馆乐器模拟装置上的即兴创编，学生发散思维，充分发挥想象力，将生活与音乐紧密联系，初次尝试用音乐表现生活，取得了较好的效果。场馆里始终充满了学生们欢乐的笑声。

在实践活动中，多数学生积极参与、乐于创编、敢于展示。有的学生生活经验较少，平时要多积累、多体验，打开思路才能更好地理解、表现和创作音乐。总体来说，学生对本实践活动的参与度高，积极探究，勇于创新，取得了较好的教学效果。

（设计者：马燕梅　北京市东城区教师研修中心

杨向玲　北京景山学校）

基于"音的高低"案例的研究与分析

音乐课程本身就具有实践性。无论唱、奏、动、创都是在音乐实践过程中去感受、体验、表现，进而形成认识，获得经验。如何在音乐传统课程基础上，将课内外、校内外的资源加以整合和利用，将音乐知识与技能学习的时空进行拓展，形式进行拓展，内容进行拓展，方法进行拓展，从而更好地为提高学生音乐素养服务，成为我们音乐学科实践活动思考的角度。

"音的高低"主题实践活动，意在体现校外的实践活动对课内音乐学习的影响，使得学生对"音的高低"的体验能够从生活经验向音乐经验过渡，进而在音乐实践中得以提高。

（一）在场馆中创建"探索声音高低"的实践活动

学生在科技馆亲身参与探究玻璃瓶转盘、管钟模拟等装置的实践活动，感受音的高低，充分体现了音乐课程性质的实践性。知道音高和发声体变化因素的相应关系，跨学科地了解了声音有高低不同的发声原理。音乐学习的地点由学校拓展到科技馆，内容由课内拓展到课外，活动形式更彰显了音乐学科的实践性。本实践活动合理有效地整合资源，为学生建立"音的高低"这一概念提供了必要的物质条件。

（二）在课堂中表现"创编声音高低"的实践活动

学生在课堂中，将在科技馆中进行即兴音乐编创活动填写的学习单与同学们分享，是学生进行音乐创作实践和发掘创造性思维能力的过程和手段。它可以丰富学生的形象思维，发展学生的想象力，开发学生的创造性潜质，增强学生的创造意识。在科技馆里学生充分体验了"音的高低"，回到课堂后将所思所感体现在学习单上，在教师的引导下一步步从生活经验向音乐经验过渡，学生的音乐能力在音乐实践中逐步提高。

（三）在生活中欣赏"收集声音高低"的实践活动

本实践活动不仅整合了校内外资源，还合理利用了家庭资源。学生将音乐与生活紧密相连，在生活中自觉地将听到的各种声音进行高低的比较，从而找寻声音高低的美妙与韵味。学会享受生活中的音乐，并用音乐表现生活。

本实践活动由课内走向课外，一年级学生带着已有的音乐知识走进科技馆，通过对场馆资源的实践活动加深理解音的高低；又由课外走回课内，将丰富的场馆资源、学习感悟在课内与同伴分享，利用课内资源巩固学习、深入探究。课内外资源相结合，场馆资源为音乐教学提供了有益的补充，使得教学资源更加丰富，且与音乐学科紧密结合，增强了音乐学科实践性的表现，激发了学生音乐学习的兴趣。趣味化地感受音的高低、情境化地表现音的高低、生活化地用高低不同的声音进行音乐创作。

在音乐课程实践活动的开发过程中，设计者充分考虑教育综合改革背景下的校内外实践活动的设计，将场馆资源进行有效的教学化开发，将学科教学内容与生活实际相联系，构建了一个贴近生活、利于动手的实践活动，这样的设计表现了音乐学科实践活动设计的一种形式，值得发展和借鉴。

（分析者：程郁华　北京教科院基教研中心）

创编"足球战车"游戏

——小学体育学科实践活动案例

一、主题内容设计

国务院副总理刘延东在全国电视电话会议上强调，要认真贯彻习近平总书记、李克强总理关于抓好青少年足球工作的重要指示精神，坚持体教结合，锐意改革创新，推进校园足球普及，促进青少年全面发展。教育部体卫与艺术教育司司长王登峰先生指出：深入挖掘校园足球的独特价值和巨大潜力，要超越足球看足球。

《义务教育体育与健康课程标准(2011年版)》第二部分课程目标，其中运动技能目标指出：在小学阶段，要注重体育游戏学习，发展学生的基本运动能力。其水平三(5～6年级)的"学习体育运动知识"学习目标3提出：达到该目标时，学生将能够初步具有自主学习、合作学习和探究学习的能力，初步掌握简单的科学锻炼方法。如运用已有的知识和技能改编简单的体育游戏，选择较适宜的锻炼时间、场地和运动方法等；"掌握运动技能和方法"的学习目标2指出：达到该目标时，学生将能够基本掌握一些球类运动项目的技术动作组合。

足球游戏是体育游戏的开展形式之一，它有趣味、有竞争、有规则，深受小学生的喜爱。创编"足球战车"游戏是在学生原有足球游戏认知基础之上，拓展的一课时足球游戏实践活动课。本课采用自主探究、合作体验的学习方式，在创编足球游戏的过程中，发展了学生的基本运动能力，对于足球的基本技术组合进行了初步的实践体验。在小组活动中，通过讨论交流，反复设计、实践、修改游戏方案的活动过程，让学生们产生思维、认知、行为、身体等多方面的改变及多种能力的发展。

二、教学目标设计

学生能够初步运用已有的足球游戏知识和控球、运球、传球、射门等技能，完成创编"足球战车"游戏的任务。知道创编"足球战车"游戏方案，需要符合新颖、安全、可行和有趣的要求，以及反复实践和修改才能获得的实践感受。

在参与设计、实施、改进足球游戏的多次实践活动中，初步掌握自主探究、合作体验的学习方法。

激发学生因地制宜创编足球游戏的积极性，进一步深化学生热爱足球游戏的情感。

教学重点：学生能够初步运用已有的足球游戏知识和控球、运球、传球、射门等技能组合，进行创编"足球战车"游戏，并通过实施游戏和讨论交流，形成"方案是在反复实践中产生"的思维模式。

教学难点：能够设计出新颖、安全、可行、有趣的足球游戏项目。

三、教学资源与实践条件设计

(一)活动特点

足球游戏不仅适合小学阶段学生的身心发展，而且学生们参与的积极性高，乐此不疲。

(二)学校支持

我校是体育文化足球项目特色学校，将足球游戏在实践活动课程中得到体现，符合学校的办学理念和发展需要。

(三)教师优势

授课教师具备多年体育与综合实践活动课程教学经验，拥有十年校园足球教练员的工作经历，能够多角度综合地思考问题，保证本课顺利开展。

(四)学生情况分析

参与本次活动的是五年级学生。五年级学生具备一定的足球运动技能，对足球游戏类活动非常感兴趣，小组合作能力较强，对于设计足球游戏的创新挑战，投入热情高，同时具备一定的分析和概括能力。但就足球游戏中使用的足球组合技能以及实践中发现、改进游戏的学习过程需要教师加以指导。

(五)实践条件

将二十名学生分为三组，分别为五人、七人、八人一组。

器材：足球、标志筒各二十个；场地胶带五卷；白板一块、足球战术板三块。

划定三块游戏区域，每块面积为：3 m×7 m。

本课教学 40 分钟，使用学校集中学科实践活动课程时间进行教学。

四、教学过程设计

教学过程设计见表 2-9-1。

表 2-9-1

活动过程			
教学环节	教师活动	学生活动	设计意图
接受挑战明确任务	1. 教师创设问题情境，通过播放视频，以下战书的形式，激发学生创编"足球战车"游戏的兴趣。揭示本课的主题。通过回忆课前游戏过程，引导学生归纳实施游戏的基本要素（场地、时间、人员、器材、规则）。 2. 教师通过谈话启发学生明确本课中创编足球游戏需要改变的设计要素（人员、器材、规则）。其中，规则的制定要围绕"战车"的功能来进行。同时教师提出了新颖、安全、可行和有趣的设计要求和活动提示。	1. 学生分成三个小组，进入交流区域。师生谈话"创编'足球战车'游戏，需要具备哪些条件?"引发学生思考。然后，经过教师和学生们共同总结，确定出足球游戏的组成要素，分别是：空间、时间、人员、器材、规则五要素。 2. 学生学习如何通过改变游戏要素的方法，创编足球游戏。同时认真倾听老师提出的设计要求。随后学生小组选出组长，做好分工，为方案设计做好准备。	1. 明确本课活动目标。 2. 本环节设计的目的是：师生共同总结归纳出设计"足球战车"游戏的基本要素，为接下来的教师设计方法指导和学生游戏创编做好铺垫。时间预设 7 分钟。
小组合作初步设计	1. 教师演示指导战术板的使用。 2. 学生在制定方案的过程中，教师对学生在创编方案的方法上进行有选择性的指导（如当发现学生设计过程中存在一些隐性问题，如胜负标准不明确，足球踢出游戏场地，可行度较低等情况，教师可以预见，但不给予完全提示，待学生在实施游戏中自己去发现问题）。 3. 教师组织学生进行各组方案介绍。	1. 学生小组经过讨论统一意见，明确各自游戏方案。然后，使用足球战术板设计游戏方案。（通过足球战术板的使用，学生可以使用黑色水笔绘画行进路线，摆放小吸盘位置等方法，展示学生方案设计的过程） 2. 学生分组介绍游戏方案。	初步尝试运用改变游戏要素的方式来创编游戏。通过指导，使各小组能够初步设计出不同的"足球战车"游戏方案，为后面开展的实践活动打下基础。时间预设 5 分钟。

活动过程			
教学环节	教师活动	学生活动	设计意图
实践体验修改完善	1. 教师明确实践活动要求，并进行安全教育。 2. 在活动中，教师可以从多角度对游戏方案进行简要评价（如学生组内对游戏胜负发生争议，教师可以从可行的要求进行评价，建议小组内进一步规范游戏规则，统一意见，共同遵守；如游戏设计过于简单或复杂，会让参与者失去兴趣，从趣味性评价，建议游戏增减任务或增减足球数量，增加游戏的趣味性等），引导学生发现问题，对遇到的特别问题进行有针对性的指导（如球容易踢出游戏区，我们可以设立裁判员，或捡球员，但出于公平，大家可以轮换体验等）。 3. 教师引导学生进一步交流反思，修改完善方案。	1. 学生在规定的场地时间内进行游戏验证。 2. 学生通过亲身体验游戏，发现游戏方案中存在的问题。学生针对发现的问题，在实践中尝试解决。 3. 学生根据实践情况进行反思，再通过组内讨论交流，运用足球战术板修改游戏方案。	1. 本环节的设计意图：引导学生理解实践对于修改游戏设计、完善游戏方案的重要意义。 2. 反思游戏设计的可行性、趣味性；初步体会设计游戏需要科学严谨。时间预设 10 分钟。
汇报交流总结反思	1. 教师提出汇报要求，学生分组汇报游戏体验与修改的过程。 2. 在交流的过程中，教师的指导策略是：引导学生关注过程与方法的交流；指导学生不能仅仅停留在研究结果的展示上，而要进一步体现各组学生研究的过程、方法和情感体验。 3. 再次引导学生实践体验。 4. 教师进行主题活动的总结和拓展延伸。	1. 各组学生汇报足球游戏设计的过程。学生间进行互评，并认真听取教师点评。 2. 学生再次进行实践体验活动，从中获取新的发现。 3. 通过回顾设计游戏方案过程，各组间讨论交流，形成游戏方案设计的思维模式，即反复设计、实践与修改的过程模式，进而获得足球游戏设计的初步经验，并将经验在班内共享。 4. 交流游戏方案。	1. 本环节的设计意图：展示学生设计方案，激励学生创新实践；再次强调设计游戏的思路与要求。 2. 激发学生创编足球游戏的积极性，进一步深化学生热爱足球游戏的情感。时间预设 18 分钟。

小结：

同学们，其实足球运动就是一个游戏，自从它诞生的一百多年来，规则不断地被实践修改，再实践，再完善，才使得足球运动越来越精彩。不仅仅是足球，我们的生活同样需要设计，只有不断大胆实践，敢于改变自己，才能实现自己的梦想。今天同学们表现出来的实践能力和创造力，令老师佩服，你们设计的方案非常出色。希望同学们能够在课余时间继续修改完善。

五、教学效果分析

本课努力尝试通过设计、实践、完善方案的过程，帮助学生初步学会通过组合运用足球技能，完成设计足球游戏方案，获得初步设计足球游戏的经验。

通过设计足球游戏主题活动，激发了学生接触足球，与足球交朋友的热情，达成"我的游戏我做主"的主观意愿。

学生在活动过程中，学会设计规则，尊重规则，遵守规则，体验公正和谐的理念，培养、践行社会主义核心价值观。

（设计者：蒋凯　北京市东城区安外三条小学）

基于"创编'足球战车'游戏"案例的研究与分析

(一)主题活动评析

创编"足球战车"游戏是在学生原有足球游戏认知基础上拓展的一课时足球游戏实践活动课。本课采用自主探究，合作体验的学习方式，在创编足球游戏的过程中，发展学生的基本运动能力，对于足球的基本技术组合进行了初步的实践体验。在小组活动中，通过讨论交流，反复设计、实践、修改游戏方案的活动过程，让学生们产生思维、认知、行为、身体等多方面的改变，培养学生多种能力。

足球游戏有趣味、有竞争、有规则而且技术难度相对较低，不仅适合小学阶段学生的身心发展，而且学生参与积极性高，乐此不疲。

实践活动课采用自主探究，合作体验的学习方式，以实践活动课的形式开展足球游戏活动，能够促进学生四个维度的发展：

基本技能：学生掌握了运球与控球技能，身体协调能力得到锻炼与发展。

基本方法：本课采用自主探究、合作体验的教学方式，更有利于学生相互交流，进行思维碰撞。学生利用教师提供的"战术板"呈现本组的设计方案，在展示、交流等活动中，更加熟悉地掌握操作方法。

基本能力：学生的观察能力、语言表达能力、实践操作能力等方面都得到普遍提高，特别是学生的游戏设计能力有所提升。

基本意识："我的游戏我做主"，突出了学生的主体意识；在团队协作中，突出了团队合作意识；在思维碰撞中，又体现了求新求异的创新意识。

(二)建议与思考

学生使用"足球战术板"进行游戏方案设计，在小组介绍方案时，教师可以对游戏方案的绘制进行点评，将绘图标记标准化，如运球可以画曲线、踢球可以画直线，以及借助文字进行说明等。这样，可以提高学生对文字、符号的识别能力。

学生游戏体验后，对各自的方案进行修改或调整，教师要在有限的时间内，对学生生成的新思路或新问题进行点评。抓住不同方案的特点，分析其优点与不足。在这些方面，教师总结归纳提升的能力还需要进一步提升。

对于体育学科而言，做实践活动案例是一种全新的尝试。如何将此案例做到既能突出学科特点，又能体现实践活动的特点，还需要进一步研究与探讨。

（分析者：樊伟　北京教科院基教研中心）

蹲踞式起跑
——小学体育学科实践活动案例

一、主题内容设计

2014 年 11 月 13 日，北京市教委正式发布中小学语文、英语以及初中科学类学科教学改进意见，在意见中提到"中小学各学科平均要有不低于 10％的课时在社会大课堂进行"的意见。学校还将加强学科教学内容与社会、自然的联系，让学生学习鲜活的知识和技能，构建开放性的教与学模式。

自学科意见颁布以来，我校开展了"挖掘利用校内资源，促进学生全面发展"的研究活动。同时，学校项目研究组提出"在不增加项目的基础上，对校内现有的活动资源进行有效地挖掘、整理与整合，实现现有资源与课堂、学科、学生的三个对接"。自此，学校形成了"各学科利用校内活动资源，开展综合实践活动"的思路。目的是挖掘、整理、整合、利用校内资源，充分梳理学校活动资源，形成活动分类；挖掘活动中的学科教学要素，进行校内活动课程化研究；倡导"做中学"，为学生提供丰富的体验、合作、探究类的学习活动。

因此，体育学科就把每年一次的春季运动会作为本学科 10％综合实践的切入点。同时依据《义务教育体育与健康课程标准(2011 年版)》和人民教育出版社小学五年级《体育与健康(教师用书)》，将 50 米跑——"蹲踞式起跑"技术作为本次运动会上的学习内容。

二、教学目标设计

以往运动会的特点：运动会是学校体育工作中的重要活动内容，考虑到运动会特殊的竞技性与观赏性，整个运动会仅由少数人参与比赛。以往，此项活动并没有以课程的方式设计与构建。然而校区实际人数较多，大部分学生只能做观众、拉拉队员参与活动，运动会上学生的目的性不强，他们可能会关注班级同学跑得快慢，在比赛时加油助威；但是作为非主力参与者，他们的兴趣往往不高，大部分时间会和周边的学生聊天，交流一些与体育无关、与运动会无关的话题；他们并非真正参与到运动会中。

本次运动会的设想和任务：本次研究，旨在让每个五年级的学生关注运动会的具体项目，让他们带着问题进行观察、思考、记录；体育学科和其他学科有明显的不同，不需要去挖掘运动会资源，而是引导学生有意识的观赛。因此我们就以任务单的形式呈现，一共设置了三个任务。任务一：要学生有意识的关注同伴比赛时的动作，如蹲踞式起跑动作。任务二：让学生知道蹲踞式起跑的三个口令，鼓励学生体验、探讨臀部和肩部处于哪一个位置最有利于起跑后蹬。任务三：调查学生对于动作学习的想法。

教学目标设计：根据学生任务单的要求、《50 米跑——蹲踞式起跑》教材的特点以及学生存在的问题和困惑，教师将教学重点定为起跑姿势；难点定为提高快速反应能力（对枪声或者跑的口令做出迅速、准确的反应）。通过学习，学生将获得以下三方面的提升和掌握：

知识与技能：学生知道蹲踞式起跑的三个口令、动作方法及学习这个动作的目的。

过程与方法：学生能够在 50 米快速跑练习中，利用跑道线、起跑器体会蹲踞式起跑动作，提高学生快速反应能力。

情感、态度与价值观：培养学生互相帮助、主动参与集体活动的意识。

研究的特点：此次实践活动，是基于学生问题和需要进行的教学，力图转变学生被动学习状态。运动会中，首先布置观察任务，明确学习目的；其次，以体验任务为主，通过观察发令裁判员的发令过程，熟悉蹲踞式起跑的三个口令；同时重点观察肩部和臀部的位置关系。课堂中学生体验、教师讲解示范，采用多种教法，帮助学生建立正确动作表象，同时解决完成任务单后存在的困惑。

三、教学资源与实践条件设计

实际的教学环境：校区拥有 1 条 200 米环形跑道，4 条 50 米跑道，能够满足学生进行 50 米快速跑的教学和训练；同时配备多组标准起跑器，发令旗若干；在进行五年级的快速跑教学中，已经开始有意识地让学生观察田径短跑比赛，他们已经具有较强的模仿行为和强烈的学习欲望，充分利用运动会设置的 50 米快速跑项目，激发学生练习的积极性和主动性。

教学时间条件设计：运动会是全校师生共同参与的盛会，在参与运动会的过程中，学生就可以完成任务单中观察、实践、学习等内容。为了让学生很好地掌握蹲踞式起跑动作，教师在运动会结束后，梳理出任务单上的问题进行统计，体育课上进行有针对性的讲解与指导。在 60 分钟的教学实践中，开始部分为 4 分钟，准备部分为 8 分钟，主要内容（蹲踞式起跑）讲解为 35 分钟，游戏为 9 分钟，结束部分为 4 分钟。从主教材来讲，与以往上课时间（40 分钟）基本持平，这样有利于学生对蹲踞式起跑技术动作进行掌握、巩固和提高。

四、教学过程设计

根据学生实际，确定教学内容，设计具有体育学科特点的学生任务单。

在研究之前，体育老师要结合运动会思考以下问题：

学科教学中哪些内容与运动会相关？（选取教材内容）

从学科教学的角度，选择运动会竞赛内容与教学内容的结合点。

课前进行调研，制定课前学习任务单，任务单的制定要求有一定的可操作性，让学生通过自己的观察、思考、实践来解决问题，尽可能地让学生加大学习的主动性。经过反复修改、调整，最终形成下列任务单，力争突出简便性、可操作性、综合实践性。

任务单定稿之后，在运动会前下发，课前学生带着学科学习任务单参与运动会；运动会中，学生通过观察、参与活动，提取运动会中的学科信息，进行自主学习与梳理；运动会之后完成任务单，对于那些能够独立解决的问题，学生运用自己喜欢的方式，进行梳理。对于那些解决不了的问题，要进行记录。学生带着学习收获和问题进行课堂学习，可以是个体学习，也可以进行小组学习。

课堂教学主要采用问题解决式教学模式，以解决问题为主线，以任务驱动为抓手，促进学生主动学习。表 2-10-1 为体育实践课程教案。

表 2-10-1　五年级蹲踞式起跑教案

五年级　第 12 周　第 34 次课　上课时间：　2015 年 5 月 20 日				
教材内容	1. 蹲踞式起跑。		2. 篮球：传球接力。	
教学目标	1. 通过学习，学生知道蹲踞式起跑的三个口令、动作方法及学习这个动作的目的。 2. 学生能够在 50 米快速跑练习中，利用跑道线、起跑器完成蹲踞式起跑的动作，并能主动体会起跑发令动作；提高学生的快速反应能力。 3. 培养学生互相帮助、主动参与集体活动的意识。			
部分	教学内容	次数	时间/分	组织教法与要求
开始部分	一、课堂常规 1. 体委集合整队，报告人数。 2. 师生问好，宣布内容。 3. 队列：列队并队走。	1~2	4	组织队形：四列横队、四路纵队。 要求： 1. 精神饱满，摆臂有力。 2. 听到口令，左右转弯行进，排头后边的同学走排头的路线。

准备 部分	二、热身活动 1. 绕足球场半场慢跑。 2. 行进间徒手操（扩胸、振臂、体转等）。 3. 原地高抬腿10次。	8	组织队形：一路纵队 教法： 1. 提示学生一路纵队慢跑热身，教师中间提示要点。 2. 慢跑结束后，各组自己完成徒手操，教师跟做。 3. 集体听口令练习。 要求： 1. 慢跑时间距保持在一臂。 2. 慢跑时不掉队，保持队形的整齐。 3. 徒手操时动作有力，练习认真。
基本 部分	三、50米快速跑——蹲踞式起跑 重点：起跑的姿势。 难点：对枪声或者起跑口令做出迅速、准确的反应。 1. 问题反馈及解答。 2. 教师示范。 3. 学生体验、实践。 4. 评一评、比一比。	35	组织队形：四列横队 教法： 1. 教师综合任务单问题，鼓励学生反馈自己的任务单学习情况。 要求：主动有序，积极参与，语言流利。 2. 教师总结学生汇报情况，引导各组梳理学习蹲踞式起跑动作时的难点。 要求：每组选派一名代表进行交流。 3. 教师讲解示范蹲踞式起跑的动作，学生参与发令。 要求：保持安静，密集队形认真看。 4. 教师组织学生利用场地线进行蹲踞式起跑的体验，4人一组轮流体验。 要求：积极参与，练习认真。 5. 小组展示动作：学生听口令练习蹲踞式起跑，巩固技术。 要求：集中注意力，主动承担发令任务。 6. 小结练习情况，互相交流练习情况。 要求：认真听，积极交流。

	四、篮球：传接球		组织队形：四列横队
基本部分	1. 原地传接球。 方法：间隔 3 米，胸前传接球。 2. 跑动传接球。 方法：间隔 3 米，8字传接球。	9	教法： 1. 教师讲解示范传接球技术。 要求：听清练习内容，学生间隔一个点。 2. 学生练习，教师观察，小组快速传接球40次。 要求：一传一接为 1 次，运用胸前传接球技术。 3. 统计练习结果；提示学生变换练习方式，采用交叉行进传接球的方法；师生示范动作。 4. 学生练习，教师观察指导。 5. 小组成绩汇报，小结练习情况。
结束部分	五、放松整理 1. 快速归还整理器材。 2. 个人拍打放松。 3. 小结练习情况。	4	组织队形：四列横队。 教法： 1. 归还器材有序、快速。 2. 拍打放松。 3. 集合快、静、齐。
场地器材	篮球 10 个。		
安全措施	充分做好准备活动，练习有序。 练习结束后的学生从两侧走回。 篮球传球时，提前检查学生指甲修剪情况；扩大左右间距。	预计生理负荷	 练习密度：30%～32%　　平均心率：130 次/分
课后小结	教学效果(课后)：本课内容与运动会相关内容结合，此种方式有利于学生主动学习。每个学生都有自己不同的任务和目标。因此，课堂学习更有针对性，课堂教学效果比较明显。		

五、教学效果分析

学练时间充分，学生学习主动。本课授课时间为 60 分钟，因此课上有充足的时间进行任务单的反馈环节，学生也有足够的时间对技术动作有深入的学习。尤其是在进行蹲踞式起跑动作的学习时，需要鼓励学生积极尝试担当发令员的工作，以往体育课由于受到时间的限制，只能由个别学生担任发令员，其他有意愿的学生不能够得到锻炼和指导。然而本课时间充裕，平时课上不积极的、羞涩的学生也能够主动参与到发令员的行列中来，主动地为他人服务，他们的脸上显露出由于付出带来的快乐。班级学生的整体参与率要比以往上课时高；学生的动作掌握得比较扎实。

学生学习动作的目的性强，掌握比较扎实。学生上课是基于问题进行的，有了前期的学习，每个学生在课前已经完成了蹲踞式起跑动作的表象感知，因此在观察教师示范动作时，学生观察的侧重点就有所变化，听讲时能够静下心来，练习时目的性更强。此种做法有些接近于其他学科的课前预习，对于学生掌握蹲踞式起跑动作有极大的帮助。

学生学习的心态发生了改变，从"要我学"到"我要学"。本次研究主要是基于学生问题，帮助学生解决困惑，对于大多数学生来说，自己的问题和困惑能够通过本课得到解决，所以他们的主动性就发生了变化，在他们的带动和参与下，其他一小部分学生也被带动参与到课堂中来。同时，教师极力创设宽松的学习氛围，让学生在有序的组织中，轻松的学习，减轻了由于体力下降对动作学习掌握的懒散表现。

增进班级学生之间的交流，锻炼了学生的观察和评价能力。本课时长 60 分钟，因此，学生学习、锻炼的时间比较充足。特别是互相观察和交流的时间能够得到保证，学生在观察与评价中，对动作的重难点的理解能力逐渐增强。这样安排时间使学生学、思、练、说等方面都能够得到保障。

（设计者：刘瑞朝　北京市朝阳师范学校附属小学太阳星城校区）

基于"蹲踞式起跑"案例的研究与分析

该案例以春季运动会为契机，全学科参与到活动中。春季运动会活动内容丰富，学生学习的目的性强，参与热情很高，具体的表现就是从"局外人"变成了"局内人"，有强烈的归属感和任务意识。该校将其整理成八大类主题实践活动，运动会归属于体育学科的竞赛类主题活动。

（一）主题活动评析

体育学科实践课与一年一度的校运会相结合，让学生走出课堂，走出学校，在参与各项比赛过程中进行学习，此种做法比较巧妙。

运动会与各个学科相融合，所有学科都以运动会为契机，挖掘本学科与运动会的结合点，每个学生选择自己的任务和目标，在参与运动会的过程中进行自主学习，最后带着问题回到课堂，教师再给予有针对性的解答，这是一种学习方式的转变。学生学习的积极性、主动性得到增强，体育教学实效性由此得到提高。

(二)建议与思考

1. 改进学科任务单的表现形式

所有参与研究的学科都设计了本学科的任务单，选择一个班级进行实践，各自独立，由此就出现了每个学生只能选择一个学科的任务单，而不能完成其他学科的任务。另外，学生在运动场上手持"任务单"参与活动也很不方便；因此需要改进任务单的形式，多学科任务单进行整合，尽量满足学生的多种需求。

2. 增加课时长度是否科学，有待进一步研究与探讨

本次研究改变以往 40 分钟的上课时间，而采用了 60 分钟的大课堂形式，这对教师和学生都是一种全新的体验，同时对原有习惯也是一种冲击。就体育学科而言，田径类和球类活动，比较适合 60 分钟的教学，而技巧类项目就不太适合。时间过长，学生容易产生过度疲劳，发生运动损伤的概率会有所提高。因此，需要体育教师结合运动项目进行梳理，挑选合适的内容作为大课的教学内容。只有遵循运动技能形成规律、学生身心发展规律，才能真正促进学生身心健康成长。另外，学生在校的总时间不变，但要对每个学科课时长度进行调整，大小课兼顾，这种做法是否科学，还有待进一步验证。

（分析者：樊伟　北京教科院基教研中心）

"画"说民兵武器

——小学美术学科实践活动案例

一、主题内容设计

中国民兵武器装备陈列馆位于北京市通州区京杭大运河源头，馆名由江泽民亲自题写，占地 10 万余平方米，分为室内陈列展厅和室外野战炮场。1998 年 10 月建成并被北京市人民政府命名为"北京市国防教育基地"。陈列馆共收集了自中国革命战争年代以来，历经抗日战争、解放战争、朝鲜战争、越南战争，乃至现代中国军队所有的地面装备，以及世界其他 23 国的武器等 1 万余件，还有近百吨重的亚洲现存最大口径的日式 300 毫米榴弹炮以及日本 500 多年前皇家武士战刀等。展品数量之多，品种之繁堪称世界兵器陈列之大观。馆内同时陈列有民兵英雄的事迹介绍、民兵队伍发展的历程及抗战的阶段介绍等，陈列馆丰富的展品和教育内容是进行全民国防教育的理想场所，更是对青少年进行爱国主义教育的重要基地。

永顺镇焦王庄小学是永顺镇中心小学下辖的完全小学，地理位置与中国民兵武器装备陈列馆仅隔一条马路，比邻而居。优越的地理条件为学校开展教育教学活动提供了便利。多年来，永顺镇中心小学积极拓展校外教育渠道，与陈列馆有着 20 余年军民共建的合作历史，使其成为学校的社会实践基地。在陈列馆的大力支持下，永顺镇焦王庄小学建成了少年军校，其"国防教育"项目特色也在区域内享有盛誉。学校也因此被评为北京市优秀少年军校。每年 9 月是永顺镇中心小学国防教育节，学校利用陈列馆的资源，积极开展多种教育活动。在陈列馆开展新队员入队仪式、参观武器展示、馆长讲故事、观摩官兵军体拳表演、官兵到校指导长棍术训练、进行军训指导等，为学校的少年军校建设贡献力量。学校也会在每年的"八一"建军节和春节期间，组织师生到陈列馆慰问部队官兵，为他们送上悠扬的歌声和优美的舞蹈，并献上学生们精心准备的"爱心卡""拥军卡"，让学生们与战士们一起包饺子、话家常，使远离家乡的战士们感受到"家"的温暖。因而，永顺镇焦王庄小学与陈列馆被多次授予北京市"军（警）校共建先进单位"称号，资源单位与学校合作取得了良好的教育效果。

中国民兵武器装备陈列馆中的武器外形独特、形式多样，有十几厘米的钢笔手枪、刻花镀金的工艺手枪，有各国著名的冲锋枪，也有高大的炮台等。武器整体结构清晰，线条明朗，适合学生进行线描刻画。同时，枪械类武器在生活中根本看不到，因而学生们对武器充满好奇，兴趣是学生学习的动力，这对教学有很好的促进作用。

用线条表现对象是小学阶段学生基本的美术技能，从一年级到六年级的美术教材中都安排有线描造型的内容，如《画玩具》《画古树》《厨房一角》《我的老师》等，用线条表现植物、动物、人物、器物等，来培养学生的观察能力、造型能力，线条造型能力甚至成为学生最主要的美术技能之一。因而，开展美术学科实践活动，拓展学生线描素材、表现对象，丰富教学内容，就显得尤为重要。走出学校，用线条去画民兵武器，这个题材就是线条造型系列中的一个有益补充。

再者，中国民兵武器装备陈列馆的展品陈列，也是中华民族自强不息、勇敢战斗，抵抗列强入侵的一部抗争史，是对学生进行爱国主义教育的一个非常好的资源。对民兵武器进行线描写生，也是对学生开展的一次爱国主义教育。从学科渗透德育的角度而言，走进陈列馆画民兵武器的同时，让学生们感受到不同战争时期国家的武器装备力量，了解到武器的发展也体现了国家的发展与日益强大，从而明白作为新时期的少年要好好学习，尽己之力为国家做出自己的贡献。在分析武器的种类、特征、外形、功能，表现所画对象的同时进行爱国主义教育，比起直白的纯语言教育，显然其对学生的教育感染效果也会更自然、更亲切、更好一些。同时，在学校"国防教育"的大背景下，开展美术学科实践活动，更是学校主题特色教育活动的重要部分。

二、教学目标设计

(一)教学目标分析

知识与技能目标：了解武器的基本知识，如结构、外形特征等，知道写生是美术学习活动的一种重要形式，并培养学生的观察能力、线描造型能力。

过程与方法目标：通过小组参观、聆听武器故事、线描写生武器的学习过程，使学生掌握自主学习的方法及线描写生的方法。

情感、态度与价值观目标：培养学生合作与探究意识及对国防工作的朴素感情，使学生认识到国防的重要性，培养学生爱国的核心价值观。

(二)教学重难点分析

重点：学习运用线描形式表现民兵武器。

难点：武器的基本造型表现和细节的刻画。

三、教学资源与实践条件设计

(一)准备工作

实地考察。首先美术教师借助网络技术，搜集中国民兵武器装备陈列馆的资料，对校外基地资源有一个初步的认识，然后带着搜集的资料和问题，对场馆进行实地考察，分析校外资源与学校美术学科教学的关联点。然后根据教学内容，制定学科实践活动方案，并与陈列馆负责人员阐明活动的目的、意义，协商活动的具体时间及注意事项。

本次实践内容是画武器,因而,学生活动范围主要控制在陈列馆二层的轻武器博览厅区域。根据场地空间,教师还要安排好活动当天集中授课的区域及学生作品展示区域与展示方式等。教师还要根据展品,准备线描范画作品。

确定参加本次学科实践活动的学生范围及活动时间长度。根据场馆内的展品布置情况,美术教师在校内提前对参与学科实践活动的学生进行教育,包括安全方面、文明参观方面、活动纪律方面等。

向学校领导提出申请,安排担任陈列馆小讲解员的学生一起参与本次实践活动。

(二)活动组织工作

出行方面:学校与陈列馆距离较近,外出实践不需要租用车辆,教师带学生步行过去即可。教师需注意学生的交通安全,学校可协调其他教师,如班主任教师等共同组织这次活动。

工具材料准备方面:学生带写生夹子及线描工具、画纸等,因写生时间较长,所以每位学生还要准备方便携带的小凳。

开展活动方面:美术教师对整个活动进行设计、过程引导、实践辅导、成果展示安排等,从而有效地完成本次学科实践活动的教学。提前准备好照相、摄像器材,由相关辅助教师记录本次实践活动,留下过程性材料。

(三)学生情况分析

本次美术学科实践活动的对象为小学四年级学生。在之前的美术教学中,教师通过"画玩具"一课指导学生对玩具进行线描写生和临摹,使学生具备了对简单事物进行线描写生的能力。然后,安排外出线描写生民兵武器的学科实践活动,是对这一教学内容的良好补充。学生的线描专业知识既有了铺垫,也有了延伸。

四、教学过程设计

第一环节:实地参观。

美术教师组织学生参观陈列馆中的轻武器博览厅。学生以小组为单位选择本组感兴趣的民兵武器,听小讲解员讲解,了解武器背后的故事和武器的特点。因为学生是初次来到陈列馆,他们对馆藏品有着非常浓厚的兴趣和探究欲望。这时就开始教学,学生一是不能专心听讲,二是对表现对象还没有一个初步的了解。所以先要安排二十分钟的实地参观时间,让学生初步了解民兵武器装备。

第二环节:现场教学。

导入环节:以问题导入的方式,提问学生,在参观陈列馆之后,你最喜欢哪件武器?从而了解学生对武器的关注点和兴趣点。这样的导入方式,让学生能够马上进入到教学情境中,通过问题,更容易激发学生的学习兴趣。

新授环节：了解民兵武器。通过自主观察、听讲解及课上共同学习，学生从武器的分类、结构、装饰等方面来了解民兵武器及背景知识介绍。同时，教师通过武器的发展来渗透爱国主义教育内容，培养学生的情感、态度与价值观。

学生发言、讨论，获得以下关于枪械的知识：

①民兵武器的种类。它可分为枪支和火炮。枪支又分为手枪、步枪、冲锋枪和轻机枪。学生对自己要表现的武器类型有初步的认识。

②枪支的结构。主要有：握把、扳机和枪管。冲锋枪、步枪、轻机枪还有枪托、瞄准装置、两脚架等结构。学生了解结构之后，才能更好地把握造型。

③装饰花纹。握把、枪管上有装饰花纹。学生分析花纹的形态，并学习用丰富的线条对所描绘的对象进行装饰，进行线条疏密、长短、曲直等组织训练，提升线条表现力。

小组探究环节：组织学生小组探究，出示探究问题。

①你会运用什么样的线条来表现喜爱的民兵武器？在写生过程中各个部分用到了什么线条？

②你能把喜爱的民兵武器各组成部分用基本形概括出来吗？

本环节以学生的自主探究、讨论来解决本课的重难点，让学生成为教学活动的主体，教师对学生研讨的结果进行补充和小结。

教师示范环节：教师对面前的手枪展品进行写生示范。让学生观察手枪的整体造型，演示用四点定位法，确定手枪在整个画面中的位置和大小。然后示范如何用基本形来对手枪进行初步描绘，展示枪管、握把等结构线条的组织表现和局部细节的刻画，出示范画成品，进一步解决教学重难点。通过这个环节，学生了解线描表现武器的方法和过程。

实践环节：鼓励学生用线描写生的形式画一画自己喜欢的民兵武器。要求画面饱满，线条丰富有序，描绘细致。教师在场馆内巡视，对学生进行单独辅导。

展示评价环节：进行"最美民兵武器"绘画作品展示，让小画家上台讲一讲，小评审家来评一评。

拓展环节：鼓励学生在课下运用不同艺术手法继续对自己喜欢的武器进行写生、表现。

五、教学效果分析

本次美术学科实践活动，基于学科内容，充分利用校外教育资源进行教学拓展，收到了很好的效果。

改变了传统的教学方式，使学生走出教室，走进博物馆，走向社会，教学场所由校内转移到校外。

丰富了教学内容，激发了学生学习兴趣。从课堂上画玩具，拓展到校外画武器。从学生的年龄特点上来看，兵器充满了神秘感，更容易被学生接受。

通过这样的教学行为、教学手段，提高了学生的作业质量，提升了学生用线条表现物体的能力。同时，写生训练对学生的艺术实践有着重要的作用，发展了学生的空间感受能力和概括表现能力。

通过这样的资源利用和整合，更能多渠道让学生感受到中国的历史和发展，认识到国防的重要性，培养学生对祖国的热爱之情。

（设计者：王海燕　臧春娇　通州区永顺镇中心小学）

基于"'画'说民兵武器"案例的研究与分析

本次学科实践活动主要围绕"国防教育"主题来开展，作为美术学科，选择线描武器这个题材来实践，既考虑到美术学科的特点，又考虑到学生情况及武器本身适合艺术表现的方式。武器结构明朗，色彩单一，线条感强，因而采用线描写生的实践方式较为合适。

在实践过程中，除了要巩固美术学科的基本知识，如基本形的构成、线条的种类、线条的组织、观察及写生方法等，还要了解武器的种类、发展历程等，同时也进行了爱国主义的德育渗透，在这方面则体现了学科的综合性。

在教学过程安排中，在传统教学流程的基础上，增加了小组实地参观的环节，安排小讲解员进行介绍，促进了学生对展品的有效学习，丰富了教学形式。这也为学生后面的写生实践打下经验基础。另外，通过小组活动，学生自主观察，培养了自学能力。学生在展厅随意的探究与发现，给学生自我发展的空间，使其成为学习的主体。在参观过程中，学生畅谈着自己的发现与喜好，与同伴交流着自己的感受，收获学习的快乐。

在实践方式上，本次活动是写生，这与常规的教室内艺术创作有很大区别。对着实物写生，需要学生具备一定的空间思维能力及表现能力，把立体的三维对象表现在二维的画面中，学生需要在画面中建构空间概念，因而本次实践活动对学生的空间发展能力有促进作用。同时，纵观整个美术教材体系，安排学生以写生实践的方式来表现对象的内容较少，且组织学生外出写生，对于基层学校来说也有着实际困难。本次实践活动为美术学科实践活动的探索做出了努力且具有可供参考的实践意义。

同时有几点建议与思考，如在艺术实践形式上，除了传统的线描造型，还可以进行其他形式的拓展，如刮画、线描淡彩、彩泥立体塑造等。多样的艺术形式，给学生的学习提供选择的机会，也照顾到不同学生的发展需求，活动安排也更加人性化。再如，除了将本课定性为"造型·表现"学习领域以外，还可以将本课确定为"综合·探索"学习领域，让学生准备相机、手机等可以拍摄的器材，将自己的参观记录下来，并通过手抄报、电子小报等作品，以图文并茂的形式来介绍自己喜欢的武器。再如，除了轻武器博览厅，还可利用中国民兵发展史厅的资源，将武器发展与民兵发展结合起来学习，将美术与语文等学科进行整合等，这样在"国防教育"主题下，开展综合性的学科实践活动，使特色更加显著、突出。

（分析者：王海燕　臧春娇　通州区永顺镇中心小学）

种植实践带动美术实践传统形式创造新生事物
——小学美术学科实践活动案例

一、主题内容设计

（一）案例背景

2014 年 9 月起，北京市朝阳区兴隆小学整体构建以"润"为核心词的特色校园文化，并将校园文化的营建与培育和践行社会主义核心价值观相整合，以"培育红薯盆景感悟生命成长"为主题，在全校开展实践活动（图 2-12-1）。

图 2-12-1 "培育红薯盆景感悟生命成长"红薯种植作品若干

本次活动以"培育红薯盆景"作为实践内容，带动全体学生、教师、家庭的全情参与。学生选红薯、种红薯、照红薯、画红薯、从中获得丰富的体验与感悟，进而写红薯故事、编红薯故事绘本、演红薯故事的校园剧……学校从中发掘教育契机，并通过宣传、实践、写作、艺术创作等途径，全面营造"润"文化环境与氛围，增进学生对学校文化的切身感受与理解，促进学生对社会主义核心价值观内涵的领悟，促进学生个性成长与全面发展（图 2-12-2）。

图 2-12-2 "我与红薯盆景"创意照片若干

图 2-12-2(续) "我与红薯盆景"创意照片若干

基于此项活动，兴隆小学美术教师团队带领学生把红薯的形象拟人化，赋予其思想和情感，创作出了"小红薯润润"的卡通形象(图 2-12-3)。

为了让兴隆小学"小红薯润润"的故事走出校门，让学生们的创作在更广阔的范围内得到推广、受到关注，美术教师们想到了一种兴起于网络的新生事物——微漫画。

微漫画最初是以"微博客"形式发表的漫画，具有微小、简单的特点，配合文本出现，大大增加了文字的趣味性。随着各种网络互动平台如雨后春笋般地涌出，微漫画成了一种促进交流的、具有很强娱乐性的"调味剂"，受到大众的喜爱和广泛应用。

图 2-12-3　兴隆小学漫画形象
——"小红薯润润"

把"小红薯润润"打造成兴隆小学特有的微漫形象，在网站和微博中推广，这个思路逐渐成形。我们决定利用校本课程及社团活动的时间，带领学生们创作一系列以"小红薯润润"为主人公，以培育和践行社会主义核心价值观为主要内容，体现学生校园生活的微漫画。

(二)主要呈现形式

为了丰富作品的呈现效果，我们决定采用中国画、线描、剪贴画三种风格进行创作。其中，中国画形式不仅体现传统文化特色，而且在网络中极为少见，作为此次创作的主要形式。

二、教学目标设计

知识与技能：了解微漫画的有关知识，包括定义和特点等。掌握创作的基本方法和步骤，掌握使其应用于网络的方法。

过程与方法：从"培育红薯盆景感悟生命成长"活动与"培育践行社会主义核心价值

观教育活动"中取材，启发创作思路。通过欣赏、分析、演示、辅导等手段，使学生掌握创作的基本方法和步骤。

情感、态度与价值观：通过学习实践，使学生热爱美术创作，从个人情感的艺术表达中获得成就感。激发学生对校园生活的关注和热爱之情，以艺术创作促进学生对社会主义核心价值观内容的深入理解。

三、教学资源与实践条件设计

(一)教学资源

1. 显性资源

"培育红薯盆景感悟生命成长"活动，历时近三个月。刚买来的红薯光秃秃的，除了可以食用之外，想不出还能派上什么用场。把红薯放在湿润的土壤里栽培，或者直接放在水里，几天以后，红薯就从头顶冒出了小芽。随后，这些小芽变多、变舒展、变茂盛，令人无比欣喜、更令人感到惊叹。为红薯配上"美器"，就成了一件生机勃勃的艺术盆景。

学生们用相机、文字及时地记录下红薯变化的全过程，照片、视频、实物……这些资料都成为艺术创作的宝贵资源。这些教学资源由于是学生们自发、自主收集而来的，所以显得更有意义、有价值。

2. 隐性资源

学生们把爱心、细心、期盼之心，都倾注到了红薯的生长与蜕变过程中，为红薯的欣欣向荣而喜悦，为红薯的生长缓慢而焦急，为红薯的不幸夭折而伤心……在此次活动中，学生产生的情感、获得的感悟，是艺术创作的隐性资源。

(二)实践条件

学校开设了"中国画""线描""剪贴画"三个美术社团，使创作活动有了专门的时间。活动获得了学校的大力支持，为学生提供了相关的媒材和绘画用具。

四、教学过程设计

课题：小红薯"润润"践行社会主义核心价值观——中国微漫画创作。

时长：40分钟。

教学对象：五、六年级学生。

(一)导入新课

出示动画短片《小红薯"润润"》(图 2-12-4)。

润润(画外音)："嗨，大家好！我是小红薯'润润'。我身体健康，热爱学习，团结同学，热爱劳动，我的生活充满阳光！我是兴隆小学独创的微漫形象哦！你们知道什么是'微漫画'吗?"

图 2-12-4 以"小红薯润润"为主人公的系列微漫画

设计意图:吸引学生注意力,激发兴趣。在观看的同时,学生认识小红薯润润的形象,并且直观地看到小红薯润润的表现形式是中国画。直入主题,实效性强。抛出问题,引发思考。

(二)讲授新课

1. 了解微漫画

教师:到底什么是"微漫画"呢,先来说说你是怎么理解"微"这个字的?

学生:特别小的。

教师:微漫画具有简单微小的特点,但同学们只说对了一个方面,微漫画的"微"字,还代表"微博"。微漫画是以"微博客"形式发表的漫画。配合文本出现,大大增加了文字的趣味性。

学生欣赏微漫画作品(图 2-12-5)。

图 2-12-5 从互联网上搜索到的一些微漫画作品

教师指导学生欣赏并小结:

①微漫画具有简单、幽默、轻松的特点,很多都是单独成篇;

②有的微漫画由多幅图组成一个短小的情节;

③网络沟通时,可以加入微漫画,使单调的文字一下变得生动起来;

④微漫画最早出现于微博中，随着各种网络互动平台越来越丰富，微漫画受到大众的喜爱和广泛应用。

像"阿狸""兔斯基""罗罗布"(图 2-12-6)等，都是时下最具人气的微漫形象。

图 2-12-6　网络上的几个微漫形象

设计意图：通过欣赏，对微漫画有直观的了解，并且在教师的引导下，知道什么是微漫画，以及微漫画的特点。

2. 分析小红薯润润的创作风格

出示中国画风格的小红薯润润形象，与网络流行的微漫形象进行比较。

提问：小红薯润润和其他"人气偶像"相比，在表现手法上有什么不同？

学生对比，回答：小红薯润润是用中国画的方式画的。

提问：你能说说中国画风格创作的微漫形象有什么特点或者是优点吗？

学生思考，回答：有中国特色、与众不同……

小结：中国画形式不仅具有中国传统特色，而且在网络中极为少见，可以说是一种创新。今天我们就来学习用中国画的形式来创作小红薯润润的形象。

设计意图：运用对比法，引发思考，发现中国画风格微漫画的独到之处，激发创作欲望。

3. 学习创作步骤与方法

教师示范(图 2-12-7)：

①发挥想象，构思情节。

②中锋浓墨勾勒形象。

③藤黄加花青，侧锋画叶子。浓墨中锋勾叶筋。

④侧锋淡墨皴擦肌理。

⑤赭石，侧锋铺色。

图 2-12-7　绘制中国画风格"小红薯润润"的步骤图

设计意图：教师通过示范，对用笔、用墨、用色加以指导，对绘画步骤提出要求。

4. 小红薯润润践行社会主义核心价值观

出示"培育红薯盆景感悟生命成长"活动的照片。

教师：小红薯润润的形象来自于我们的种植实践活动，在活动中有这样一个环节——围绕社会主义核心价值观挑选出在造型上最符合的红薯盆景。

小结：今天，我们还以社会主义核心价值观为主题，创作微漫画作品（图 2-12-8）。

学生小组讨论探究：小红薯润润是怎样践行社会主义核心价值观的？都可以做哪些事情？怎样构思画面？

公正　　　　　　　　　　和谐　　　　　　　　　　敬业

图 2-12-8　"社会主义核心价值观主题盆景展"作品若干

设计意图：挖掘创作题材，启发创作思路。

（三）艺术实践内容和要求

内容：以社会主义核心价值观为主题（富强、民主、文明、和谐，自由、平等、公正、法治，爱国、敬业、诚信、友善），创作中国画风格的微漫画。

要求：①以社会主义核心价值观中某一个词语作为创作主题，创作单幅作品。

②构思时可用铅笔打稿，组织好画面之后再用中国画表现。

③构图饱满，画面美观整洁。

(四)学生艺术实践，教师巡视辅导

辅导要点：

①小红薯的形象要动态鲜明、情节能够充分体现社会主义核心价值观中某一个词语。

②打稿时注意构图饱满，线条简洁。

③国画创作时注意步骤，水分控制得当。

(五)作品展评

展示方式：将绘制好的作品插在册页中，形成组画。

评价要点：

①画面内容与社会主义核心价值观中某个词语相符合(图 2-12-9)。（可以在展示时让其他学生猜一猜）

②能够运用中国画的简单技法进行表现，画面美观整洁。

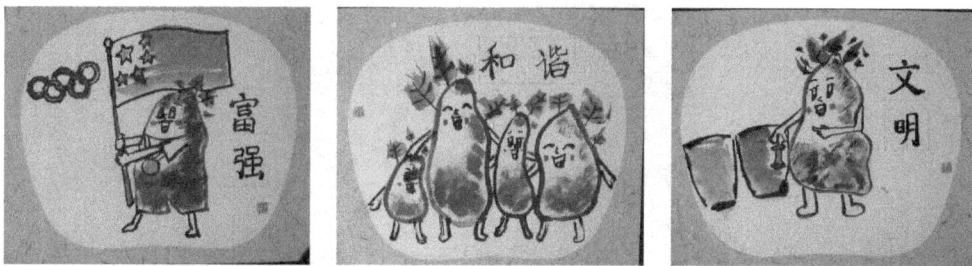

图 2-12-9　学生课堂艺术实践作品若干

(六)课堂拓展与小结

教师演示把学生作品(图 2-12-10)上传到"微博"上。

小结：微漫画是以"微博"形式发表的漫画，所以教师已经将同学们的作品上传到了微博上，会有更多的人关注我们的创作成果，小红薯润润的粉丝会越来越多的。如果有时间，我们再一起创作更多的作品好不好？

教师出示剪贴画和线描风格的作品。

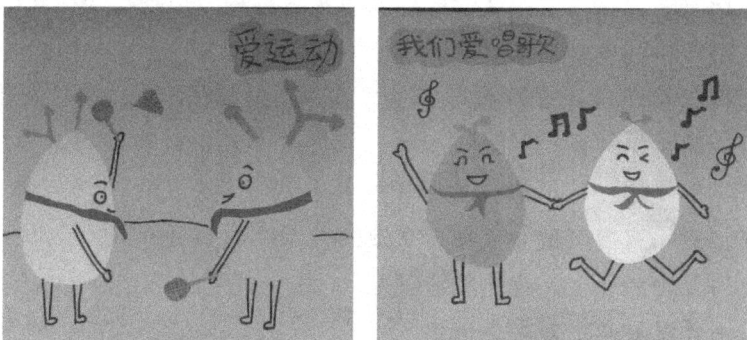

图 2-12-10　学生作品若干

图 2-12-10(续)　学生作品若干

小结：如果你感兴趣，也可以继续创作出更多的微漫画（图 2-12-11）。

图 2-12-11　课堂作业呈现——册页效果图

五、教学效果分析

（一）新生事物激起学生创作之兴趣

通过本课学习，学生知道了一种兴起于网络的新生代美术形式——微漫画。微漫画具有简单、幽默、轻松的特点，使人们的网络交流变得简单直接，具有趣味性，对于学生群体来说，微漫画更是符合他们的年龄特点和兴趣取向。本节课中，学生不仅了解了有关微漫画的知识，还成了微漫画的作者，成了推动学校文化传播的主人翁，在这种兴趣和使命感的驱动下，学生在思考和实践过程中呈现出积极踊跃的状态。

（二）形式创新展现传统艺术之精彩

本课采用中国画的形式表现微漫画，形式上的创新体现了古今文化的碰撞与融合。五、六年级的学生具备一定国画基础，了解基本的国画常识，掌握基本的笔法与水墨表现技法。本课中，教师通过示范带领学生综合运用以往所学，表现新的题材，示范过程关注步骤和方法的指导，具有实效性。学生课堂呈现的学习成果能够做到构图饱满，能够体现笔墨变化，整体效果较好。

（三）实践活动激发学生爱校之情感

本课的创作思路来源于学校开展的全员参与的实践活动，活动以"培育红薯盆景感悟生命成长"作为实践内容，带动全体学生、教师、家庭的全情参与，小红薯带给学生们的不仅仅是浓浓的绿意，还有很多意料之外的惊喜，使学生们在用心的体验中收获感动与感悟。用绘画的形式表现"小红薯润润"践行社会主义核心价值观的校园生活，是实践活动后的一种"情感输出"方式，它体现了美术学科在表达上所富有的独特优势。艺术实践进一步增进了学生对学校文化的切身感受与领会；加深了学生对社会主义核心价值观内涵的理解；通过艺术实践，使学生热爱美术创作，从个人情感的艺术表达中获得成就感，激发起学生对生活的关注和热爱之情。

（设计者：鲍娜　北京市朝阳区兴隆小学）

基于"种植实践带动美术实践传统形式创造新生事物"案例的研究与分析

（一）种植实践引发艺术实践

有关于微漫画的艺术实践，起源于学校开展的把文化建设与德育工作有机结合的种植实践活动。艺术来源于生活，美术活动之所以能够获得成果，是学生在之前不断获得信息、不断引发思考之后的一种自然"输出"。学生在活动过程中的积累与感悟成了丰富的教学资源，促使学生在艺术实践中打开思路、获得灵感。

（二）传统形式启发艺术创新

微漫画是信息化时代背景下衍生出来的美术形式，是一种新生事物。而中国画是中华传统文化的瑰宝，在时代的更替中沉淀出古老而深厚的民族文化内涵。本节课的选点具有时代性，而使用传统的形式表现新生事物，是一种大胆的创新，也是一种对传统文化的传承。通过美术活动带领学生发现创新点，进行创新的实践，进而产生出创新的艺术成果，体现了"注重创新精神"的课程理念。

（三）情感创作体现德育实效

社会主义核心价值观是社会主义核心价值体系的内核，体现社会主义核心价值体系的根本性质和基本特征，反映社会主义核心价值体系的丰富内涵和实践要求，党的十八大以来，中央高度重视培育和践行社会主义核心价值观。学校是实施素质教育的主阵地，更是培育和践行社会主义核心价值观的主阵地。"培育红薯盆景感悟生命成长"系列实践活动，让学生通过丰富有趣的实践活动，生动自然地感悟到社会主义核心价值观的内涵，并且在活动中获得感悟与情感，开展以社会主义核心价值观为主题的艺术创作，正是达到了"润物无声"的教育效果。

（分析者：鲍娜　北京市朝阳区兴隆小学）

迎春写福

——小学书法学科实践活动案例

一、主题内容设计

《中小学书法教育指导纲要》指出：书法教育以提高汉字书写能力为基本目标，以书写实践为基本途径，适度融入书法审美和书法文化教育。中小学书法教育要注重基本书写技能的培养，不断提高书写水平。同时在教学活动中适当进行书法文化教育，使学生对汉字和书法的丰富内涵及文化价值有所了解，提高自身的文化素养。激发热爱汉字、学习书法的热情，珍视中华优秀传统文化，增强文化自信与爱国情感。

本次活动与品德与社会、信息学科相结合，在我国传统节日——春节即将到来之际，组织学生学习"福"文化知识，书写"福"字，拍摄幸福时刻照片，做"百福图，幸福家"展示，感受国家盛世繁荣，人民生活幸福的喜庆欢乐氛围。

书法教育是弘扬传统文化的主要突破口。在遵循"软笔适古，硬笔适今"的原则下，遵循书写规范，关注个性体验。本次教学活动面向全体，让每一个学生写好"福"字！几千年来，书法的学习方法不外就是通过对中国经典碑帖的临摹，得以继承和传播。临摹的目的就是从结构到笔画与古人求同求似。根据"先重结构，再重用笔"的原则，首先强调提高眼的观察力，然后才是手的表现力，只有"察之者尚精"，才能"拟之者贵似"。本次体验活动，在数字化设备的帮助下，通过"摹临复合法"，有效提高学生的观察能力，再通过"比较法"，有针对性地练习，进而提高学生的表现力。

本次以书写"福"字为基本教学内容，通过介绍"福文化"使学生感受古人造字的智慧并对中国传统文化有所了解。学生根据自己的喜好，在真、草、隶、篆、行五种字体的"福"字中任意选择一种进行临写，在"摹临复合法"的帮助下，最终能够写好"福"字。并以作品形式写在正方形红纸上，让学生了解中国书法艺术的基本样式与表现方式。这种书写样式正应了过年时贴福字的传统，体现了"学以致用"的目的。另外，组织学生以"幸福时刻"为主题，拍摄有关"福文化"的照片，与学生书写的"福"字共同做"百福图，幸福家"的成果展示，感受国家繁荣富强，家庭和谐幸福的美好生活。

二、教学目标设计

(一)任务目标

1. 基本目标

了解"福"字的含义。

掌握各体"福"字的书写要领。

掌握"摹临复合法",能够运用此法进行临写学习。

拍摄以"幸福时刻"为主题的照片。

2. 高级目标

了解"福"字在"篆、隶、草、行、楷"五体中的形态特征。

能够写一幅"福"字的书法作品。

(二)三维目标

1. 技术目标

学会书写自己喜爱的一种字体的"福"字。

掌握"摹临复合法",能够运用此法进行临写学习。

力求悬臂书写,锻炼学生的控笔能力。

2. 艺术目标

通过本课学习,感受各体"福"字的点画美、结字美。

通过福文化的学习以及作品创作,让学生了解中国书法艺术的基本样式与表现方式。

3. 文化目标

了解"福"字的各种字体的演变,体会我国历史与文化的承传之悠久。

知道"福"字的本义,感受古人造字的智慧,知道"天下第一福"的含义,体会"福"字的美好寓意,提高学生的人文素养。

通过"百福图,幸福家"展示,感受喜庆欢乐的氛围,体会和谐社会带给我们的幸福生活,祝福祖国繁荣富强。

(三)教学重难点

1. 教学重点

学习"摹临复合法",并运用此法进行书写检验。

2. 教学难点

各体"福"字书写时的用笔方法。

三、教学资源与实践条件设计

(一)充分利用网络资源

随着计算机及互联网技术的迅猛发展,基于互联网的教育教学资源获得已经成为现代课堂教学不可或缺的一部分。本次活动教师在互联网上找到了"福"字甲骨文的图片,"真、草、隶、篆、行"五种字体的名家范字,百福图以及"天下第一福"的视频等,使课堂教学内容丰富,形式多样,大大提高了学生的学习兴趣。投影设备的使用也使学生清晰地看到了教师范写过程、"摹临复合"对比过程、作品纸使用方法等，为课堂教学提供了有力支持。

(二)合理利用学科资源

我校是"123工程"书法基地校，学校主楼一层定期开展师生书法作品展，校园艺术气息浓厚。艺术楼的一层、二层楼道里都设有书法展示墙，教师定期更换展示内容，如介绍名家名作、书法文化知识、书法家故事、学生作品展示等。学校配备了统一的米字格宣纸、毛笔，使得教学更为方便，学生的书写更为规范。另外，教师为每一位同学都准备了正方形的红纸，用来书写"福"字作品。本次活动特意设置了学生书写"百福图"的展示专区，营造了喜庆祥和的文化氛围。

(三)校园电教设备支持

我校为学生练习书法每天中午都设有"书法时刻"时间，这位本次活动的组织开展提供了充足的时间保障。学校的校园电视台可以直播教师授课的内容，使全校学生共同参与。

四、教学过程设计

(一)视频介绍"福"文化，体会古人造字智慧

设计意图：由于参与面广，充分利用视频资源，介绍"福"字造字法以及美好寓意，使学生感受"福"是个带给人们喜庆祥和的汉字。

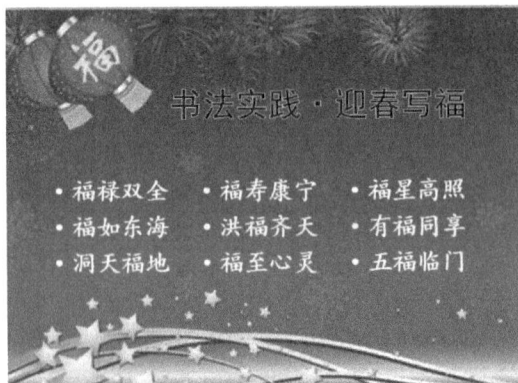

图 2-13-1

图 2-13-1 中这样的成语给人以吉祥、幸福的感受，可见，"福"这个字具有美好的寓意。

介绍"福"字的造字法。最早的甲骨文福字，像双手捧酒樽往祭桌上进奉酒食的样子，表示以酒祭神来求得降福，后来引申为神灵所降赐的"福气"。

视频播放"福"字的字形演变，感受在几千年的历史长河中，福字传承至今所形成的五种字体。除了真、草、隶、篆、行五种字体外，"福"字还出现了很多种写法，简要介绍"百福图"（图 2-13-2）：百福图，汉族民间传统寓意字样。由一百多种不同的福字样印制成的，是以篆体为基础的字字异形图案，也是汉族民间流传已久的福字图案。"福"是诸事皆吉的总称，如富贵寿考等统称为"福"。每逢新年或吉日，则有祝福之字或寓意之图出现在民俗活动中，人们用以祈盼万福降临。"百福图"字体造型稳重、均齐、端庄，极有意趣和韵味，为广大汉族劳动人民所喜爱。

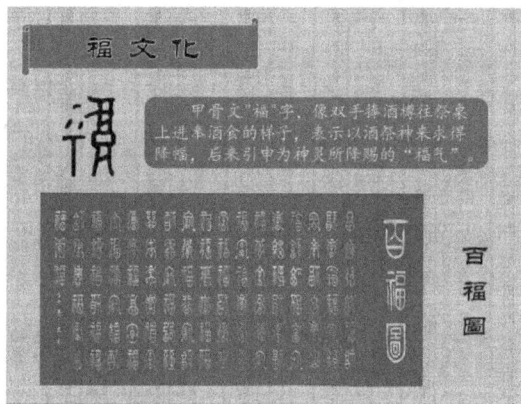

图 2-13-2

视频播放"天下第一福"。"天下第一福"是康熙皇帝所书。康熙十二年，即公元1673 年，孝庄太后六十大寿将至，不料沉疴，太医束手无策。百般无奈之时，康熙查知上古有"承帝事"请福续寿之说，意思是真命天子是万福万寿之人，可以向天父为自己"请福续寿"，遂决定为祖母请福，沐浴斋戒三日后，一气呵成写下了这幅倾注了对祖母挚爱的"福"字，并加盖了"康熙御笔之宝"印玺，取意"红运当头，福星高照，镇天下所有妖邪"。孝庄太后自得到了这"福"字，百病全消，15 年后，以 75 岁高龄得以善终。民间俱称这是康熙"请福续寿"带来的福缘。事后康熙几番重提御笔，却再也写不出其中的神韵，所以民间盛传此福为"天赐洪福"。"天下第一福"在拆字时我们可以发现，它是由"多、子、才、田、寿"五部分组成，整个字又因其字形瘦长被称为"长寿福"（图 2-13-3）。

图 2-13-3

(二)利用"摹临复合法",学习书写"福"字

设计意图:本环节首先讲解了各体"福"字的书写要点,使学生在主观上对其有所注意。通过学生观察各体福字,选出自己喜欢的,激发学生的学习兴趣。了解个体的艺术特色和成就,渗透书法文化知识。之后重点介绍"摹临复合法",让学生学会临习方法,从而能够自主进行学习(图 2-13-4)。

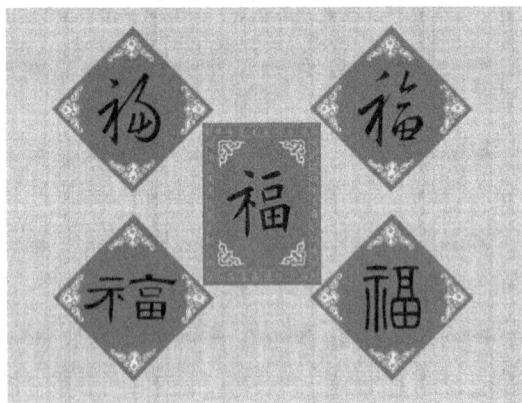

图 2-13-4

1. 出示真、草、隶、篆、行各体"福"字,教师讲解书写要点

(1)欧体楷书

"福"字为左右结构,左右两部分宽窄几乎一致。左侧示字旁稍长,第二笔横的起笔在横中线上,收笔与第一笔点的收笔在同一直线上;撇在横上起笔,起笔位置对正第一笔点的中部;竖为垂露竖,起笔与撇的起笔重合,最后一笔点与第一笔点与横的收笔处距离相等。右侧"畐"字各横平行等距,第一笔横与"口"字等宽,"田"字内部布

白均匀(图 2-13-5)。

图 2-13-5 图 2-13-6

（2）行书

示字旁的右点以短撇的方式处理；横竖连写，横与撇的角度基本一致；右边的"口"以一横代替，且"撇折"的横与中横与下部间距均匀；整体上，左窄右宽，但高矮基本相等(图 2-13-6)。

（3）草书

整个字由五笔写成；示的点与横折要有呼应；右下部的圆笔要饱满；最后写"4"，并做到各点画间布白均匀(图 2-13-7)。

图 2-13-7 图 2-13-8

（4）隶书

整体形稍扁；示字旁的点还是按"示"字以横来处理，左撇伸展，右点变小；右部首横为主笔，要写出"蚕头雁尾"，且上面有个竖点不能忘了；所有横画，必须水平，右部横画间距平行且相等(图 2-13-8)。

（5）篆书

字的整体形稍长；笔画粗细要一致；横画要水平；要逆锋起笔，回锋收笔；点画间要布白均匀（图 2-13-9）。

2.教师范写各体"福"字，直观感受用笔方法

3.讲解示范"摹临复合法"，提高学习效率

"摹临复合法"："摹"是指用比较透明的纸覆盖于碑帖或范字上，直接进行映写。"摹"的方法有双钩描摹、红摹等形式。"临"是指将碑帖或范字放置于前方，依其点画，结构等特征仿照书写。"摹临复合"就是把双钩描摹映写出

图 2-13-9

的字与临写的字进行复合对比，这样临写的字中出现的问题就一目了然了。再次临写时就会对之前存在的问题有所注意，通过反复临写与复合对比，能够快速提高书写水平（图 2-13-10）。

图 2-13-10

"摹临复合法"还可以把原帖上的字拍成照片，然后直接把临写的字覆盖在手机或者电脑上进行比较，这样不仅节省了双钩描摹的时间，而且能够调整范字大小，更加方便快捷。

（三）书写"福"字作品，感受和谐美好生活

设计意图：把"福"字以作品形式写在正方形红纸上，让学生了解中国书法艺术的基本样式与表现方式。这种书写样式正应了过年时贴福字的传统，体现了"学以致用"的目的。

通过视频教学生红色斗方纸的使用方法并指导学生折纸。

学生选择自己喜欢的字体的"福"字写成作品。

组织"百福图，幸福家"活动展示。

设计意图：通过学生作品展示，升华"福"字内涵，学生自己拍摄的"幸福时刻"照片与"福"字展示相呼应，使学生感受到祖国繁荣昌盛给人民带来的幸福生活，激发学

生爱国、爱家之情(图 2-13-11 至图 2-13-13)。

图 2-13-11

图 2-13-12

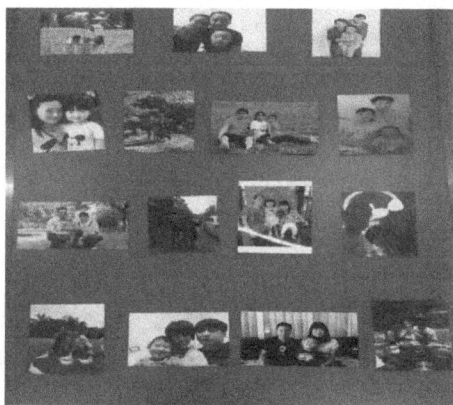
图 2-13-13

(四)记录活动收获感想，留下美好幸福时光

设计意图：通过记录收获与感想，让学生回顾本次活动内容，注重知识与经验积累，表达自己真情实感(图 2-13-14)。

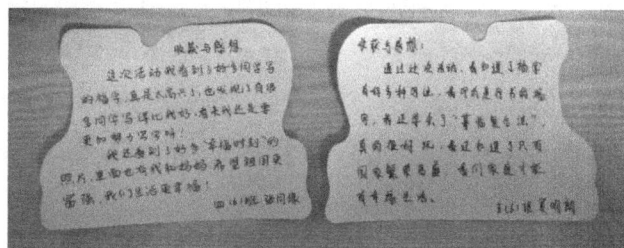
图 2-13-14

五、教学效果分析

本次活动是以学生的兴趣和直接经验为基础，以学生学习生活和社会生活密切相关的现实性、综合性、实践性问题为内容，以书写练习为主体，以培养学生的书写能力、实践能力、审美能力及爱国爱家的情感观念为主要目的的跨学科实践活动。在内容上将书法学科、品德与社会学科、信息学科进行有机整合，以学生自主学习、独立操作为主，让学生在探究的实践中既增长了知识，提高了能力，又加深了对祖国传统文化的理解、对国与家的热爱之情。这次活动的过程中，同学们以饱满的精神状态，踏实的学习态度，认真地去观察，用心地去书写，取得了良好的实践教育效果。

(一)充分利用学校资源，确定活动内容

为了使本次实践活动有序进行，我们充分利用了学校的校园网络设备进行教学。在这次活动中，校长室负责全盘领导，教导处负责活动研究、鉴定、资料管理等，信息办、大队部协助活动，各年级组负责确定、协调活动计划，班主任及其他指导教师是具体实施者。在计划制定方面，我们注重全员参与。在本次实践活动中，学生的自主选择和主动实践是关键，教师的作用是有效指导，让学生在活动中收获认真的学习态度和科学的学习方法以及积极向上的思想感情。

(二)扎实有效组织实施，注重活动效果

本次以书写"福"文化为主题，书写"福"字为基本教学内容，在"摹临复合法"的帮助下，最终能够写好"福"字。并组织学生以"幸福时刻"为主题的摄影展，与学生书写的"福"字共同做"百福图，幸福家"的成果展示，并在活动后组织学生记录收获与感想。活动中，每一项内容在实施时都进行了具体分析与操作，尤其感谢各位班主任教师的配合与支持，让学生既丰富了校园文化，加强了校园精神文明建设，又通过实践，促进同学们学习继承祖国的优秀文化，引导学生树立正确的世界观、人生观、价值观。

百年树人，立德为先。本次活动以"福"文化作为活动主线，以弘扬祖国传统文化，培养学生爱国爱家的情感为出发点，使学生在掌握基本书写技能与方法的基础上对"福"文化有更深刻的认识。这种跨学科的主题实践活动深受学生喜爱，在玩中学的心态使得学生们不再把学习当作一种负担，真正实现了快乐学习的理想状态。

（设计者：陈昭　北京小学大兴分校）

基于"迎春写福"跨学科主题实践活动的研究与分析

《中小学书法教育指导纲要》指出：教学活动中适当进行书法文化教育，使学生对汉字和书法的丰富内涵及文化价值有所了解，提高自身的文化素养。本次活动为书法、

品德与社会、信息学科相结合，在我国传统节日——春节即将到来之际，组织学生学习"福"文化知识，书写"福"字，拍摄幸福时刻照片，做"百福图，幸福家"展示，感受国家盛世繁荣，人民生活幸福的喜庆欢乐氛围。目的是激发学生热爱汉字、学习书法的热情，珍视中华优秀传统文化，增强文化自信与爱国情感。本次活动主要体现以下特色。

（一）整合跨学科的教学资源，指导学生实践活动

本次教学实践活动是基于学生的需求、顺应社会时代发展的前提下进行的主题式跨学科实践活动。活动过程中能够充分利用教师自身、学生、学校、社会的各种资源，根据实际需要，将这些资源进行选择之后整合到教学活动内容之中。丰富的教学资源，对学生学习来说无疑是"源头活水"。学生所学的知识体现了基于生活、源于生活、用于生活的特点，调动了学生学习的积极性，提高了学生的综合素质。

（二）突出学科特点与教学法，关注学生个性体验

本次实践活动以书法为核心，活动过程中学生的主要任务就是书写"福"字，教师充分利用学校网络资源，电教设备，运用讲授法、演示法、实验法、实习作业法等使学生掌握书写方法、检验方法，切实提高学生书写水平。同时，注重学生主体地位的体现，遵循"因材施教"的教学原则，让学生选择自己喜爱的字体进行书写练习，发挥了学生的主观能动性，激发了学生的学习兴趣。心理学家克鲁切茨基指出："学习一定活动的爱好，导致能力的锻炼和相应的发展，发展了的能力在活动成功上有积极作用，而成功又反转来'强化'爱好和兴趣。"可见，关注学生个性体验，有利于促进学生的兴趣发展，从而与达成学习目标形成良性循环。

（三）培养学生健康情感态度，传承祖国优秀文化

几千年的传统文化积淀了可以古为今用的丰富而宝贵的资源。在中华民族的优秀传统文化中，爱国主义占有极其重要的地位。本次活动以"福"字为主线，把传统文化教育、爱国爱家教育、书法实践教育、信息技术教育相结合，给学生更多的体验空间，给学生更新鲜的学习途径，对于学生来说，就是把学习目标从教材移向整个社会和人生。

总之，本次活动实际体现了遵循教学规律、凸显学科特色，促进学科整合的原则。学生不仅可以在这种跨学科实践活动中获取知识，提高分析问题的能力、实践操作能力、审美能力，而且在思想上能够得到纯化，心灵得到升华。

（分析者：李祥魁　北京教科院基教研中心）

碑拓艺术实践

——小学书法学科实践活动案例

一、主体内容设计

《中小学书法教育指导纲要》提出：汉字和以汉字为载体的中国书法是中华民族的文化瑰宝，是人类文明的宝贵财富。北京对《中小学书法教育指导纲要》的理解：中小学书法教育必须以中国传统经典碑帖为基本内容，加强对祖国文字的理解与热爱，以提高汉字书写能力和书法艺术审美能力为基本目标，以课堂教学与课外实践为基本途径，适当融入中国其他传统文化教育。拓本作为碑刻传承的载体，一方面承载了古代灿烂的书法艺术，为历代学人所取法，备受世人的重视；另一方面，历代石刻所使用的各种书体，反映着一脉相承的汉字在不同时期的演变，本身就是一部直观的中国文字发展史。

北京师范大学出版社出版的《书法练习指导》教材三年级上册第 10 课"书法园地"中专门介绍了碑拓知识。"拓碑艺术实践"课就是以本课教材为基础进行设计实施的，目的是为了让学生了解并掌握碑拓艺术的基本知识，掌握拓片的制作流程，通过亲身体验，拉近与碑帖的距离，从而感受汉字和书法的魅力，陶冶性情，提高审美能力和文化品位。

教学内容分为两部分：

第一部分通过带领学生参观汉字体验馆，对碑拓过程进行感性认识。第二部分回到课堂，通过学生搜集资料与教师讲解，学生对碑拓知识进行系统学习，并通过实践掌握拓碑技能。课上从碑拓的起源、基本类型、拓片的制作流程等方面进行了介绍，并让学生亲自进行拓碑实践，通过动手操作、亲身体验，全面感受汉字文化的精深与魅力，力图在课上把知识讲解与动手实践相结合，把学生的眼、耳、口、手、脑充分调动起来，让学生在了解汉字传播方式的同时，用传统的方式和工具，自己动手制作拓片，感受碑拓的乐趣。

二、教学目标设计

(一)任务目标

1. 基本目标

了解碑刻的文化常识，能够分辨简单的拓片类型，如乌金拓、蝉翼拓、朱拓。

了解并掌握拓片的制作流程。

2. 高级目标

掌握拓片制作技巧，注意捶拓的力度与节奏。

通过拓碑实践，能够做成一件完整的拓片。

(二)三维目标

1. 技术目标

通过使用讲授法、演示法、问答法、练习法等方法使学生掌握拓片的制作流程。

通过拓碑实践，提高动手能力。

2. 艺术目标

通过拓碑，更加了解和热爱汉字及中国传统文化。

培养参与者耐心、细心的品质。

3. 文化目标

通过学习，了解传统碑拓艺术的意义与价值，体会我国的历史文化传承之久远。

感受古人对记录与传承的重视，体会碑拓艺术是古人智慧的结晶。

(三)教学重难点

1. 教学重点

了解并掌握拓片的制作流程。

激发热爱汉字、学习书法的热情，珍视中华优秀传统文化，增强文化自信与爱国情感。

2. 教学难点

拓碑过程中注意捶的力度，上墨的均匀度。

拓的动作要有节奏，富于弹性。

三、教学资源与实践条件设计

(一)校外场馆资源

中华世纪坛是为了迎接 21 世纪而兴建的中国第一家以世界艺术为收藏、展示、研究对象的公益性国家文化事业机构。中华世纪坛三楼整圈环形区域就是汉字体验馆(图 2-14-1)。中华世纪坛的汉字体验馆是全球首个针对青少年的汉字互动体验乐园。这是对传播中华文化的一次尝试，也是对课堂教育的有益补充。

汉字体验馆分为四个主题区，分别是乐在知字、乐在感字、乐在玩字、乐在写字，每个主题区都包含若干展示和体验项目。

其中乐在玩字(黄色区域，金区)就包含了"汉字拓拓乐"体验，它以多媒体互动、物理操作相结合的游戏，使大家充分感受汉字的亲切感和乐趣所在。它借由多元的角度和媒介，激发参与者对汉字产生更大的兴趣和关注，通过亲身体验，对汉字及中华

图 2-14-1

文化有不同寻常的觉知。它以汉字文化为基底，以书法为核心元素，运用创新的展陈方式和互动式科普模式，集展示、娱乐、教育等功能为一体，是针对学校语文课和书法课堂的有益补充。通过多元化的展示，参观者了解了汉字的来源和发展，进而体会汉字中蕴含的中国人的智慧。汉字体验馆还为参与者设计了各种互动体验项目和启发式的课程，通过动手操作、亲身体验，全面感受汉字文化的精深与魅力。

(二)校园文化资源

我校是"中国教育学会书法教育专业委员会写字实验学校""北京书法家协会书法教育实验基地"。学校主楼一层定期开展师生书法作品展，校园艺术气息浓厚。整个校园内都设有书法展示墙，教师定期更换展示内容，如介绍名家名作、书法文化知识、书法家故事、学生作品展示等。本学期设置了碑拓作品展区，为学生的学习交流提供了良好的条件。

(三)开放的网络资源

互联网是世界上最大的知识库、资源库，这些知识和资源都是按人类联想思维特点的超文本结构组织起来的，因而特别适合学生进行"自主发现、自主探索"式的学习。网络环境还可最大限度地发挥学习者的主动性、积极性，可以个别教学，也可以协作教学。网络技术环境下，可以图、文、音、像集于一体，整合各种资源进行学习研究，并且能够更多地把自主权交给学生，让学生学会学习、懂得观察、善于思索，得出自己独特的见解。

四、教学过程设计

(一)教学活动的准备阶段

1. 开展"碑拓知识探秘"活动，体验自主探究的乐趣

通过搜集资料，制作手抄报，分组制作幻灯片小讲座活动，让学生通过自主探究与小组合作学习初步了解碑拓的相关知识，了解碑拓艺术是记录并传承历代汉字的重

要途径，是历代书法家研习书法的珍贵学习材料，是研究中国历史文化的重要资料。充分了解传统碑拓艺术的意义与价值，体会我国的历史文化传承之久远。

2. 走进汉字体验馆，亲身感受碑拓乐趣

中华世纪坛的汉字体验馆中，有一项活动正是拓碑体验——汉字拓拓乐。它以创新互动式教育——体验式教育为特点，把看、听、说、动手、动脑、五感的激发融为一体，寓教育于娱乐之中，让学生动眼、动耳、动嘴、动脑、动手体验汉字文化，不仅训练形象思维，而且锻炼创新思维与逻辑思维，提升学习能力与交际能力。汉字体验馆之行需提前预约参观并落实参观人数，对学生进行出游安全、文明礼貌、勤俭节约、组织纪律、保护环境、卫生教育以及活动主题的教育。

(二)教学活动的实施阶段

1. 导入

出示语文课本与《九成宫醴泉铭》字帖，学生讨论回答为什么我们现在所看到的书一般是白纸黑字，而书法字帖多是黑纸白字的？引出碑拓的含义。

设计意图：通过对比、讨论激发学生的学习兴趣，进而介绍碑帖的产生。

2. 学生小组展示"碑拓知识探秘"成果，介绍碑拓文化

介绍碑帖文化使学生了解碑帖的产生原因，了解"熹平石经"的立碑过程。通过介绍碑帖的产生过程及碑拓的含义，使学生了解碑拓的作用。图片介绍碑拓的各种形式，激发学生的学习兴趣，使学生了解碑拓艺术，感受古人的智慧与祖国文化的悠久。

(1)介绍碑拓文化

在印刷术没有诞生之前，古代遗存下来的文字有不少是在石头上记下来的。据记载，大约在春秋的时候，就有人想出来把文字刻在石头上了。战国初年的古书《墨子》中讲怎样保存文字记录的时候，就提到要刻在金石上面。"金"指的是青铜器，"石"指的就是石头。东汉末年，虽然已经发明了纸，但印刷术还没发明。为了避免手抄书错误频发，汉灵帝熹平四年，即公元 175 年，蔡邕向汉灵帝建议：把一些儒家经典刻在石碑上，作为校正经书文字的标准本。灵帝同意后，蔡邕亲自书写，刻好后的石碑一块块立在首都洛阳的太学门外。这些石碑就是历史上著名的"熹平石经"，如今还有一些残块保存在西安的碑林里(图 2-14-2)。

这样就有了人们学习的范本，除了手抄外，就有人想出可以用纸把刻在金石上的文字拓下来，这样相当于直接把刻在金石器上的文字复制下来，不仅保证了文字的正确，而且还可以保存最原始的汉字字形，为传统文化的流传和记录各时期文字的演变做出了巨大贡献。

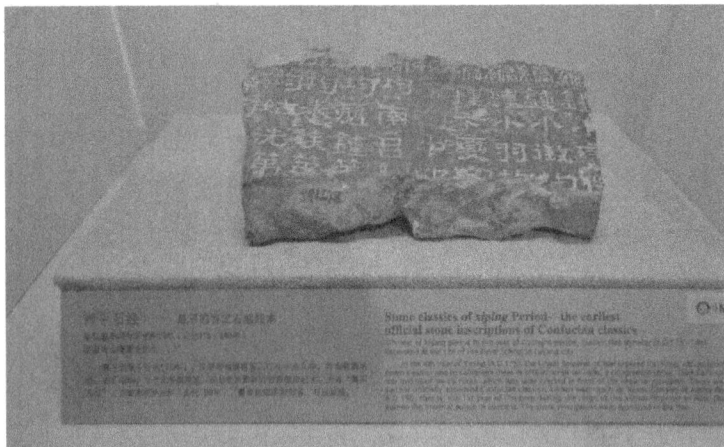

图 2-14-2　熹平石经

碑拓就是将碑版上的文字或图像用宣纸紧覆在碑版上，用墨打拓其文字或图形，然后将纸揭下，纸上留下碑版上的文字或图形。碑拓有"乌金拓""蝉翼拓""朱拓"等多种形式（图 2-14-3）。

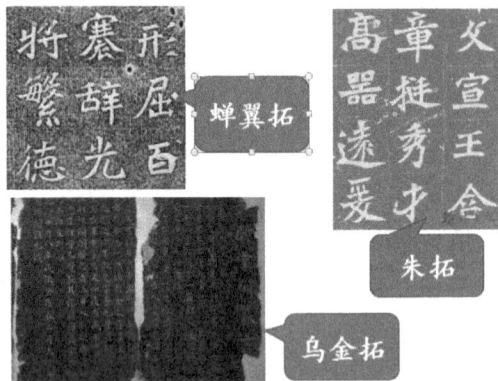

图 2-14-3

（2）介绍拓碑所需用具

拓碑需要的工具：石碑、白芨水、小喷壶、鬃刷、打刷、软毛刷、清洁刷、拓包、墨、砚台、宣纸、毛边纸、毛笔。

（3）介绍拓碑的基本步骤

洗碑：对于新碑要洗去石粉和碎块。对于旧碑要洗去泥垢杂草，洗后要吹干。对于有些碑，由于常年倒在地上，碑面长满青苔，要用火烧去青苔。经过火烧过的碑，容易变酥，这就是有些碑锤拓数次就碎裂的原因。

用纸：各个时期用纸是不同的。南北朝时期用桑皮纸，唐朝时多用棉料纸。传拓碑刻用纸，是很讲究的。太薄易破，纸厚不能呈现笔锋；另外纸要有韧性，竹纸不耐久，棉纸易干起毛，藤纸虽佳，但不宜捶拓。碑刻古器物等用纸，先用小裁刀剔去纸上疙瘩、草棍、沙粒等杂质，裁掉纸边红色印记，把纸清扫干净再使用。闷纸，也是传拓碑刻的一个重要步骤。传拓碑刻闷纸，主要方法是清洗碑刻，按刻石尺寸裁纸，四边余 3 厘米，用棉连纸、料半纸等均可，把纸折成 20 厘米×20 厘米的正方形，或长方形，每折相错 5 毫米，以便揭开使用，然后将一张叠好的纸放入清水盆内，湿透后取出放在洁净的湿布上，每一张湿纸，加上叠好的一张干纸，用湿布包好，双手用力压纸，待湿干均匀后取用。

上水蜡：古人是上白芨水，有的用薄浆水，也可以用水蜡。各个时期方法不同，性能也不同，但目的是一样的，主要是使拓纸能稍粘住。

上拓纸：方法是用椎包将纸与石之间，拓平，挤出空隙，把纸平服地贴在石面上。注意用力轻重适宜，纸张不能皱，不能破。然后，用垫纸的毡子吸干拓纸的水分。

上墨：拓纸打平后要检查纸需稍干，这是以纸质和拓件的不同，凭经验决定的。用两个拓包上墨，先干淡轻打，层层打上，墨色逐渐加深。

3. 教师演示拓碑流程

设计意图：学生在对碑拓知识有所了解的前提下观察教师拓碑过程，注意细节动作，为自己拓碑的实践活动打下基础。

教师边演示拓碑过程边讲解拓碑的基本要求，使学生直观了解拓碑的基本步骤及各步骤的注意事项。

4. 教师带领学生动手操作拓碑

设计意图：通过动手操作、亲身体验，全面感受碑拓艺术的魅力。在学生实践过程中体会只有将教师的细致指导与学生的耐心、细心相结合才能完成一件完整的作品。

①清洁碑面。

②把宣纸平整地贴在碑面上，光滑的正面朝上。用小喷壶将白芨水均匀地喷洒在宣纸上，让宣纸尽量平整。

③用毛边纸叠成双层，覆盖在宣纸上。

④左手扶着纸，右手用鬃刷把毛边纸刷平。让宣纸贴于碑面，要贴得平，贴得紧，贴得均匀。

⑤刷平之后，翻开一层，留下一层毛边纸。

⑥右手握着打刷，垂直于纸，一下一下地捶打出字的轮廓。注意要一下挨一下地走，不空格，不空行。这是为了让宣纸更好地贴合。千万不能歪着打，跳着打。打一次，清晰就可以，不要针对一个字没完没了地打。

⑦在碑上的每个字看得很清楚，整张纸均匀潮干的情况下，就可以尝试进行拓碑了。拓包分一左一右，扁平的做底，拿在左手，圆的做盖，拿在右手。在左边的拓包上均匀涂上墨后，两个拓包之间按一按，揉一揉，拍一拍，把墨打匀，然后用右手的拓包轻轻地拓第一层。淡墨，轻轻地，一层一层地进行。拓的动作像拍皮球，要富于弹性。

⑧拓纸七八成干时迅速用拓包上下来回渐次密集捶打，不可左右斜打或过分用力，也不可专打一处或东打一下、西打一下，一般上三次墨直至全碑皆上色完毕即可。

⑨自然潮干后，将宣纸揭起来。如果揭不起，可用哈气。

⑩将拓片平面放置，自然晾干。

5. 拓展提高，分析拓片类型

设计意图：在晾置拓片的过程中讲解关于碑拓的名作（图 2-14-4），考考学生碑拓的形式，有助于学生对所学知识的掌握。

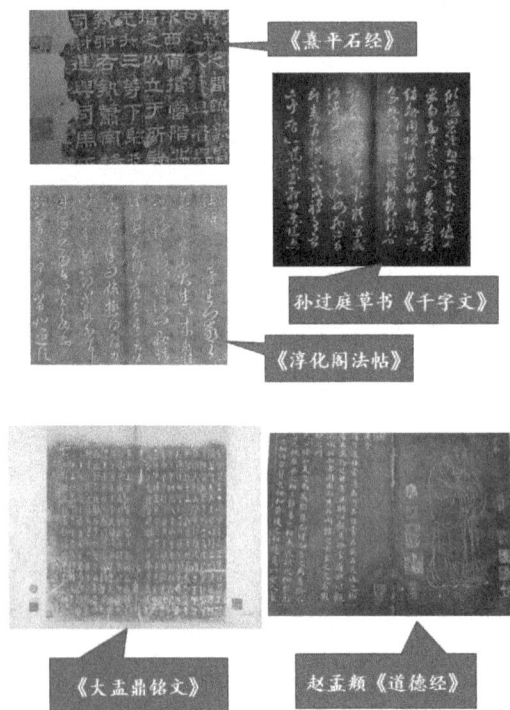

图 2-14-4

6. 课堂小结，填写收获记录卡

设计意图：学生对本课所学知识进行回顾，把收获、感受记录下来。

这是一节集知识积累、小组展示、实践体验于一体的实践活动课程，既有碑拓知识的学习，又有对书法名家名作的了解，还亲自动手体验了拓碑过程。

(三)课后延伸

组织学生碑拓作品展。

五、教学效果分析

新课程标准倡导学生主动参与、乐于探究，注重培养学生的"分析和解决问题的能力以及交流与合作的能力"。本节课以学生为本，结合围绕校内外综合实践活动进行设计并开展教学活动。这种活动课程超越书本，超越封闭的课堂，面向社会、面向学生的生活和已有经验，在开放的时空中促进学生知识与能力的发展，提高学生的综合实践能力。

多数学生仅在字帖中见过古色古香、优雅别致的碑刻拓片或拓本，通过这次课的学习，既增长了知识，又体验了亲自动手的乐趣，个个情绪高涨，人人感到高兴。第一次操作就能拓出漂亮的拓片，心里充满了自豪感，对汉字和书法也更感兴趣了。很多学生用手机拍下了自己的作品，有些同学还把自己的作品加以装裱留存。不少同学深有感触地说："这样的课不仅心情舒畅，还增长了文化知识，又学会了拓碑的技术，真是一课多得！"

（设计者：高维　北京市怀柔区第二小学）

基于"碑拓艺术实践"教学案例的研究与分析

"拓碑艺术实践"课是在北京师范大学出版社出版的《书法练习指导》教材三年级上册第 10 课"书法园地"部分基础上进行的书法实践活动。目的是让学生了解并掌握碑拓艺术的基本知识，掌握拓片的制作流程，通过亲身体验，拉近与碑帖的距离，从而感受汉字和书法的魅力，陶冶性情，提高审美能力和文化品位。

2015 年，北京市出台了《北京市实施教育部〈义务教育课程设置实验方案〉的课程计划（修订）》，课程计划中要求，为了加强学科实践活动，让学生动起来，将知识用起来，提高综合分析问题、解决问题的能力，每个学科要拿出不低于 10% 的学时用于开设学科实践活动。

基于课改方案和《中小学书法教育指导纲要》，"碑拓艺术实践"这节课进行了学科拓展，开展了学科实践活动的尝试，把知识讲解与动手实践相结合，把学生的眼、耳、口、手、脑充分调动起来，让学生在了解汉字传播方式的同时，用传统的方式和工具，自己动手制作拓片，感受碑拓的乐趣，取得了较好的效果，主要在以下两个方面：

(一)珍视传统文化教育，正视碑拓艺术价值

书法文化是我国优秀文化的重要组成部分，是伴随着文字的产生、发展而发展的。而碑刻古代是保存书画艺术最好的方法之一。我国五千年的文化史之所以一直延续没有中断，与古代碑刻记录历史有着密不可分的关系。碑拓正是基于碑刻的基础上将其内容真实记录并得以传播的一种方式。由于碑拓是从原物直接打拓下来的，大小和形状与原物相同，是一种古老的、真实记录文化的好方法。古法拓碑拓片是我国一项古老的传统技艺，它的创作和表现方式以其不可取代的特点展现出价值。拓碑是保存文物的方法之一，也是我国印刷术发明的前驱；拓本留下珍贵的石刻史料，碑帖给予书法艺术研习摹本，素为学术界所重视。另外，碑拓还可以清晰地记录各个时代的汉字演变以及为研究历史文化提供丰富的资料，其内容包括政治、经济、文化、艺术各方面，在中国书法史上占有不可替代的地位。作为教育者，我们应该鼓励学生积极参加这类活动，体会古老的拓碑艺术拓印历史，传承文化的意义，让更多的人体验到拓碑这个传统古老的技艺中。

"碑拓艺术实践"课正是为了让学生了解并掌握碑拓艺术的基本知识，掌握拓片的制作流程，通过亲身体验，拉近与碑帖的距离，从而感受汉字和书法的魅力，陶冶性情，提高审美能力和文化品位。由于碑拓是一门高级技术，也是一件体力活，不仅要有足够的体力耐力，更需要用耐心、细致的态度去实践。

（二）改变单一授课模式，发挥学生主体作用

本课以现代书籍与碑帖作对比，引入拓碑的历史与作用，使学生能够理解古代碑拓艺术的产生原因，感受到古人的勤劳与智慧。在教师指导下亲自动手拓碑则让学生仿佛身处千年之前，运用原始的工具与方法，精心制作拓片。这转变了学生以往那种单一的以知识授受为基本方式、以知识结果的获得为直接目的的学习活动，让学生回归生活世界。立足实践，不再局限于书本知识的传授，让学生亲力亲为，不仅激发了学生学习的兴趣，更把与学生现代生活距离久远的、固态的知识变成了鲜活的、可以以积极的情感去体验和深层次的认知参与的益智游戏。在学习过程中，学生通过自己的努力都完成了任务，获得了极大的成就感，既对自己的付出报以肯定，又能激励自己继续前进。课程目标明确，学生都清楚自己本节课要学的知识，要达到的目标，这让课程的学习更加有条理。整节课的活动充分体现了学生是教育的主体和自我发展的主体，课堂参与度高，通过积极的、生动的、自主探究合作的学习方式，每一名同学都完成了学习目标，不仅掌握了碑拓知识，而且培养了严谨、认真的科学态度，这是非常值得借鉴的。

教学是教和学活动的统一体。教学方法既包含教师的教法，又包含学生的学法。重视学生的学法指导是实现从教到学的关键，是实施素质教育的重要途径。因此在教学中，应系统地把学法指导与学习过程联系起来，使学生有愿望也有能力动手动脑参与学习，进行创造。

（分析者：李祥魁　北京教科院基教研中心）

知芳草 爱芳草 芳草景观"扫一扫"
——小学综合实践活动案例

一、主题内容设计

本主题内容的设计主要来源于两方面原因：一是源于学校自身的课程体系。"地球主题探索系列实践活动"是学校的自主课程，是以培养具有中国情怀，国际视野的芳草学子为育人目标开发的课程体系，六大领域涉及所有学科。其中，本次主题活动是由"我爱芳草地"领域下的芳草景观主题而来。二是源于学生的实际需求。平时国际部有很多外事活动，每次学生们都争先恐后地报名争当校园小导游向来宾们介绍学校的校园景观，但是学生们提出，他们上课的时候，谁来向这些来宾介绍校园景观呢？

根据学生提出的问题，借助校园网络学习平台的优势发布了征求意见，学生们非常关注这个问题，并在平台上提出了很多不同的建议。比如，制作电子小报、收看大厅电视宣传片、扫二维码和利用校园导游机等。课上同学们将意见进行汇总和探讨，大部分的同学对"扫二维码"这种方法感到好奇，觉得非常有意思。另一方面，提出二维码既方便快捷，又节省资金，符合校园的信息化的特点，同时也符合社会化应用的真实性。因此，"知芳草 爱芳草 芳草景观'扫一扫'"这个主题活动就诞生了。

二、教学目标设计

了解景观信息，能用简练的语言进行介绍，制作二维码，加深对校园文化的了解，增强爱校之情。

运用信息查阅法和访谈法进行信息搜集，提高人际交往的能力，搜集和整理资料的能力。

学生在多次体验实践过程中，提高小组修改、完善设计方案的能力，合作交流的能力，自主学习的能力以及自主发现问题、解决问题的能力。

三、教学资源与实践条件设计

（一）教学资源
多媒体教室、网络多媒体设备、计算机、平板电脑、摄像机、塑封机、喷墨打印机、3D打印机。

（二）实践条件设计
除了学校现有的硬件条件为活动提供了必要的保障之外，教师本身具有信息技术能力，学生也具备开展综合实践活动的能力。由于本次实践活动发生在学校内部，因此，具备相应的实践条件。

四、教学过程设计

结合我校信息化网络教学的优势和总结出的综合实践活动三阶段十一步研究模式，本次主题活动采用活动准备、活动实施、活动拓展这三个阶段。

(一)活动准备阶段

本阶段，利用网络进行调研，便于课上进行讨论，确定研究主题，并制订研究计划。

经过前期的网络调研，首先进入活动准备阶段。学生们根据各自感兴趣的景观进行了分组，并利用网络学习平台对自己感兴趣的景观提出问题。小组通过汇报和筛选，最终确定小组研究各处景观的内容。比如，"心系芳草"为什么是红色的？"世界芳草"上为什么有这么多钉子？"你好芳草墙"上都有哪些国家的语言？"欢聚芳草"中的鱼为什么都在飞呢？

(二)活动实施阶段

这一阶段，学生利用照相机、平板电脑等设备对教师、校长进行了访谈活动，并将获取的各种资料进行整理汇总。

明确了研究内容以后，教师和学生们一起梳理了活动流程。在搜集资料的过程中，学生们选择了网络查询和访谈这两种研究方法。利用网络查找资料的小组在实践过程中发现，网上并不能找到校园景观的相关信息，由此学生们意识到并不是所有的内容都能在网上查到，因此他们也选择了访谈法。由于大部分的学生都选择了访谈这种直接获得资料的方法，因而教师带领学生开展了一次访谈指导课。

如何进行访谈呢？学生们通过讨论，决定制订初次访谈计划，并进行第一次模拟采访。在首次模拟采访的过程中，学生们通过照片和录像发现了问题——小记者在采访时声音很小，结结巴巴还说不流畅，照相的同学总是把人照一半儿脸，而摄像的同学录制的画面晃动的厉害，让人看着很晕。小组同学建议小记者要提高音量，课后多加练习，照相的同学应该把人照全，摄像的同学要把摄像机拿稳，保持画面的清晰稳定。改进了这些不足，学生们又进行了第二次模拟采访。通过第二次的采访，学生调整了他们的站位，小记者的表现也比第一次有了明显的进步，看上去自信多了。

经过两次模拟采访后，学生对教师进行了第一次正式采访。在回顾采访视频时，学生们又提出了新的问题。例如，采访者的语气像"机器人"，教师说的太多了，学生根本记不下来，有的教师说的内容不是我们想要的，但是出于礼貌，我们又不能打断她。针对这些问题，学生们提出改进的建议：建议采访者要多加练习，要有自信；记录的同学如果记不下来，可以利用平板电脑进行录像；针对个别教师"跑题"的情况，学生们准备 1～2 个追问的问题将教师引回主题。

经过一次又一次的采访，学生们意识到前期制订的访谈计划存在很多问题，很不全面，于是我们共同梳理了计划单中的内容，学生在平台上分享了电子版的访谈计划单，并将两次制订的访谈计划单进行了对比。

有了前期的访谈经验，学生们又对校长、班主任进行了第二次正式采访，但是学生们还是觉得搜集到的内容不够充分，还想了解更多，更丰富的信息。

于是在教师的协调帮助下，学生们采访了"欢聚芳草"的设计者荣景牲爷爷。在视频中，学生们成长了，他们在与景观设计者的交流中，流露出了他们对校园的热爱。也是通过这次访谈，学生对校园景观有了更进一步的了解。访谈回来后，学生们根据视频资料梳理了文字内容，完成了景观介绍的初稿。

在这次主题活动中，多个学科的教师都参与了活动。信息技术教师指导学生如何在访谈中进行照相、摄像。美术教师指导学生如何用多彩的颜色绘出校园景观。语文教师对景观的文字内容进行指导。经过语文教师的指导，不少学生由原来"只能写出简单的一句话"发展到"能写出一段详细丰富的介绍"。有了对景观的文字介绍后，学生们进入到了制作二维码的环节。

"二维码能自己制作吗"？学生在课上提出这样的疑问。针对学生提出的问题，教师并没有直接给学生提供制作的方法，而是给学生提出活动的小任务：要求学生利用网络自主学习的方式查找制作工具，通过小组合作讨论，选择制作工具，进行制作。

通过小组的合作探究，学生们找了网页版的制作工具。还有小组利用手机、ipad或者网络下载的制作软件。学生们利用小组查找到的软件进行二维码的制作；制作后，学生们愉快的互相扫码，进行验证；然后将二维码进行打印；最后，学生们利用午休时间把二维码贴在校园景观上。整个过程分为动手制作、扫码验证、打印成品和张贴二维码四个过程。

学生在景观上贴的二维码也吸引了外教的注意。外教 Jeff 看不懂中文，不知道二维码里的内容是什么。这个问题引起了小组同学的关注。他们回忆以往的接待，有相当一部分的来宾都是外国人，他们决定设计制作外文版的二维码。于是，他们用翻译软件将中文内容进行翻译，并用各个国家的语言进行校正，重新制作了二维码，有英文版、日文版和韩文版。

解决了这个问题，新的问题又出现了，学生们注意到，贴在景观上的二维码被风刮的乱飞，并且很不美观，怎样才能使二维码保持的时效性更长，又不影响美观呢？有的孩子联想到学校的 3D 课程，提议用 3D 打印机打印二维码。学生提出的 3D 二维码也是多种多样的，有 3D 立体模型的，有标牌样式的二维码，学生们设计的 3D 二维码为校园景观解决了无人介绍的问题，同时 3D 二维码也成为我校数字化的又一个新景观。

(三)活动拓展阶段

本阶段中，学生动手制作景观二维码，利用网络查找制作工作，并进行打印张贴等。在解决了校园景观的实际问题后，学生们总结了本次活动的经验与成果，并讨论了本次实践活动的学习收获在其他生活情境中应用的可能，如还可以将二维码应用于家庭和社会生活中。

五、教学效果分析

这次实践活动很好地契合了数字化校园特色地展开，整合了校园数字化资源，很好地将信息技术、美术、语文、英语等多个学科融合在综合实践活动中。

在本次主题活动过程中，学生们通过实践活动经历了从量变到质变的过程，从起初对信息技术课程结合综合实践课程的教学方式缺乏热情，到积极参与主题活动的每一个环节；从拿起平板电脑、摄像机就照相、摄像，到能够与小组成员沟通位置和表情；从不会采访、对采访没信心，到积极申请采访景观设计者；从只能写出简单的景观介绍，到经过教师指导，写出比较详细丰富的文字；从制作纸质版的二维码，到自主提出修改建议，利用 3D 打印机打印二维码；从将二维码运用在校园中，联想到应用于班级和家庭；从发现问题，到善于小组讨论，运用信息查阅法、访谈法等方式解决问题。学生们在这次主题活动中不仅收获了研究方法，获得了知识，而且提高了学习的兴趣，加强了小组合作意识，锻炼提高了自主发现问题、解决问题的能力，同时，增强了创新意识。

（设计者：常慧颐　北京市朝阳区芳草地国际学校）

基于"知芳草　爱芳草　芳草景观'扫一扫'"案例的研究与分析

本次主题活动案例，体现了基于学生生活实际和研究兴趣的多学科融合的实践活动过程。

(一)教师鼓励学生自主选题成为本次综合实践活动的起点

综合实践课程内容丰富多彩，它有自主性、实践性、生成性、开放性和创新性五大特性。课程的选题不是由教师直接制定，而是从学生生活学习中的实际问题出发，即学生身边感兴趣的问题，通过学生们的讨论，最终确定课程的研究主题。

(二)实施过程丰富，注重对学生研究方法进行循序渐进的引导

在本次主题活动实施过程中，教师和学生一起设计了较为丰富的实践内容。例如，

开展多位关键人物的访谈。访谈法是综合实践课程活动的重要方法之一，由于学生们第一次接触访谈法，因此，在活动中遇到了很多困难。学生初次对教师们进行采访连续遭到了四次委婉的拒绝，课后，教师进行了反思并感觉到，学生对访谈法并不真正了解，并不真正明确采访是否成功的标准。教师积极从自身寻找问题，加强了自身对访谈研究方法的练习，并在此基础上循序渐进地引导学生进行思考和实践。

总体来说，常老师指导学生开展的本次实践活动，活动初期教师力图体现运用信息技术手段开展综合实践活动。而主题活动实施过程却融合了多学科的参与，促进了学生多方面能力的发展。秉承着"发现问题—解决问题—发现问题—解决问题……"这一反复循环的宗旨，巧妙地运用学校的综合实践活动信息平台实现对学生主题活动的管理与评价。

（分析者：刘玲　北京教科院基教研中心
郭春玲　北京市朝阳区教育研究中心）

南锣鼓巷公益语，北京胡同小主人
——小学综合实践活动案例

一、主题内容设计

"设计公益语牌"这一综合实践活动，是《研究性学习实践与评价》六年级上册的第一单元——走进街道社区的第2课。

本课的研究主题来自学生生活中出现得越来越多的公益语。学生根据自己的经验和特长，制定自己的研究课题。学生们围绕着各自的研究课题，走近学校师生，走近社区的游客与店铺，走进南锣鼓巷，进行访谈、调研。了解社区存在的公益语牌方面的问题，进行有针对性的设计。作为自主性课程，学生在教师的帮助和指导下，以小组合作、自主学习的方式，自主制定课题，在生活中展开自主调查。在这个过程中强化主人翁意识与社会责任感。作为生成性课程，围绕各个活动环节，学生自主生成课题，结合自己的特点，制订相应的研究计划，生成各自的设计方案。在这一过程中培养学生的创新精神。通过深入学校和社区，观察、疏理、分析公益语牌现象，学生开展了公益语牌的研究和设计制作活动。学生还走进学校周边的南锣鼓巷社区开展调研工作，得出结论后，再回到社区进行拓展活动：为社区修改和设计公益语牌。

二、教学目标设计

为了更加充分利用南锣鼓巷这个特色的社区资源，在教学设计之初，教师就把学生的实践基地、研究的场所确定为南锣鼓巷。让各个课题组走进南锣鼓巷，进行调查、研究和创新。在调查、研究和设计创新的过程中，提升学生的创新精神、实践能力和社会责任感。具体目标如下：

①理解合作的重要性、培养对社会的责任感、展示自己的创新能力；

②整理出公益语牌的主要特点，通过小组合作创造出适合社区和学校的公益语牌；

③了解调查研究的注意事项，并能在实践中运用；

④了解公益提示语的功能特点，能创造出一条公益提示语。

教学过程中预设的教学难点是：

①学生根据选择主题与自身条件，确定研究方法及适合的方案；

②学生能迅速掌握各种调查方法的注意事项，并成功运用。

相应的教学重点是：

①在教师指导下，学生分组合作研究方案的制订；

②使用微课对学生进行方法指导。

三、教学资源与实践条件设计

学校的办学理念。黑芝麻胡同小学的办学理念是践行陶行知教育思想。陶行知认为"生活即教育，社会即学校"，主张让学生走进广阔的社会生活之中，获得教育、实践真知。创造教育来自于生活，为生活而创造，基于学生生活，服务于社会。他的"创造教育"思想是我校的办学特色，学校鼓励师生走入生活，面向生活创造。自 2006 年起，通过走访、洽谈，与南锣鼓巷 10 多户商家建立合作关系，成立学生综合实践活动基地。学校也和社区街道有着深入和广泛的联系。因此，让学生走进社区，有着环境上可操作的基础。

社区的丰富资源。学校所在的社区——南锣鼓巷，是北京著名的文化休闲街。2010 年美国时代周刊评选出的 25 个亚洲必去景点之一既有拥挤的商业街，也有百姓生活的清静小胡同。因为每天游人如织，所以街道、商家制作的各种公益语非常多。这其中有的温馨，有的生硬。学生围绕公共设施、店铺、街巷、游客、店主、社区工作人员、教师等资源进行深入的探究。

学生资源。六年级学生在南锣鼓巷和学校生活近六年，对所在的社区和学校，有着自己丰富的观察与积累，但缺乏对生活现象的反思。六年级学生已经多次接触综合实践活动，对研究主题的确定和研究方法有一点的接触。但对如何制订计划，事前安排缺乏更为细密深入的认识，缺乏耐心细致的科学研究态度，所以需要教师在组织引导过程中，不断对小组合作进行激励评价。

六年级学生在语文课上有语言写作表达训练和撰写广告语的活动；在品德与社会等学科积累了环保、安全等公益知识；信息技术学科上学过 PPT、word 等文字设计的工具软件。这些都为设计公益语牌课程提供了客观条件与主观能力。

信息技术的使用。我校参与学习方式变革课题研究，六年级学生能够熟练运用平板电脑、手机等设备拍照、观看微课和展示自己的成果。资源使用情况见表 2-16-1。

表 2-16-1　资源使用情况表

活动环节	资源分类								
	记忆	街道	电子	游客	商家	师生	居民	家人	社工
确定主题	•					•			
分组计划	•					•			
走进南锣	•	•	•	•	•	•	•	•	•
调查研究	•	•	•	•	•	•	•	•	•

续表

活动环节	资源分类								
	记忆	街道	电子	游客	商家	师生	居民	家人	社工
整理资料	•		•			•			
形成结论	•		•			•			
结题汇报	•		•			•			
设计制作	•	•	•	•	•	•	•	•	•
展示交流	•		•						•

四、教学过程设计

活动过程分为四个环节：活动准备、活动实施、活动总结、活动拓展（图 2-16-1）。

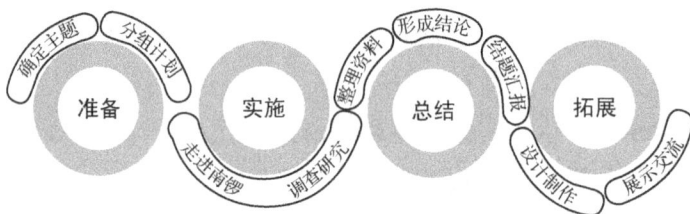

图 2-16-1　教学过程流程图

在活动准备环节，教师通过图片，激发学生对公益语牌这一社会现象的关注，进而产生研究兴趣，确定可行的研究主题与设计目标，并分组制订计划。在确定主题环节中，学生们经过讨论，确定了五个课题，分别是：公益语牌的设立效果、制作材质、设立位置、视觉效果、语言特色。

在活动实施环节，在教师的监督引导下，学生通过微课与教师指导，掌握研究方法，开展课题研究。在这个过程中，学生走进社区和家庭，采访教师、家长、邻居、店铺及游人，获得研究需要的数据。在这一环节，研究方法的运用是教师预设的难点。根据学生们确定的研究方法，教师制作了五个微课，每个微课 2～5 分钟，使用多种形式，把它们装入平板电脑供学生使用。这样做，既充分利用学生的碎片时间，引导学生自主学习，同时更方便教师进行集中指导。

在活动总结环节，学生根据调研资料，整理、形成和调整研究结论，根据中期汇报中师生的质疑和建议进行修改完善，进行结题汇报。

通过对研究资料的整理和分析，各组得出各自的课题结论，在结题汇报会上进行了发布：公益语牌应该以引导人们的行为成为好习惯为目的；它的外形可适当变化，色彩简单以两种为宜，字体粗大易认；它的语言风格要因地制宜，休闲社区更偏爱创意语言；它的材质坚固耐久，室外以铝合金为宜；它的位置应注意安全、鲜明、合法。在课题研究过程中，学生们走进南锣鼓巷，就已经自觉产生了为社区设计公益语牌的愿望。经过结题交流，学生们成了社区公益语牌方面的小专家。现在，他们更加自信的再次走进社区，为其设计公益语牌。

在活动拓展环节，学生带着集体的研究成果，再次走进南锣鼓巷社区，观察调研，发现社区在公益语牌设置方面的问题，进行相关设计，并在设计通过后，提交给社区部门。

五、教学效果分析

实际活动中，学生在调研和设计过程中，实现了对社区资源的深入利用，在拓展设计中，反复的修改提升了学生的思维深度与思维质量。在调研活动和拓展活动中，分别提供给学生两个表格（表 2-16-2 和表 2-16-3）进行自我评价。

表 2-16-2　学生活动情况评价表

评价项目	评价内容	自画像			伙伴眼中的我		
		优秀	良好	加油	优秀	良好	加油
活动态度	对主题活动兴趣很浓						
	活动认真，一丝不苟						
	参与活动积极主动						
交流合作	能利用集体力量解决困难						
	能经常同小组成员交流						
	和合作伙伴愉快相处						
创新精神	敢于发表自己的意见						
	我的建议常被小组采纳						
	提供的方法独特有效						
实践能力	活动有计划性针对性						
	能独立完成小组任务						
	收集信息资料途径多样						
	善于筛选分类整理资料						
	动手制作电脑操作能力强						
	采访考察成功率高						
	表达条理清晰声音洪亮						

续表

评价项目	评价内容	自画像			伙伴眼中的我		
		优秀	良好	加油	优秀	良好	加油
活动效果	每次活动有收获						
	活动得到别人的赞扬多						
	达到了我的目标						
同伴的建议		家长的希望			教师的指导		
我的收获与努力方向							

表 2-16-3　公益语牌设计报告评价表

项目＼组别	第一组	第二组	第三组	第四组	第五组
位置	☆☆☆	☆☆☆	☆☆☆	☆☆☆	☆☆☆
材质	☆☆☆	☆☆☆	☆☆☆	☆☆☆	☆☆☆
语言	☆☆☆	☆☆☆	☆☆☆	☆☆☆	☆☆☆
视觉效果	☆☆☆	☆☆☆	☆☆☆	☆☆☆	☆☆☆
整体效果	☆☆☆	☆☆☆	☆☆☆	☆☆☆	☆☆☆

写下最精彩的公益语并用一两个词点评	设计者	公益语	点评

　　在活动总结中，学生团队合作，使用图表、PPT、视频等手段集体展示自己的研究结论，显示出自己的媒介与信息能力、合作探究能力。在活动拓展中，反复论证修改自己的设计，展示出学生的学习与创新能力。学生们目光敏锐，发现生活中常常被大人忽略的问题：这是上下学的十字路口，人车混杂缺乏引导；这是胡同里停靠的废弃车辆，可能会伤害路人；这是施工围挡，缺少危险提示；这是学校门口，公益语牌与环境不和谐；文物古迹缺乏有效提示引导。

　　设计中，除了运用已经有的研究结论，还有的组提出：要设置双语提示，方便外国游客；学校门口的公益语牌应该富含学校文化。学生们设计的作品，在第一次设计交流会中受到了来自教师和学生的质疑，意见集中在两个方面：一是与前期结论不符，如色彩太多，语言生硬；二是虽然符合前期结论，但在具体环境中存在问题，如铝合金材质挂在软的施工围挡上会有危险。

虽然遇到质疑，但学生们充满创造的渴望，他们纷纷修改设计，在他们的要求下，我们又召开了第二次设计交流会。这一次我们通过学校请来了社区工作人员，各团队展示说明了自己的新设计稿，彼此倾听了意见和建议。社区工作人员对学生的社会责任感与创新能力给予高度赞扬，当听到自己的设计可以在社区应用时，学生们自发热烈鼓掌。

（设计者：李东林　北京市东城区黑芝麻胡同小学）

基于"南锣鼓巷公益语，北京胡同小主人"案例的研究与分析

综合实践活动本身是一门实践性的课程。在这门课程中，课程内容往往是以主题活动的形式呈现的。每个主题活动与学生的现实生活直接相关，涉及多个学科知识的运用，体现对学生多种能力的培养。李东林老师开展的这一活动就是非常典型的例子。

（一）在本次主题活动中，首先实现了对特色社区资源的充分利用

学校位处南锣鼓巷，这里人文资源丰富，老师将它变成了学生发现问题、研究问题和解决问题的社会资源，同时也是学生发挥创造才能，服务社会的基地。这一过程中，学生们的实践能力与参与社区建设的责任感得到了体现和提升。

（二）贯穿活动始终的是"项目设计"的理念

项目设计是一种重要的综合实践活动形式。在本次活动中，学生在社区中发现问题的基础上，采用项目设计的思路和方法，设计、讨论、试用、完善，有的还被采纳和应用。学生们开展了卓有成效的研究与设计活动。

这是一次有广度、有深度、有锐度、有温度的活动。有广度：不仅仅是学生在活动过程中走了很多地方，更重要的是他们在调研和设计中接触各种社会问题。有深度：回看学生们反复修改的设计稿，我们可以清晰地看到他们思维不断深入的轨迹。有锐度：学生能够敏锐地发现各种社会问题，并且以一种社会责任感反复的修改，来解决这些问题。不断强化的社会责任感，让这次活动有了温度。

（分析者：张磊　北京市东城区教师研修中心
　　　　　刘玲　北京教科院基教研中心）

制作班级宣传片

——小学信息技术学科实践活动案例

一、主题内容设计

"制作班级宣传片"是一节基于信息技术学科拓展的综合实践活动课。当学生面对不懂的信息技术问题时，能积极主动地去寻找答案，并知道通过什么途径、用什么方法去解决问题，这就是一种信息意识。信息技术学科的任务就是培养学生良好的信息意识，让学生能够自主解决生活中的实际问题，使信息技术真正服务于实际生活。本课主旨就是让学生根据制作班级宣传片的活动需求，寻找制作宣传片视频软件的方法，在探究、尝试过程中学习软件的使用方法，最终运用信息技术解决任务需求的过程。

本课以信息技术课标为依据，打破教材的限制，运用以学生自主学习、自主探究为主的新的教学方式进行教学，为学生创设良好的自主学习情境，鼓励学生自主选择能够解决需求的方式，力图体现学生是学习的主人，发挥学生自主学习的积极性，培养学生的探索创新意识。本课中，学生利用信息技术制作宣传片为班级主题活动提供技术支持，让信息技术的应用与生活紧紧相连，努力体现学习的生活化，提高课堂效率，增强学生信息意识，实现课内课外的结合。

课上，学生首先根据任务需求寻找适用的软件，在安全下载渠道下载、安装软件，并自主研究新软件的使用方法；再利用已经搜集到的各种班级主题活动的照片素材制作班级宣传片，大大激发了学生的学习积极性，培养了学生良好的网络安全意识，并在实践中巩固了他们所学的技能，真正地将学习融入生活。

二、教学目标设计

能根据需要有针对性地选择并下载安装软件。

掌握优酷 iDo 软件的基本使用方法。

选择软件下载并安装，自主探究新软件的使用方法，并利用新软件完成班级宣传片的初步制作。

通过在安全渠道下载软件的过程，提高网络安全意识。

三、教学资源与实践条件设计

(一)教学资源

本次课程的教学内容主题是"制作班级宣传片"。围绕这一主题，教师做了三个方面的准备：一是提前组织学生结合班级宣传片的特点，搜集选取班级有特色的活动、主题板报、少先队活动、主题班会等能够体现班级特点的照片、声音等素材；二是制作了教师课上用于展示的图片 MV 视频演示范例；三是提供了学生课上使用的网络支持，即互联网及安全下载平台。

（二）实践条件

"制作班级宣传片"衍生自信息技术教材第二册第三单元"采集多媒体素材"中的第18课"采集视频素材"。学生已经初步掌握了利用 QQ 影音软件进行声音的采集与编辑，因为视频的采集与音频的采集操作方法相同，所以在本课不再重复使用 QQ 影音软件，而改用让学生自主选择其他软件进行编辑。

学生在之前的信息技术课中已经具备基本的信息技术操作能力，对于常用软件已经有一些使用基础，对于软件的安装与运行并不陌生；对于互联网已经不再陌生，且能够自主登录浏览。但是对于安全下载软件还有一部分学生习惯于网页搜索，对于使用软件来说存在一定的安全隐患，因此教师引导学生在安全可靠的软件下载平台选择软件，有利于学生安全使用软件，避免安全隐患。

综上所述，学生具备了基本的信息技术操作能力及信息意识，完全可以完成上述实践活动的学习任务，并达成其设计的目的。

四、教学过程设计

（一）设定目标，激发兴趣

导入：前几节课，我们一起搜集了班级中有特色的主题活动照片，为了配合我们的班会活动，这节课我们一起利用搜集到的照片、文字等资料制作一个具有班级特色的"班级宣传片"，将我们的班级特色介绍给全校同学。今天我们就一起研究如何将现有素材制作成班级宣传片。

板书：制作班级宣传片

设计意图：激趣导入，联系前期准备工作，延续班级主题活动，从实际校园生活入手，激发学生学习兴趣，使学习与生活联系起来。

（二）自主探究，了解新软件的选择、下载、安装与使用

1. 视频演示，明确需求

教师：老师这里有一个宣传片的例子，请大家在观看的过程中思考宣传片中使用了哪些素材？怎样将照片素材制作成视频宣传片？

学生：边观看边思考。

提问：说一说你认为宣传片中使用了哪些素材？怎样制作宣传片视频？

学生：图片素材、声音素材、保存文件夹、制作软件等。教师板书学生所说重点词。

结论：

图片素材：前期搜集到的主题活动中拍摄的照片。

声音素材：合适的背景音乐、素材库中的音乐。

保存文件夹：D盘下个人文件夹内新建"班级宣传片"文件夹。

制作软件：根据需求选择、下载、安装。

设计意图：培养学生统筹安排的思维模式，有目的、有条理的安排制作步骤。

2. 根据需求寻找合适的软件

教师：在互联网中，软件的下载存在很多风险，因此我们要选择相对安全可靠的渠道进行下载使用，每台机器都安装有病毒防护软件，我们的机器中安装的是360安全卫士(图2-17-1)，打开360安全卫士，找一找哪里能够下载软件？

学生：软件管家。

图 2-17-1　360 安全卫士软件界面

教师引导：从软件管家中，我们要根据使用需要选择软件，当前这个界面你知道选择的是哪类软件吗？

学生：视频软件中的视频编辑类。

教师分析：软件的排列顺序是根据软件的使用率及评价排列的，我们在选择软件时要根据需要选择评价比较高的软件。你会选择哪个软件呢？为什么？

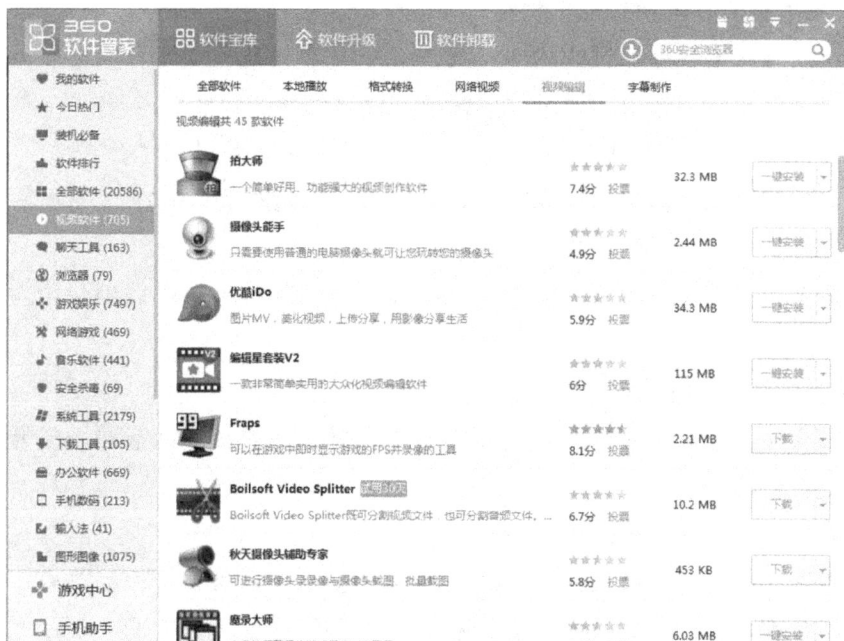

图 2-17-2　360 安全卫士软件分类界面

学生：优酷 iDo，制作图片 MV，投票分高

图 2-17-3　优酷 iDo 软件图标

设计意图：培养学生在安全下载平台寻找软件的意识，能够根据实际需求，有目的的寻找能够解决问题的软件。

3. 自主探究新软件的使用

(1)下载安装并运行

请下载并安装软件，安装成功后运行。

教师：你知道软件被安装到哪里了吗？

学生：360 默认安装位置 C 盘。

(2)第一次尝试制作图片 MV

教师：从你准备的图片中，选择 5 张同一活动照片素材，尝试为第一个特色活动进行"图片 MV"的制作。

学生：尝试制作。

（3）小结素材的导入及作品的保存

教师：面对从来没有用过的软件，我们必须要清楚自己要干什么，从软件的功能中找到可以帮助我们的选项，通过你的探究，你是怎样制作的？

学生：选择"图片MV"里的添加图片，图片添加进去就可以了。

教师：如此简单我们就制作成功了，如何保存我们的视频呢？

学生：找到"保存视频"按钮。

设计意图：软件操作简单，学生能够很容易找到使用方法，鼓励学生自主探究新软件。

（4）第二次尝试美化MV

教师：软件还提供了很多美化视频的功能，请你为视频加入适当的美化效果，使你的视频更具特色。

学生：进一步美化自己的视频作品。

设计意图：制作单一效果的简单视频很容易实现，如果想让作品与众不同具有特色，还需要加强美化效果，学生的探索能力很强，但还是不够大胆，鼓励学生进一步为作品加入创意。

（5）分析美化效果

教师：观看两位学生作品，对比他们都采用哪些不同的美化效果？

学生：主题、配乐、字幕、声音、饰品、边框等方面进行美化。

教师引导：怎样使我们的宣传片主题更加明确突出、内容更加赏心悦目？

学生：给照片素材归类，根据各个主题配字幕，可以搭配合适的音乐，适当装饰……

设计意图：通过美化视频操作，引导学生在制作宣传片时要根据实际需求进行加工美化，不要一味地多加效果，而缺乏整体效果，为学生渗透艺术设计。

（6）小组合作制作完整班级宣传片

教师：根据大家的分析，请同学们每组分工合作，每人制作一个主题活动的宣传片，最后大家有办法将每个不同方面的视频连接到一起吗？

学生：能，从"剪辑"中添加多个视频，再保存就可以了。

设计意图：学生以小组为单位，分工合作完成班级宣传片的制作。

（三）总结

这节课，我们利用优酷iDo这个软件制作了我们班级的宣传片，个别还有些不太完善的地方，课下大家将其调整完善，下节课我们进行班级宣传片的评选，选择最吸引人的宣传片在全校进行宣传介绍。

五、教学效果分析

转变学生的学习方式，提倡以"主动参与，乐于探究，交流与合作"为主要特征的学习方式是本次实践活动的重点。

(一)创设探究平台，注重情感体验，激发学生学习兴趣与热情

学生学习信息技术课已经两年，具备了一定的信息技术应用能力，基本掌握了常用软件的使用。本课在教材中利用 QQ 影音软件对音视频进行的截取等操作，因为音视频技术基本通用，在音频处理时学生已经能够融会贯通，而现如今新开发的小软件具有更加人性化、针对性、灵活易操作等特点，所以在视频处理这一课中，教师联系学生的实际需求创设主题活动为学生搭设了探究的平台，让学生根据自身需求自主选择合适的软件，利用软件的共通性自主探究新软件并尝试制作个人作品，以此来激发学生的学习兴趣。

(二)引导学生安全使用网络资源，培养学生网络安全意识

现如今，基于网络环境下软件的开发更是如雨后春笋，既多且广，引导学生安全选择、使用网络资源是重中之重，需要教师为学生提供正确的导向。本课是第一次让学生尝试自主选择软件，学生还没有网络安全的意识，因此教师在教学中首先引导学生明确自身需求，根据需求分门别类选择软件，再引导学生选择下载软件的安全渠道，避免黑客软件侵害，进而增强了学生使用网络下载软件的安全意识。

另外，学生预先准备的素材是学生在学校的活动素材，并且优酷 iDo 软件制作出的视频作品可以发送到互联网上公开展示，涉及学生的肖像权问题，因此在开始制作个人 MV 的时候，教师向学生宣传了个人肖像权的法律法规，进而再次强调网络安全意识，保护自己，保护他人。

（设计者：宋幼楠　北京市宣武区新世纪实验小学）

基于"制作班级宣传片"案例的研究与分析

"制作班级宣传片"信息技术实践活动课属于学科拓展的范畴，是教师结合学生在校内的实践活动，延伸出来的一节有较强的综合性、实践性的教学内容。体现了新课程的核心理念——为了每一个学生的发展，强调教学内容与学生生活以及现代社会和科技发展建立联系；倡导主动、合作、探究的学习方式；使学生学会学习，形成正确的价值观；培养创新精神与实践能力等多方面内容。

(一)综合运用信息技术能力，培养学生的创新意识

利用已有的信息技术知识，合理选择适当的编辑软件并运用新软件编辑宣传片。

这个过程需要的是学生的细心、耐心与积极探索的精神，是一种综合能力的融合。在制作过程中，学生第一次尝试了在网络上选择、下载软件，第一次在没有教师的讲授下自学一个新软件，第一次综合运用图片、音乐素材制作 MV 宣传片。在整个实践活动中，教师对认真思考、敢于尝试的学生进行鼓励，锻炼了学生的学习能力，培养了学生的创新精神。

（二）创设轻松的学习环境，让学习走进生活，有效激发了学生的学习兴趣

课上，教师营造了一个宽松、有序的课堂氛围。在教学中，打破了以往通过教师讲授或演示的方式带着学生学习新软件的局面，让学生根据宣传片作品的编辑需要进行自主学习新软件的使用方法。教师给了学生充分的自主空间，使得学生学习的目标更明确、更具有主动性。整节课大部分学生伴有欣喜、成功等体验，从实践操作和学习中获得了生活、情感等方面较深刻的感悟。

本次实践活动课是第一次尝试让学生自主探究新软件的使用方法，设计思路有待进一步放开。在学生具备了较为全面的信息技术能力时，可以以小组为单位，选择不同的软件研究解决同一个问题。学生在自主探究的实践中将经历软件的选择、下载、安装、使用、制作作品等过程，通过最终的作品展示环节不仅能够展示出本组学生作品的特色，还能够比较各组选择的软件的特点、优势与不足，进而让学生学会根据实际需求选择解决问题的技术，体验到技术运用的灵活性，提升学生的信息技术素养。此外，本课中教师让学生从网络上下载、安装新软件，存在较多的网络安全问题。目前，学生网络安全意识还不够充分，需要补充和加强网络软件下载和安装的注意事项的内容。全面提高学生的网络安全意识，才可以真正做到对学生放心、放手。

（分析者：张铧珊　北京教育学院宣武分院）

使用 QQ 群交流科学小实验

——小学信息技术学科实践活动案例

一、主题内容设计

数字化学习是信息时代重要的学习方式之一。数字化学习的关键是如何有效运用数字化技术的优势达到课程学习的目标，因此，在信息技术与课程的整合中，要培养学生学会把信息技术作为获取信息、探索问题、协作讨论、解决问题和构建知识的认知工具。本课正是基于以上理念设计的。

QQ 群是腾讯公司为 QQ 用户中拥有共性的小团体建立的一个即时通信平台，它具有强大的交互性和协作性，可以为基于网络的协作学习创设方便快捷的信息化交流学习平台。但目前学生群中"垃圾"信息较多，极少用于开展学习活动，即学生基本具备了数字化学习的技能，但缺少数字化学习的意识。为此，本课以科学课为基础，设计了"岩石会改变模样吗?"的探究活动，将 QQ 群讨论、平板电脑拍照、使用互联网查找信息等常用的信息技术手段作为支持学生探究活动的数字化学习工具。学生以小组为单位在设计实验过程、开展科学实验，通过平板电脑拍照的功能记录实验过程，通过 QQ 群分享、讨论实验数据，通过互联网查阅资料拓展知识等几个活动中了解影响岩石模样改变的因素，提升获取信息、筛选信息、分析信息的能力。

本课活动设计有如下特点：

第一，活动过程涵盖多种获取信息的途径，提升选取适当信息手段的能力。

本课设计的两个活动分别引导学生从不同的途径获取信息：在真实的实验环境中获取"一手"信息，借助互联网资源获取"二手"信息。不同的途径引导学生使用了最恰当的信息技术手段：照片记录和搜索引擎，从而为学生根据需要选取适当信息技术手段创造了环境。

第二，数字化学习资源来源于开放性活动，提升筛选信息的能力。

学生通过平板电脑拍照、QQ 群查看同伴实验数据、互联网查找信息等方式获得的数字化学习资源，由于实验本身的不确定性、互联网信息的复杂性，学生面临的是一个开放性的信息空间，学生要尝试从纷繁复杂的信息中去所选取自己需要的正确信息，从而提升筛选信息的能力。

第三，借 QQ 群分享、讨论信息，提升网络信息沟通能力。

无论是在实验后分享、讨论环节，还是互联网查找信息活动，本课都借助 QQ 群平台形成了班级网上的讨论组。学生在活动过程中进行了合作式、讨论式的学习，提升了信息沟通能力。

第四，应用信息技术解决活动中的问题，全面提升信息素养。

在活动中，应用信息技术解决问题的环节包括：获取实验数据、QQ 群分享实验数据、讨论得出实验结论、借助互联网拓展知识。这几个环节体现了信息处理的过程：获取信息、筛选信息、提取信息、分析信息。学生在活动中增加了技术的熟练度、感悟了技术应用的时机、提高了处理信息的能力，锻炼了批判思维，总之，信息素养得到全面提升。

二、目标设计

(一)学情分析

学生信息技术课知识掌握情况：

QQ 软件的基本操作包括：申请 QQ 号、设置 QQ 密码及昵称、一对一的网上互动交流等。

已经能在 QQ 群中发布文字、图片等信息。

能使用平板电脑的"照相"功能进行拍照。

(二)目标

在做实验的过程中，能够根据需要使用平板电脑的"照相"功能记录实验过程，体验获取信息的过程。

在交流讨论实验结论的过程中，学会使用 QQ 群分享实验数据和实验观点，能够在众多信息中筛选所需信息并最终得出实验结论，提升筛选信息、分析信息的能力，提升批判性思维。

三、资源与实践条件设计

(一)教学资源

本课活动内容采用了科学课五年级上册"岩石会改变模样吗?"一课的实验部分，学生在前期的科学课上已经对岩石有了初步的了解。

每组提供实验材料：岩石、水、瓶子、蜡烛、火柴、镊子、冷水。

每人一部平板电脑。

采用 QQ 群作为互联网沟通平台。

(二)实践条件

课前每个人都已经加入了班级 QQ 群和各自所在科学实验组的组群。

学生能够熟练地使用平板电脑进行简单的操作。

在科学课上，学生已经能够通过协作学习完成简单的实验，并且小组内有明确的分工。

四、过程设计

(一)创设情境，提出活动主题

学生通过观看教师的课件了解生活中被风化的岩石。

教师提问：岩石都很坚硬，不会轻易破碎、断裂。但是，在生活中我们经常看到这样的岩石，你能解释是怎么回事吗？

学生讨论猜测引起岩石模样发生变化的原因，比如水、大气、温度等。

学生了解活动主题：一起研究究竟哪些因素会改变岩石的模样。

设计意图：通过课件承上启下，学生产生认知冲突、激发探究欲望，同时引出本课的活动主题。

(二)分析活动方案，明确活动要求

教师希望学生在活动中要像科学家一样用实验的方法研究活动主题。

学生明确活动的内容和要求。

学生实验可用的材料包括：岩石、水、瓶子、蜡烛、火柴、镊子、冷水。

实验要求：

①以小组为单位进行模拟实验。

②按照科学课上的分工合作完成实验。

③记录员根据实验结果填写实验记录单。

④实验中搜索员要将实验前的岩石与实验后的岩石及实验记录单拍照。

教师通过问题引导学生明确使用平板电脑为实验拍照时要注意以将要被拍摄的物体为中心，照片要清晰。

设计意图：在活动前提出活动方案及要求，确保学生在活动过程中的目的性和有序性，同时唤醒学生将开展实验活动及信息技术知识应用的经验迁移到本次活动中。

教师提问：怎么能快速让全班同学看到所有组拍摄的实验数据和照片呢？

想一想平板电脑中有什么方便的交流软件？

学生通过讨论后提出：各组可以将照片发到班级 QQ 群中。

教师追问：QQ 群中可以发照片吗？什么功能可以实现？

学生根据以往使用 QQ 的经验提出两种方法：

①使用"发送图片"功能；

②使用"屏幕截图"功能。

学生明确做完实验后各组需要做的活动：各组搜索员需要将各组清晰的照片添加文字说明发送到班级 QQ 群。

（三）开展实验活动

1. 做实验

学生利用不同的材料设计模拟实验改变岩石的模样，并用平板电脑拍照记录。

学生可以采用以下两种方法：

①把岩石、水放入瓶子，摇晃，模拟流水对岩石的影响；

②先把岩石在蜡烛上烤，再放入冷水中，模拟冷热温度对岩石的影响。

设计意图：学生探索岩石变化的原因，并用平板电脑记录下过程，体会搜集生活中信息的过程。

2. 分享实验数据，得出实验结论

用问题引导学生明确 QQ 群讨论的注意事项。

问题：在班级 QQ 群上传、查看数据、发言的时候，需要注意什么才能保证数据查看快、结论比较准确？

学生提出解决方案：

①不说与活动无关的话，如果有人提出与实验无关的话题，就快速忽略；

②将各组数据看全，头脑做出甄别，最终得出结论。

学生在 QQ 群里查看各组上传的实验照片和记录单，并在 QQ 群内讨论：究竟什么会改变岩石的模样？

教师同时也在 QQ 群里参与学生讨论，并对干扰信息进行提示。

设计意图：学生从众多实验数据中最终得出实验结论，提升筛选、分析信息的能力。

3. 总结

学生使用平板电脑讨论并最终得出实验结论：岩石在流水、气温的作用下会改变模样。

（四）通过互联网进一步了解风化

学生通过课件了解风化的定义：把岩石在大气、水、生物等长期联合作用下发生变化的现象叫风化。

学生明确活动内容：认识风化。

学生要了解风化的两个方面：

①岩石风化的过程；

②岩石风化形成了哪些自然景观？

学生发现在当前的课堂上，可以通过平板电脑上网找到关于风化的知识。

学生明确活动要求：

①将在互联网上找到的答案进行筛选后，选择最恰当的答案分享到组群，讨论出结果后分享到班级群；

②完成快的同学可以继续查找风化的自然风光照片并分享到群中。

教师提出问题引发学生关于"关键词"的思考：是不是使用了正确的关键词就能找到真正想要的内容？例如，使用关键词"风化"找到的照片都是风化的自然风光吗？

设计意图：这一活动是前一活动的提升，学生获取信息、筛选信息、分析信息的能力得到了综合锻炼。

开展活动：学生通过互联网使用搜索引擎，找答案，并将风化的自然风光照片分享到群中。

预设：学生可能会发非风化自然风光的照片，教师要在群里组织学生讨论，并解决思考题，学生在"讨论—得出结论—质疑结论—再得出结论"的过程中逐渐明确：互联网上的答案并不都是正确的，不能急于下结论，需要自己的头脑去判断，筛选出所需要的信息。

(五)活动总结，生活延伸

教师提问：今天我们通过手中的平板电脑和 QQ 群，了解了生活中非常常见的岩石知识，你还想了解生活中的哪些小知识？

学生谈想法。

教师提问：通过今天的活动，你知道了哪些能够帮助你找到答案的好办法？

学生回顾整个活动过程，总结：

①可以通过身边的材料进行动手实践；

②可以借助互联网、通过搜索引擎找答案；

③可以将自己的发现在 QQ 群里和大家讨论分享，从他人那里获得信息。

设计意图：学生在问题的引导下对活动中所用到的获取信息、筛选信息的方法进行小结，学生将有兴趣和信心把本课所体会到的数字化学习方法应用到生活中。

小结：如果你遇到问题，如果你对该问题有一定了解，随时都可以发到 QQ 群上和大家交流讨论，借助 QQ 群平台了解更多的小知识。

五、效果分析

从学生的情况看，通过平板电脑及 QQ 群的协作学习平台，扩大了交流的范围，提高了分享的速度，促进了协作知识的建构，综合运用技术解决实际问题的能力及信息素养等有显著的提升。笔者还发现学生主动使用信息技术学习的积极性有显著的提高，在其他学科的学习中，学生主动将课堂上未完成的学习活动通过协作学习平台延伸到课堂外进行，提高了信息化环境下的学习能力。

但是本课也存在一些需要改进的地方，如在 QQ 群的网络环境下，由于课时限制，学生交流时话题不够深入。个别学生协作学习意识不强，影响整体的学习效果，这都需要在今后的实践活动中继续改进。

（设计者：田爽　北京石油学院附属小学）

基于"使用 QQ 群交流科学小实验"案例的研究与分析

（一）整体活动分析

1. 活动内容体现整合性

本节课可以说是信息技术与科学课的一节课程整合课，选取适当的活动主题，将信息技术应用蕴含其中，学生在内化技术的同时提升信息素养。

活动在真实的实验情境支持下，以"岩石能改变模样吗?"为核心问题展开研究活动，其中用到了平板电脑拍摄实验过程、QQ 群交流分享信息、通过搜索引擎查找信息等技术操作点。由于活动情境唤起了学生对科学实验的有效认知，学生将经验应用到科学探究活动中，信息技术作为暗线隐含在活动中恰到好处地支持了学生的探究活动，学生在活动中获得了知识、熟练了技术，更重要的是体验到了生活中信息处理的过程，学会了数字化的学习方法。

2. 活动过程体现层次性

在整节课的活动中包含着两个小活动：通过实验探索改变岩石形状的因素和通过互联网认识风化。这两个活动在科学知识上是具有递进关系的，并渗透了两种获取信息的途径：真实生活和互联网。筛选信息的难度也是递进关系，总之整个活动的过程是层次和递进的，符合学生探索事物由表及里、由现象到概念、由易到难的顺序。

3. 活动主体体现发展性

学科实践活动的主体是学生，强调学生重在参与、重在过程体验。本课活动设计的目的着眼于让学生体验信息处理的全过程。学生通过活动内容的整合性体验到数字化学习的过程，通过活动过程的层次性对知识与技术应用的理解更加深入。活动的总结阶段，学生将探究的需求与数字化学习方法联系到了一起，这为学生未来自主的学习搭设了框架，体现了活动主体的发展性。

（二）建议与思考

实践活动的空间不应只在课堂。目前移动设备非常普及，教师可以设计适合的活动主题，学生可以在生活中完成活动的内容并随时发到网络沟通平台上，随时随地的与教师和学生进行沟通，体现泛在学习。

信息技术学科实践活动应根据学生年龄特点和学习需求进行全学段整体的规划和设计，制定学生数字化学习能力发展目标，以便教师有依据、有层次的培养学生信息环境下的学习能力，以满足未来学习的需要。

（分析者：张磊　北京教科院基教研中心
金文　北京市海淀区教育信息中心）

剪团花的秘密

——小学劳动技术学科实践活动案例

一、主题内容设计

劳动技术课程实践活动的开发除了对技术广度的拓展，还应注意对技术深度的挖掘。不仅注重学生对基础知识与基本操作技能的学习，而且注重学生在劳动技术学习中的探究与发现、注重劳动技术思想方法和文化特性的熏陶与感悟，学生通过技术体验和技术探究，能够发现技术规律并指导实践，形成初步的技术能力和技术意识。劳动技术课程具有高度的实践性、综合性、技术性和创新性，与各学科关系非常紧密，如美术、品德与生活、品德与社会、数学等。在实践活动开发过程中，还要考虑学生已有的各学科知识与技能，进一步培养学生知识技能的迁移能力，挖掘教学内容的教育价值，从发现规律、概括原理、行成思想方法上进行指导实践。

"剪团花"是北京出版社出版的教材三年级上册第一单元纸工技术实践的内容之一。剪纸是中国民间常见的民俗技艺，蕴含了丰富的文化历史信息，表达了广大民众的生活理想和审美情趣。在日常教学中，本课要求学生熟练掌握剪刀的使用方法，能够独立设计纹样并完成剪制。团花根据纹样设计的不同和折纸方法的变化可以制作出丰富多彩的作品，它的设计、折叠、剪制方法可难可易，考虑到日常教学的课时比较紧张，学生一般只需要完成教师要求的"X瓣团花"设计纹样并剪制出来即可。通过对团花本身教育内涵的深入挖掘，让学生发现团花的折叠和"X瓣团花"的效果是有规律可循的，这个发现规律的过程恰恰是培养学生观察、分析、思考、总结的良好载体，因此在实践活动类课程中设计一节内容即"剪团花的秘密"。

基于以上的思考，我们想要从以下两个方面尝试实践活动的设计：

第一，夯实技术基本功，落实多学科知识融合。

本课是剪轴对称剪纸中的实践应用，三年级学生已经在数学课上学习了轴对称图形的基本特点、角度的认识、量角器的使用等知识，对于这些熟悉的概念和操作，学生能准确理解和操作，本课主要通过剪制团花的技法练习，强化学生设计、剪制团花的基本能力。

第二，从实践中总结规律，指导实践。

运用大量团花剪纸的实物作为教具，帮助学生认识、了解团花剪纸的特点，采用问题探究式教学方法，学生通过实践活动独立进行观察、思考与合作探究等思维活动，在教师循序渐进的引导下，由表及里、由浅入深地挖掘折叠、剪制团花的方法，在经历剪制不同形式的轴对称图形、团花的过程中，引导学生发现、总结团花的折叠、剪制规律，再将获得的规律应用于实践进行检验，并最终总结出适用于一般团花剪纸的规律。

二、教学目标设计

了解中国传统剪纸文化，知道团花剪纸的基本特点，熟练掌握团花剪纸的基本技法。

能独立设计、剪制简单的团花。

经历观察团花剪纸、折纸、剪制等环节，发现团花剪纸的一般制作过程，发现剪制团花的方法和规律。

发展解决技术问题的兴趣，对探究团花剪纸的折、剪规律产生兴趣，懂得欣赏和珍惜他人的劳动成果。

三、资源与实践条件设计

(一)教学资源

实践材料：纸、剪刀、三角板、直尺、铅笔、橡皮。

教学使用：大量团花图样、中华传统文化剪纸视频。

(二)实践条件

知识储备：三年级学生需掌握基本的轴对称图形的折叠、剪制方法，掌握数学课中相关知识，包括量角器的使用、角的认识、除法的计算等。

场地条件：最好在劳动技术专用教室开展实践活动，如果学校场地有困难普通教室也可以，但是要做好卫生管理工作。

(三)课时安排

本活动根据学生技术基础情况，可安排1～2课时，每课时40分钟。

四、过程设计

具体教学过程设计见表 2-19-1。

表 2-19-1　教学过程设计表

教学环节	教师活动	学生活动	设置意图
创设情境	一张纸，一把剪刀，可以剪出轴对称图形和二方连续图形，同样的也可以剪出团花剪纸。请同学们仔细观察：团花剪纸除了纹样以外还有哪些地方是和前面学过的剪纸作品有差别？ 团花也是轴对称图形，并且每个纹样中的对称轴还相交于一点即中心点（也叫中心角）。人们把纹样大小相同，均匀地分布在四周，呈圆形或方形，且向四周放射状的剪纸作品统称为团花。今天我们一起研究团花剪制的方法和规律。	观察、思考，回答问题。	复习、巩固，引出课题，为学生自主探究起到自然过渡作用；另外培养学生观察力和初步了解中心角以及建构团花概念，给学生团花整体印象，即建立感性认识。
探究四瓣团花的剪制方法	学生探究四瓣团花的剪制方法。过渡语：现在同学们已经知道了什么叫团花和中心角，我来考考大家，中心角是否会随着折叠的变化位置发生改变呢？ 1. 学生观察探究 ①边观察，边指认中心角和中心角的度数变化及折叠边，一边尝试折叠。 ②展开折叠好的纸，观察中心角的位置；出示一个错误的折叠样品，学生对比选择。 ③引导学生初步掌握发现规律的方法。 思考题：折痕将 180° 均分成了几份？ 教师出示图片： 	学生边指认中心角位置边尝试折叠四瓣团花。 学生按照要求操作（将折叠好样品折回到第一步，观察回答问题）。 学生观察、思考 结论：四等份。	培养学生有意观察和会观察的能力，初步建立感性认识，使学生知行统一；引导学生学会学习，自主建构新知，在尝试中不断深入探究。 培养学生在尝试中发现，在发现中提升认识，寻找规律。这也是为最终总结折叠规律打基础。

教学环节	教师活动	学生活动	设置意图
探究四瓣团花的剪制方法	④剪。 提示：剪轴对称图形时要注意什么？ 剪开口边：纸的哪里发生了变化？ 剪折叠边：哪儿发生了变化？ 剪中心角：哪儿发生了变化？ ⑤反馈学生尝试探究结果。 教师观察学生展示的作品。 2.师生初步总结板书内容 步骤：对折—再对折—剪—展开	学生回答：折叠边不能完全剪掉。 学生剪，然后打开观察，回答问题；依次为：边缘、边缘和中心角之间、中心角发生了变化。	初步体验剪不同部位，观察团花变化，使学生能够将剪轴对称图形的方法和注意事项等迁移到此，也是学生原有的知识与新知识顺利同化。
探究团花的折、剪规律	引导学生探究8瓣和3瓣团花折叠方法。 过渡语：我们知道4瓣团花是将180°折成4等份，那8瓣和3瓣团花是将180°分成3等份和8等份吗？8瓣和3瓣团花怎样折？请大家继续探究。每组桌上有一个8瓣和3瓣团花的折叠样品，请同学们按照上面的思考题进行探究。 1.小组探究：观察折叠样品，找到折叠方法和技巧 思考题： ①观察8瓣团花折叠后将180°均分成了几等份？ ②观察3瓣团花折叠后将180°均分成了几等份？ 要求：每人边试着折叠一个8瓣和3瓣团花边思考：折8瓣和3瓣团花有快一点的方法吗？ 2.反馈探究结果	学生分组观察8瓣和3瓣团花，找答案；尝试制作8瓣和3瓣团花折叠方法发现规律和技巧。 学生回答问题。 学生与教师一起总结折叠规律。 学生与教师共同修改板书内容。	引导学生学会假设与求证，培养学生善于探究与发现的意识，学会举一反三。 引导学生善于总结的意识，克服制作的盲目性，学会总结方法，即从特殊到一般，懂得这样的认识规律。

续表

教学环节	教师活动	学生活动	设置意图
探究团花的折、剪规律	①回答问题，教师出示 PPT，总结折法规律。教师补充板书内容。 规律：我们要折几瓣团花，就将 180°分成几等份，剪得的团花就是几瓣。 这个方法是适用于折剪 4 瓣团花的，要提供给人们折叠所有团花的规律，应该怎样改一改步骤呢？ 步骤：对折—折分 180°—剪—展开。 ②解决问题(学生示范，讲解)。 8 瓣团花快速折叠方法。 3 瓣团花：(怎样尽快折叠好 3 瓣团花？) 解决办法：引导学生运用总结的规律，也就是将 180°分成几等份。我们可以借助有 60°角的三角尺解决。强调：找好中心点。 ③拓展：3 瓣团花我们会折了，那 6 瓣、5 瓣和 10 瓣团花呢？	学生：将 4 瓣团花的折叠样品对折即可。 学生"示范"。	渗透给学生：在我们的生活中，无论是学习书本知识还是社会实践，合理使用工具非常重要。借助已有知识和简单工具解决实际问题可以起到事半功倍的作用。同时，潜移默化地引导学生：学习知识的最终目的是用来解决问题的。
实践操作	学生实践。 过渡语：现在同学们小组间进行小型比赛。 技术提示： 折平—剪齐—团花完整。 比一比：哪组剪的团花瓣数种类多，纹样有创意。剪完后粘贴到黑板的指定位置。	学生制作。	初步掌握制作不同瓣数团花的方法，提高对纸的感觉和折纸兴趣，体验成功，善于创新，感受知识与工具的巧妙使用的魅力。

教学环节	教师活动	学生活动	设置意图
展示评价	展示小结： ①展示评价作品（按照技术提示评价）。 ②团花在生活中有哪些用途？	学生观察、评价作品。学生欣赏、判断团花的用途，了解我国传统手工艺的魅力。	学会评价他人及他人作品，学会取长补短。教育学生传承和珍惜我国传统手工艺，渗透德育。
归纳总结	折叠规律：第一步，对折；第二步，将第一步对折后的折叠边看成180°，均分180°几份，折叠后就是几瓣团花，后面做法完全一样。 5瓣和10瓣团花折叠方法也可使用数学工具（半圆仪）。	观察、总结。	巩固与提高。

五、效果分析

本实践活动从分析学生入手，进行教学设计。结合三年级学生好动，处于形象思维重要阶段的实际学情，借助学生以往学习制作左右轴对称图形的知识，将轴对称剪纸与团花剪纸作品进行对比，使学生发现相同点与不同点，从不同之处分析总结出团花概念，从相同之处分析总结出制作四瓣团花的方法。运用简明、形象、直观的比较方法，巧妙地将学生已经掌握的左右轴对称图形的旧知识迁移到新知识团花的学习之中，引导学生通过观察对比和逐层探究的方式学会团花的设计制作方法。

本活动在设计过程中突出了学科实践活动，结合数学学科的知识开展了丰富的技术探究和发现规律的实践活动，引导学生在活动中发现问题，在解决问题中获得方法，在方法梳理时总结规律，最终发现了"剪团花的秘密"，并指导实践进行制作。

（设计者：吴洋　北京教育科学研究院

郭春玲　北京市朝阳区教师研修中心

李亚红　北京市朝阳区实验小学）

基于"剪团花的秘密"案例的研究与分析

小学劳动技术课程实践活动的开发过程中，要考虑教育综合改革背景下的深入挖掘课程资源的主旨方向，加强学科之间的融合，既要注重学习内容与生活实际相联系，以规范的技术方法指导实践，掌握方法，又要深入实践挖掘理论层次的教育价值，梳理经验，最终获得规律。

本实践课程设计主要采用了探究式的教学方法，在每个探究环节中，学生都经历了观察、对比、分析、思考、猜想、尝试、求证的过程，而这个过程就是我们遇到技术问题后的一个思维过程，也就是技术的思想和方法。这种思想和方法就是高于具体的项目制作的可迁移的共通能力。

通过对"团花"剪制规律的深入挖掘以及对学生学习需求的分析，设计者进行了基础课程的拓展与延伸，教学设计主旨定位在"通过实践引导学生发现技术思想方法和规律"。

(一)知识迁移与逐层探究的有机结合

教学过程中当学生总结出 4 瓣团花的制作方法后，教师又引导学生思考 3 瓣和 8 瓣团花是否也符合这一规律，从而引发学生再次探究，并为学生提供了直观的 3 瓣和 8 瓣团花的半成品，学生经过合作探究，不仅验证了上述说法，还结合板书总结出折团花的规律，即剪几瓣团花就将 180 度均分成几份，同时还引导学生探究出利用三角尺迅速折出三瓣团花的方法。由此学生又总结出利用半圆仪可以很快折出不同瓣数：5 瓣、7 瓣、9 瓣等团花的技巧。这里既有方法的迁移、数学知识的综合运用，又蕴含着运用工具解决问题的实际方法，让学生明白了学科知识间的关系，调动了学生参与学习的积极性。这样从感性到理性，从特殊到一般的认知与技术思维的过程，不仅使学生初步了解了认识事物的过程，还初步体验了由旧知识迁移学习新知识的方法，感受了从特殊现象到一般规律的认知过程。

(二)技术探究与规律总结的有机结合

学生在尝试制作 4 瓣团花的过程中，教师引导学生将折叠好的团花慢慢打开，回到折叠的起始位置。学生发现有的折痕交于一点，有的折痕出现多个交点。随后，让学生再慢慢折回，此时学生发现了折痕出现多个交点的原因：折叠过程中出现了开口边与折叠边重合的错误做法。这样的尝试探究，加深了学生对正确折叠方法的理解，有利于对折叠规律的梳理和把握，有利于减少学生实践操作中的失误。

(三)学生主体，教师主导

学生是劳动技术学习的主体，学生在积极参与劳动技术实践的过程中获得知识与技能、过程与方法、情感态度与价值观的全面发展。学生通过知识的积累，经历劳动技术实践的体验，逐步内化和掌握相关劳动技术思想和方法，形成良好的技术素养。为了帮助学生真正掌握劳动技术基础知识和技能，教师应注重劳动技术与学生生活经验的联系、与其他学科知识的联系，组织学生开展操作、实践、撰写设计方案等活动，引导学生进行观察、分析、设计、优化等。教师还应归纳劳动技术规律、思想和方法，帮助学生厘清相关知识、技术思想和方法之间的区别和联系等。

(分析者：吴洋　北京教育科学研究院

郭春玲　北京市朝阳区教师研修中心)

变形云雀结编织方法的探究

——小学劳动技术学科实践活动案例

一、主题内容设计

　　劳动技术课程实践活动的开发，我们首先要从劳动技术课程性质进行分析。劳动技术课程以操作性、实践性、技术性、创新性为主要特征，重在培养学生正确的技术意识和创新意识，立足于学生的直接经验和亲身经历，强调学生的全员参与和全程参与，立足于"做中学"和"学中做"，具有很强的实践性。在日常教学中强调培养学生劳动技术基本概念、操作技能、思想与方法，重视通过学生亲身体验，学会解决实际问题，发展创造性思维，形成正确的技术观和价值观。实践活动类课程的设置无疑是丰富了日常的教学内容，是对日常教学内容的延伸和扩展。

　　"云雀结"是北京出版社出版的教材《劳动技术》五年级上册第一单元绳带编织技术基础的内容之一。中国结是中国特有的民间手工编结艺术，它以其独特的东方神韵、丰富多彩的变化，充分体现了中国人民的智慧和深厚的文化底蕴。在日常教学中，本课要求学生学会云雀结的编织方法，能够独立完成编织，学会识读云雀结编织流程图。云雀结是一种在轴上缠绕编织的结，一般起连接两种结饰或做饰物的外圈用，它的编织方法比较简单，日常教学中学生能够完成学习任务。通过对云雀结本身教育内涵的深入挖掘，发现云雀结的基本结可衍生出多种变化结，变化的过程和编织方法的探究是培养学生观察、对比、分析、思考，提高技术素养、发展心智技能的良好载体，因此在实践活动类课程中设计一节内容，即"变形云雀结编织方法的探究"。

　　基于以上的思考，我们主要从以下两个方面尝试实践活动的设计：

　　第一，夯实技术基本功，发展学生自学能力。

　　中国结的编织熟能生巧，在实践活动课程上还需要让学生进一步复习，练习云雀结基本型的编织方法；中国结的编织方法大多是用图示来表现编织过程的，因此学习过程中要借助大量图片辅助，如彩色步骤图、示意图、线描图等，通过学生学会识读这些不同类型的图，可以提高学生的识图能力和自学能力。

　　第二，游戏激趣引拓展，培养学生分析及自学能力。

　　本节课利用多次"趣味比赛"连接主要的教学活动，以此方法激发全体学生积极参与技术实践。教师重点强调对中国结编织示意图的认识和理解，引导学生自主识读编织图、编织云雀结，教师以问题引导学生进一步探究变形云雀结的编织方法，学生通过观察、对比、识读示意图等手段完成探究活动。学生的学习活动除了完成教师布置的任务之外，还能主动探究掌握方法，充分发挥主体作用。

二、目标设计

进一步熟练云雀结基本型的编织技法。

学会识读示意图，能根据示意图完成编结，能编织 1～2 种变形的云雀结。

经历"观察—比较—分析—尝试"的过程，提高识读示意图和创造性想象能力。

激发对中国民间工艺的热爱，养成自主学习、富于想象的个性品质，体验探究的乐趣。

三、资源与实践条件设计

(一)教学资源

实践材料：中国结绳、珠针、泡沫板、剪刀、打火机(教师使用)。

教学使用：大量云雀结成品、云雀结装饰品、云雀结实物图示、云雀结线描图示。

(二)实践条件

知识储备：五年级学生需掌握绳带编织的基本方法、熟悉编织材料特点、熟悉编织工具特点、具有一定的识图(实物图和线描图)能力。掌握了云雀结基本型的编织方法。

场地条件：最好在劳动技术专用教室开展实践活动，如果学校场地有困难普通教室也可以，但是要做好安全管理工作。

(三)课时安排

本活动根据学生技术基础情况，可安排 1～2 课时，每课时 40 分钟。

四、过程设计

具体教学过程设计见表 2-20-1。

表 2-20-1　教学过程设计表

教学阶段	教师活动	学生活动	设置意图
云雀结花瓣的编织方法	1. 复习云雀结基本结的编织方法 （1）组织比赛一 一分钟的时间，按图在铁环上编织云雀结，看看谁编得又快又好。 （2）总结比赛结果 2. 学习带花瓣云雀结的编织方法 大家已经掌握了云雀结基本的编织方法，这节课我们要让云雀结变起来。哪里变？怎么变呢？ （出示带花瓣的云雀结） 提问：有什么显著的变化？ 板书：花瓣 提问：花瓣是从哪个位置"长"出来的呢？ 观察、小组内讨论。 提问：我们除了用语言可以表述花瓣的位置，还有没有更直观的表达方式？ 	看图回忆云雀结编织方法。 在铁环上编织云雀结。 观察带花瓣的云雀结。 找出与基本结的区别。 回答：带花瓣。 小组观察带花瓣的云雀结，找出花瓣的位置。 回答：花瓣长在两组云雀结之间的连接处。 回答：可以用画图的方法。	复习云雀结基本结的编织方法。 通过对比观察引导学生找出变化。 认识到识图的重要性。

教学阶段	教师活动	学生活动	设置意图
云雀结花瓣的编织方法	以前都是老师出图让大家看，今天我们也要变一变，请你们试着画一张图。 组织比赛二 比赛要求： 第一步：按照观察结果，把下图补充完整。 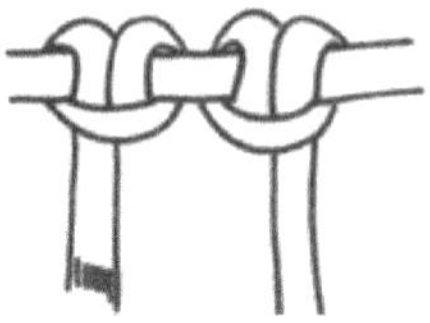 第二步：讨论：如何按图编织花瓣？ 第三步：在刚才所用圆环上继续按图编织两个花瓣，直至组内每个同学都完成两个花瓣的编织，任务方为完成。 请做得最快的小组把图补充完整并演示编织方法。 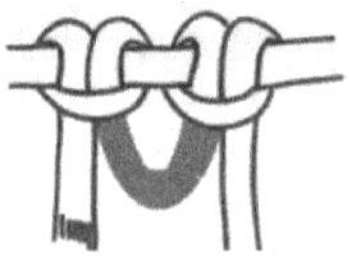 提问：我们如何控制花瓣的大小？ 教师示范。 强调：在两组云雀结之间留出花瓣后，注意每一组云雀结要收紧。 我们可以把云雀结的两种编法进行组合（出示云雀结编的兔子）。  	按照观察结果把图补充完整。 讨论编织方法。 试着按图进行编织。 在白板上补充图纸；演示带花瓣云雀结的编织方法；观察教师示范、了解动作要领；观察兔子的编织方法。	改变识图方法、激发学生探究欲望。 通过两次演示使学生掌握编织方法。

教学阶段	教师活动	学生活动	设置意图
云雀结多色层叠的编织方法	1. 学习编双色云雀结的起始方法 (1)云雀结长出花瓣是因为编法改变了，板书：编法。 （出示不同颜色的云雀结） 板书：颜色	观察双色云雀结。 看单色云雀起编图。	通过对比观察引导学生找出变化。
	(2)不同的颜色是怎么编出来的呢？ （出示单色云雀结的起编图） 	思考后回答：双色云雀结起编时可以打两个不同颜色的环套结。	进一步掌握识图方法。
	你能想象出双色云雀结的起编图吗？ （出示双色云雀结起编图） 		通过观察以前所见相关图纸预设编织图、提高识图能力、突破难点。
	2. 学习花瓣叠压的云雀结的编织方法 (1)起编的方法已经明确了，下面该怎么编，编完效果是怎样的呢？（出示花瓣叠压的云雀结） 	观察花瓣叠压的云雀结。	了解云雀结的其他用途开拓思路。
	(2)这次什么变了？谁来说说？ （板书：叠压） (3)花瓣叠压的云雀结是怎么编织的呢？ ①出示与云雀结有关的所有编织图。 你能看着这些图，总结出花瓣层叠的编织图吗？默默地想想。	回答：花瓣之间是一层压一层的叠压关系。	能根据需要进行编织。

续表

教学阶段	教师活动	学生活动	设置意图
	②出示云雀结花瓣叠压的编织图。 ③和你想的一样吗？小组内试着按图做一做。 (4)提问：云雀结除了可以摆着欣赏，还有什么其他用途？（出示项链、杯垫、便条夹子等） (5)组织比赛三 比赛规则：这一次我们比一比谁的云雀结编的实用而美丽，各种云雀结的编织方法都可参赛。做之前想一想你的云雀结要做什么用，有花瓣吗，大还是小，要叠压吗，颜色如何搭配？ (6)总结比赛情况	看图、思考预设层叠花瓣的编织图。 看云雀结花瓣叠压的编织图，与之前头脑中的预设进行验证。 试着编织双色带花瓣叠压的云雀结。 观察范例，了解云雀结的其他用途。 思考云雀结的用途。设计所需外形、颜色，动手编织。 展示作品、介绍用途。	
总结拓展	拓展：出示分层云雀结。 大家看，又发生了什么变化？ 课下可以尝试编织。	对比、观察。 思考回答：花瓣是分层的。 观察分层云雀结、尝试修改图纸。	拓展、提高。

五、效果分析

本活动在设计过程中突出了学科实践活动，根据学习内容安排了丰富的学生活动，引导学生在活动中发现问题，在活动中分析，在思考中完善，最终学会了云雀结变形的"秘密"和方法。

在活动中，学生充分利用已有知识、能力和生活经验解决问题。例如，学生根据学过的云雀结基本结形的编织方法，通过观察发现了云雀结长"花瓣"的变化特点。在探究如何使长出的"花瓣"大小相等时，学生能够指出使用模具固定线绳或者直接用手指固定的办法，提高工作效率。在进行编织的过程中，学生们能够从自学识读编织流程图出发，把云雀结编织的正确、美观，在不断调整结形的过程中，感受到了技术加工操作规范、精益求精的实践态度。

（设计者：吴洋　北京教育科学研究院

韩平　北京市西城区教育研修学院

白薇　北京第二实验小学）

基于"变形云雀结编织方法的探究"案例的研究与分析

在这样一个小学劳动技术课程实践活动的开发过程中，设计者充分考虑教育综合改革背景下的深入挖掘课程资源的设计，将所学内容与生活实际相联系，拓展技术的相关性，做到以贴近生活的方式，结合课程做学习内容，自然呈现拓展、整合教学内容。

本实践课程设计主要采用了探究式的教学方法，在每个探究环节中，学生都经历了观察、对比、分析、思考、猜想、尝试、求证的过程，而这个过程就是我们遇到技术问题后的一个思维过程，也就是技术的思想和方法。这种思想和方法就是高于具体的项目制作的可迁移的共通能力。

"变形云雀结编织方法的探究"一课是五年级绳带编织中"云雀结"的拓展延伸课程。通过对云雀结编织方法的深入钻研以及对学生学习需求的分析，设计者进行了基础课程的拓展与延伸，教学设计主旨定位在"将学生的需求引向对技术的关注"。

（一）激发学生"想学"的需求

云雀结是一种在轴上缠绕编织的结，它的起始结是环套结。云雀结一般起连接两种结饰的作用，也做饰物的外圈用。

在这节课之前，学生已经学习过环套结、云雀结及其他一些简单结饰的编织。通过前面的学习，学生初步具备了读图能力（也就是说能通过看简单的符号，初步明确绳头的走向以及穿压关系等）。

云雀结基本结形的编织工艺比较简单，由云雀结的基本结衍生出的变化比较多，这些变化了的结与基本结既有联系、又有区别，因此探究云雀结"变形"的方法是培养学生观察、对比、分析、思考，提高识图能力的良好载体。

教师根据学生的年龄特点，好胜、好奇的心理特点，提出本节课的研究问题——让我们上节课学习的云雀结"变"起来。什么地方变？怎么变？一下子就激发了学生想学的愿望，自然而然地就进入了下一个环节的学习。

(二)满足学生"学会"的需求

这节课围绕着"变"字，执教老师组织了三次竞赛，形式上是竞赛，实质上是三次探究活动。

从让云雀结变出花瓣，到让单色云雀结变成双色，再到让云雀结变得更有用，整个过程由易到难，由浅入深。教师始终在引导着学生探究，随着探究过程的深入，学生们不仅掌握了几种云雀结的编织方法，而且发现了云雀结的多种变化规律，更加难能可贵的是，学生们领悟了云雀结编法的变化与编织图的变化之间的关系。这不仅只满足了学生们"学会"这一需求，同时为学生课后的"会学"奠定了基础。

(三)激发学生"进一步学习"的需求

临近下课时，执教老师打开二号教具，还是引导学生观察、对比，发现异同，然后启发学生思考：这种结饰的编织图应该是什么样的？

在前面学习的基础上，学生们想得很快，有的学生高举着手要回答老师的问题，有的想冲到黑板前去修改编织图。执教老师适时地制止了学生们，并发给学生们一号教具的图纸，给学生布置了课后作业——在一号图纸上修改出二号教具的图纸，并根据自己修改的图纸编织、验证。

在实践课程的教学中，学生们拥有了比日常教学更为广阔的探究空间，发现更加丰富的技术方法和知识，如工具知识、材料知识、加工方法的知识以及历史沿革知识等。同时也进一步夯实了技术基本功，如编结方法、识图的能力等。

（分析者：吴洋　北京教育科学研究院
　　　　韩平　北京市西城区教育研修学院）

后 记

　　为进一步深化北京市基础教育领域的综合改革，更好地促进中小学学生健康、全面发展，北京教育委员会 2014 年 11 月组织制定了《北京市中小学学科教学改进意见》，2015 年 7 月颁布了《北京市实施教育部〈义务教育课程设置实验方案〉的课程计划（修订）》。文件要求各课程要关注课程的整体育人功能以及学科内、学科间的联系与整合，加强综合实践活动课程的开发与实施，大力培育和践行社会主义核心价值观。……各学科平均应有不低于 10% 的学时用于开设学科实践活动课程。在内容上可以某一学科内容为主，开设学科实践活动，也可综合多个学科内容开设跨学科综合实践活动。其目的在于鼓励学校坚持实践育人目标，让学生走出书本，关注学生的创新精神和实践能力，为每一个学生的充分发展创造空间。

　　市区校各级教研员、骨干教师从研究者的视角切入，审视和分析教学理论和教学实践中的各种问题，以促学生发展为本的学科实践活动设计与实施为研究核心，加强各学科之间的融通与互动；从关注学科的核心素养角度研究构建学科实践类课程。教师们积极尝试、努力探索，积累了一些典型案例。为促进成功经验的传播与交流，根据北京教育科学研究院基础教育教学研究中心的统一安排，在研究与分析案例的基础上，我们将具有学科特点、研究深度、学生喜爱的活动案例汇编成册，供更多的教师分享与实践。

　　本书由北京教育科学研究院基础教育教学研究中心组织编写，中心各学科案例研究工作由贾美华、王建平主任主持，胡玲、顾瑾玉、刘玲为本套书案例的框架研制做了大量工作，在此过程中得到了研究中心各学科教研员的支持和协助。各学科案例研究工作主要由各学科教研员主持，研究得到了各区县教研员和骨干教师的支持和帮助，在此表示由衷的感谢！

由于编者水平有限，纰漏之处在所难免，敬请读者海涵！

北京教育科学研究院基础教育教学研究中心

2016 年 1 月